修訂二版

地方政府與自治

LOCAL GOVERNMENT
AND SELF-GOVERNANCE

丘昌泰　著

三民書局

再版序言

經過多年的努力，這本新修正的版本終於問世了，久違了，各位讀者。

在國考考科中，《地方政府與自治》這門科目得分並不困難，主要原因是地方政府是最貼近我們日常生活的基層政府機關，只要您平常是一位關心公共事務的讀者，很容易瞭解這本書所欲傳達的觀念。這門科目沒有很高深的學術理論，也無艱澀難解的法律條文，只要花時間用心研讀《地方制度法》，且配合實際案例去理解，得到高分並非難事。

本書的第一單元是「本書綜觀」，千萬不要小看它的重要性，它可以讓讀者充分瞭解這本書的主軸思維與整體框架，請務必蹲好馬步，打好基礎，它會提高您掌握本書內容的信心度。本書共分為五章，第一章基本概念與理論與第三章地方自治組織與功能屬於「法制途徑」的地方自治；至於第二章府際關係與跨域治理、第四章地方政府管理與治理以及第五章地方政治與自治則屬於「治理途徑」的地方自治，新舊教材兼具，萬無一失，讀者可安心研讀。

本版本與過去版本最大不同之處有三點：第一、章節結構是依據考選部公佈的「專業科目命題大綱」而編排的，內容新穎而完整，與坊間的傳統教科書絕對不同。第二、作者大膽進行「瘦身」，刪除了許多純粹死背法條而又非命題重點的內容，讀起來也輕鬆許多。第三、每一章的最後單元為歷屆考題，幾乎都可以找到答案，請務必勤加練習，練習久了，您就知道效果了。

很多同學反映：法律條文那麼多，背不起來，讀這本書有捷徑嗎？讀書沒有捷徑，但考試絕對有訣竅。筆者建議：您在不瞭解法條的意義之前，千萬不要「硬背」，記得快，忘得更快；更麻煩的是，一到了考場，拿到試卷，您就不知道該應用哪一條文回答問題。因此，在進行「記憶」之前，應該要先「瞭解」。怎麼瞭解？您必須經常關心地方公共事務，當你閱讀法律條文時，腦袋中馬上浮現「實際案例」，這樣就容易掌握法律條文的意涵。您要記

住關鍵法律文字與專門用語，然後用您流暢的文筆去發揮，這樣就很容易得到理想分數了。

　　很多考生也問我：該記的都記了，該寫的也寫了，可是分數為什麼老是拿不高？這很可能是因為你的表達能力不夠系統，亟待磨練。擔任公務員的基本條件是優秀的文筆能力與暢通的思路，建議您經常多看看公共事務新聞，然後提筆寫一篇約五百字的論述小品，一年後，你會發現自己突飛猛進，連其他考試科目如公共政策、公共管理、行政學等，也都得心應手了。

　　撰寫本書時，正是 2020 年農曆春節期間，由於發生嚴重的新型冠狀病毒，哪裡都不能去，只有乖乖待在家中埋頭寫作，可謂因禍得福，期望本書對讀者有所幫助，也希望您能儘早實現擔任公職的理想。

丘昌泰　2020/5/25

初版序

　　地方自治與政府這門歷史悠久的學科，一直存在著三個不同學派的解析途徑：第一個途徑是公法學者，從西方自治法規與地方自治理論角度探析這個領域，重點放在自治法規，學科名稱為「地方自治」。第二個途徑是政治學者，從臺灣地方派系與議會政治角度切入這個領域，重點放在地方政治，學科名稱為「地方政治與政府」。第三個途徑是公共行政學者，從地方政府與治理角度重新發現這個領域，重點是地方府際關係與公共事務治理，學科名稱為「地方政府與管理」。

　　多年來，筆者一直期望能夠在有生之年，對這個群雄並起的園地奉獻一己之力，如今總算實現了這個願望，內心頗感安慰。本書不敢自居為上述三種不同途徑的「整合者」，但本書的目標是希望為讀者寫出一本淺顯易懂、兼容並蓄的教科書，讓初學讀者捨棄艱澀難懂的法學理論以及傳統教科書中一直強調的國父孫中山先生思想，從臺灣本土角度，以配合當前臺灣社會發生的嶄新案例，以實用角度提供完整與最新的教材，希望本書能夠滿足讀者的需要。

　　本書特色在於：每章除提供「自我評量題目」外，還蒐集與該章內容有關的「歷年申論題」與「歷年測驗題」，筆者並未提供答案，請讀者自己去找或請教老師，這樣的學習才能進步。此外，若各章內容涉及大法官會議解釋的，亦提供在每章末的「附錄」，以供讀者查考，這樣完整而體貼的設計編排，希望能夠得到各位讀者的青睞。

　　本書在內容上安排上，涵蓋上述三大途徑的重要主題方向：

　　一、地方自治方面：這是「公法學者」關注的焦點，也是地方自治必然要探討的基本課題，包括：地方自治區域、人民、事權、法規、選舉、財政與監督等主題。在寫法上，與公法學者不同的是：本書並未引用任何英美與大陸法系的法學理論，也未動輒引述傳統的國父思想，將題材範圍鎖定在與

《地方制度法》相關的法規上。

　　二、地方政府方面：這是「政治學者」關懷的焦點，包括各國、臺灣地方自治組織、地方自治演進等主題。在寫法上，本書儘量捨棄過多的西方地方政府組織與法制，畢竟本書只是一本專門用於考試教學的教科書，艱澀的理論留給研究生吧。值得一提的是，有關「臺灣地方自治演進」一章，過去的書籍大都是從中國大陸寫到臺灣；但本文則大膽地嘗試：從臺灣本土觀點出發，自明清時期的地方制度，一直寫到 2010 年的地方制度的大事──六都時代的來臨。

　　三、地方治理方面：這是「公共行政學者」最新關懷的主題，包括地方自治與地方治理、跨域治理與地方產業。最近治理課題在地方政府與公共管理理論中受到重視，此對於提升地方政府效能頗有助益；最後一章則從經濟行政角度探討地方政府應如何振興地方特色產業，以豐富地方財政，這是本書的另一創意。

　　本書原本預定在一年前就該完成，由於臺灣地方制度正面臨著有史以來最大幅度的變革──「六都」時代的崛起，為了配合新一波《地方制度法》的修正，讓本書停頓了一陣子，三民書局劉振強先生相當體諒筆者的困境，在交稿時間上給予筆者極度的寬容，在此致謝。

　　或許一生中很難遇到這樣的農曆新年假期，在長達九天的假期中，陰雨連綿，卻讓我無形中增加更多時間，沈澱思緒，完成撰稿。無論筆者怎樣的細心，錯誤之處仍不可免，尚請各界前輩不吝指正。

丘昌泰　2010/2/20

於臺北大學公共行政暨政策學系

地方政府與自治

目次

本書綜觀

　　政治學者告訴我們：政治制度是不能移植的，當然不能脫離土地環境與歷史脈絡而成長。綜觀全球各國有關中央與地方權限的劃分，不是傾向中央集權，就是偏向地方分權，無論是何種類型，都有其制度建立與運作的環境與歷史背景，臺灣自然亦無例外，我們走的是「均權制」，以如今臺灣民主政治的運作漸趨成熟，政黨輪替成為執政常態，應該要朝向協力合作下的「夥伴制」。

　　「地方政府與自治」一書主要是描述臺灣實施地方自治所應具備的法制規範與運作原理，其目標是建立中央與地方的夥伴關係，這是一種理想，但我們仍須朝著這種理想藍圖去解析相關法制與機制的運作。規範地方政府與自治的根本法制是《地方制度法》，讀者或謂：只要將該法的所有條文背誦清楚，考試就能高分，請讀者死心吧，這是不可能的事。蓋法條有限，但其所欲規範的自治現象與實務卻是與時變化的，以有限條文如何能涵蓋自治事務變遷所衍生出來的種種新情境呢？地方自治與司法實務一樣，處處可見到法律中的「不確定法律」概念，如「必要時」、「正當理由」、「適當方法」等用語，為地方自治機關留有一些模糊空間，無法以明確法條指明其界限。面對這些模糊空間與灰色地帶的處理，需要的是地方基層公務人員的公共治理能力。基層公務人員面對不確定法律概念，必須掌握處理事務的「核心領域」，該核心領域應容許地方自治機關有自行決定權，享有「判斷餘地」。畢竟地方自治機關為地方自治的真正行為者，其於具體事件亦較司法機關具備專業性與因地制宜性，故應許其於某特定範圍內，得自行做出判斷，此部份無司法審查之餘地 。前述觀念反映出了地方政府與政治必須朝向公共治理 (Public Governance Approach) 途徑的必要性與重要性。

　　近數十年來，全球正流行改造政府的浪潮，稱為「政府再造」，該運動的目標是期望建立 「企業型或服務型政府」，其背後的哲學基礎是新管理主義

(New Managerialism)、新公共管理 (New Public Management) 或公共管理 (Public Management) ❶，希望能夠擺脫法規牢籠與制度牽制，善用社會資源，建構整合公私部門的治理體系，俾提升地方自治人民的福利，提升地方自治的水準，厚實國家發展的堅定基礎。

基上，「地方政府與自治」的內涵有了大幅度的轉變：

一、法制途徑的地方自治：這是「公法學者」關注的焦點，通常聚焦於《地方制度法》的逐條釋義，包括：中央與地方權限劃分與權限爭議；自治監督與法規；地方自治組織與功能；地方自治區域與地方財政等主題。由於瞭解地方自治法規為基層公務員的基本素養，因而成為過去多年來的考試重點。因此，「背法條」成為考出理想考試成績的必要條件。

二、治理途徑的地方自治：其實，地方政府的法制實務自然有法制人員可以代勞，一般基層公務員不需要太高明、太深奧的法律見解，重點應該是公務員的政策規劃、網絡連結與政策執行能力。很難想像如今臺灣教育改革已經深化到小學教育，強調學生要開放性思考，不會要求記憶性的背誦，而國考卻要求公務員硬背法條；基層公務員施行地方自治實務要掌握基本的立法精神，法條不用強記，重點在於治理工具的掌握與運用，這是「公共管理學者」關懷的新途徑，內涵包括：府際關係與網絡治理、跨區域與跨部門治理、地方產業發展與地方創生、地方治理、地方派系與政治改革、地方民主與參與政治等。

本書的章節結構係以考選部公佈的「專業科目命題大綱」為藍本，再參酌歷屆試題重點加以修正而成，教材內容兼顧上述兩種不同途徑所指涉的主題——第一章與第三章屬於「法制途徑」的地方自治；至於第二章、第四章與第五章則屬「治理途徑」的地方自治，其內容輪廓略如下述：

第一章　基本概念與理論：釐清地方自治的基本概念，包括地方自治意涵、自治監督與自治法規。

第二章　府際關係與跨域治理：探討中央與地方、地方政府之間的關係

---

❶　有興趣的讀者請參閱：丘昌泰 (2013b)，《公共管理》，臺北：元照出版社。

與治理，包括中央與地方權責劃分、府際關係與網絡治理、跨區域與跨部門治理。

第三章　地方自治組織與功能：說明地方行政、立法機關組織與功能、各國地方政府與制度。

第四章　地方政府管理與治理：分析如何提升地方政府的治理能力，包括地方治理與地方自治、自治區域與行政區劃、地方財政、公共造產與地方特色產業。

第五章　地方政治與自治：探析地方選舉、民主、公民參與等議題，包括地方選舉、地方民主與公民參與、遊說與公民投票。

每次閱讀完每章時，請讀者務必參考歷屆試題，看看你是否會回答？幾乎每一題都可以在每章中找到相關的答案。

本書不是考試猜題的用書，只是希望為讀者提供一本觀念清晰、結構系統、概念新穎的教科書，為所有讀者提供知識性服務。

第一章

基本概念與理論

第一節　地方自治意涵

壹、地方自治定義

懷特 (White, 2011) 曾說：「政府分權化乃是二十一世紀的重要特徵。」意指二十一世紀政府為了治理日益繁複的公共事務必須將權力下放給地方政府。拉夫林 (Loughlin, 2001) 更指出：近數十年來，地方自治與分權化已經被許多重要的歐洲與國際組織所肯定，並被認為是國家善治 (good governance) 的關鍵治理工具。政治學者普萊思 (Bryce, 1924: 133) 曾指出：「民主政治的最佳學習場所與民主政治成功的最佳保證，乃是實施地方自治。」孫中山先生亦曾謂：「地方自治乃建國之礎石」，由於國家政務異常繁雜，經緯萬端，端賴中央政府之力量，往往無法推動國家發展，實現建國目標，故須將部分治理權力下放給地方政府處理，並授權其處理權責範圍內的公共事務，如此才能營造夥伴關係，以實踐福國利民、長治久安的國家發展目標。然而，地方自治為相當複雜的制度運作，中央政府應如何授權？中央與地方如何維持其夥伴關係？凡此都需要明確的法律規範。《中華民國憲法》第十章規範中央與地方之權限，第十一章則有地方制度之規定，從而確立地方自治與地方政府之地位，可見地方自治在我國憲政體制中的法定定位不容忽視。

究竟何謂地方自治？董翔飛 (1982: 4) 指出：「一群生活在某一特定地區的居民，基於生活上的共同需要，在國家憲法與法律的監督下，透過選舉的

型態，推舉議員組成議會或政府，依據居民自己的意思，運用地方上的財力與資源，謀求地方發展，增進地方福利，改善地方環境，以及處理地方上的公共事務等，即謂之地方自治。」管歐 (1996: 10–12) 認為：「地方自治者，非國家之直接行政，乃於國家監督之下，由地方自治團體依其自己之獨立意思，處理其區域內之事務」。薄慶玖 (2006: 5)：「國家特定區域內的人民，基於國家授權或依據國家法令，在國家監督之下，自組法人團體，以地方人民、地方財源，自行處理各該區域內公共事務的一種政治制度。」

　　基此，地方自治係指某特定區域內的人民，基於國家法令授權，依其自己之意思，自行組成自治團體，利用地方之財政與人力自行處理該區域內之公共事務的政治制度。基此，地方自治之構成要素如下所述：

　　一、自治事務的行使範圍為地方：既云「地方」，係相對於「中央」而言，故地方不能享受國家主權，必須接受國家的監督；此外，地方意味著有一定的行政區域，其範圍一定小於國家主權的統治範疇，若無明確的區域範圍，則地方行使公共事務的人民、財源、責任、權利、義務等就無從確定。各國基於國情不同，對於地方的名稱與內涵頗有不同，如美國的郡 (county)、市 (city)；日本的都道府縣及市町村，我國則指縣（市）、鄉（鎮、市、區）。

　　二、地方自治非國家直接處理之事務：國家之事務繁多，包括行政、立法、司法、考試與監察五種治權，若有全國一致性質，依憲法 107 條規定由中央立法並執行之，乃係專屬於國家直接處理之事務。然而，其無全國一致性質而須因地制宜者，則由地方處理之，其處理方式可能由中央立法並執行之，或交由省、縣執行之（憲法 108 條），或由省立法並執行之，或交由縣執行之（憲法 109 條），或由縣立法並執行之（憲法 110 條），上述三種方式都非國家直接處理之事務。

　　三、地方自治依法組設自治機關，行使自治權限：地方自治不允許每位國民各自為政，一盤散沙，而必須組成自治機關，包括自治行政與立法機關，組成地方政府，以行使地方自治職權。前述自治機關的設置應有明確的法律規定，自不待言；而自治機關的組成，必須透過地方選舉產生，選出縣（市）

議員，組成縣（市）議會，行使縣（市）立法權，或選出縣（市）長，以組設縣（市）政府，行使縣（市）行政權。

四、地方自治係以地方上的人民以其自己意思處理區域內之公共事務：「自治」係相對於「官治」而言，官治之下的政治制度，地方事務由中央政府派遣官員治理，地方居民處於被治者的服從地位，沒有自主決策權限，然而，地方自治正好相反，在中央政府監督下，完全由地方人民自行處理區域內之公共事務，而不受中央政府的干預。基此，孫中山先生說：「權在於官，不在於民，則為官治；權在於民，不在於官，則為民治」，民治就是地方自治之意思。

五、地方自治必須接受各種不同形式的監督：地方自治機關的組設、自治權限的行使等，既須有法規依據，則其組設與行使是否適法？是否適當？中央政府機關自應有監督之權，以達到國家推行地方自治之要旨。為使地方自治之監督更為完善，固不以國家監督為限，自治立法機關或自治區域內的公民亦可以扮演監督制衡之角色。基此，地方自治必須接受各種不同形式的監督。

貳、地方分權理論

上述已清楚說明地方自治的重要與定義，本節則進一步探究國家賦予地方自治法制地位的理論基礎為何？地方自治之理論係來自於將國家統治權劃分為「地方分權制」與「中央集權制」，而實施地方分權制的國家其貫徹地方自主的程度又有不同，簡略劃分為「間接自治制」與「直接自治制」。

一、地方分權制與中央集權制

地方分權制的國家通常稱為聯邦制 (Federalism)，乃是將單一政治體制中的政府權力劃分為聯邦（或中央）政府與地方政府（州、省、邦、地區或其

他類似名詞）。聯邦國家的地方政府，在中央政府法令監督下，對於地方事務的處理上都賦予相當自主的自治權力，實施此種制度的國家不少，如美國、加拿大、德國、瑞士、巴西等。美國是世界第一個建立聯邦制的國家，由五十個州所組成，其地方自治的設計相當多元繁複；地方自治組織的成立，係根據州憲而有不同的制度設計，有些採議會委員制，有些採強勢市長制，亦有些採市經理制（詳見第三章第三節）。

聯邦制國家地方分權制的特徵為：㈠從中央與地方權限劃分而言，地方政府之自治權限大都由憲法所明訂，即使發生中央與地方權限的爭議，仍以地方自治為考量的主軸。㈡從地方自治地位之保障而言，由於憲法的位階高於法律與命令，以憲法明訂地方自治權限，故其法定地位受到國家最高的保障，不易被聯邦（或中央）政府透過立法予以控制。㈢從地方自治組織而言，憲法既然明確規範地方自治之定位，故地方政府擁有自治組織權，不必由中央政府另訂專法，以規範地方自治政府之組成。㈣從地方政府參政權而言，聯邦國家制的地方政府本來就是國家的主要構成者，聯邦（或中央）政府不過是接受地方政府委託而成立，以處理全國一致性的公共事務，故地方政府擁有參與國家事務的決策與執行。㈤從地方政府體制的特色而言，聯邦制國家，由於放任地方政府各自訂定自治規章 ❶(Home Rule)，故容易呈現多元豐富的地方自治型態，但往往欠缺統合一致的制度特徵。

單一制國家通常將統治權力集中於中央政府，實施中央集權制，單一制國家下的地方政府，由於中央政府為國家最高權力中心，故地方政府的權限沒有聯邦制國家那樣的獨立自主，必須得到中央政府的授權才可以實施地方自治。單一制國家之所以呈現制度統一型態，主要是基於國家統治上的需要，必須集中全國各區域的資源予整合治理，以免地方權力過大，形成諸侯割據、

---

❶ 地方自治與自治規章 (Home Rule) 是不同的，前者是以「國家層次」而言，將國家統治權力分為中央集權與地方分權，實施地方分權的制度稱為地方自治；但自治規章則是在「地方自治層次」下，由各州（省、邦或其他）憲章或法律的授權，自行訂定施行於自治區域內的遊戲規則，以處理地方居民事務的自治制度。本章第三節「地方自治法規」類似於自治規章的意義，但臺灣並非實施聯邦分權制，故地方自治法規的訂定仍須得到憲法或中央政府的法律授權。

國家分裂的現象。雖然中央集權制之下的中央政府，基於新地方主義 (new localism) 的浪潮，民眾強烈要求實施地方自治的慾望，但地方自治之建制與運作仍須得到中央政府的法律授權。事實上，中央集權制下的地方自治完全是中央政府基於國家事務的複雜性而不得不需要地方政府分擔部分政策制定與執行的責任，但其權力作用僅限於自治區域內的地方事務；且當地方與中央有所爭議時，絕大多數的空白權力都屬於中央政府所有。如英國，雖然境內分為英格蘭、蘇格蘭、威爾斯與北愛爾蘭等，但他們並沒有改變國會訂定的憲法的權力，此與美國各州擁有改變美國憲法的權力不同，雖然其難度甚高。目前全球大約有超過上百個國家都實施此種單一制，如中國、法國、日本等。

　　單一國家中地方分權制的特徵為：㈠從中央與地方權限劃分而言，地方自治權限係由中央政府所規範，其委任與撤銷都是屬於中央政府之權限。㈡從地方自治地位之保障而言，由於中央政府具有絕對的管制權與監督權，故地方自治之保障較弱，即使地方自治地位以法律加以保障，但由於該法制之制定、撤銷、變更或廢止都屬於中央政府權限，故相對保障程度較弱。㈢從地方自治組織而言，地方政府必須在中央法律授權下實施自治組織權，若有必要，中央政府擁有絕對的權力創設或廢止地方自治組織。㈣從地方政府參政權而言，地方政府只是中央政府的下屬機關，並無積極主動的參與權，沒有權力參與國家事務的決策。㈤從地方政府體制的特色而言，單一制國家由於其統一地方政府之型態與運作方式，故容易呈現一致同質的制度型態，其缺點是全國呈現一致性的特徵，較無法彰顯地方政府的特色。

二、直接自治與間接自治

　　在地方分權制度下，實施自治程度可以分為直接自治與間接自治兩種型態。

　　「直接自治制」係立基於直接民主精神，地方自治區域內的公共事務由

該區域內所有公民進行公共治理，由公民自行組成公民自治會議，共同議訂決策規則，審查、決定與執行有關地方事務之公共決策，共同決定公職人員之任免。瑞士，無論在中央與地方層次都實施此種制度，美國各州以下的地方政府，有不少郡或縣實施議會委員制，即是此種制度的代表案例。

　　此制優點為：㈠民主政治的主人為人民，此種制度充分展現民主政治的精神，可以真正反映民意的好惡，不致產生民意代理人所可能產生無代表性(unrepresentativeness) 之弊病。㈡自治區域內的公民擁有平等參與的機會，可以提高民眾自治能力，實現參與民主體制 (participatory democracy) 的最高理想。然其缺點在於：㈠由於此制之決策者為全體公民，人數過多，故僅適用於小型自治區域，若區域遼闊，人口眾多，則此制難以實現。㈡公共事務本身具有相當的專業性與技術複雜性，一般民眾難以理解，更遑論投票解決，故到頭來仍須委託少數專家作成公共決策。㈢此制之主要用意為展現人民主權的民主真義，但容易犧牲公共政策的效率與效能。

　　間接民主制係立基於間接民主精神，地方上之公民對於地方公共事務的處理，並不直接參與或處理地方事務，而是選出若干適任之民意代表，組成自治行政與立法機關，就地方之立法行政事務加以決定或執行，絕大多數國家的地方自治都採取此種制度。此制之優點為：㈠由公民選出適任但有任期制之代議士審查或決議地方事務，代議士必須定期改選；若不適任，亦可由公民予以罷免，故該制亦能展現民主政治之精神。㈡由於民意代表之人數較少，故有關公共事務之審議與決策，較能有周詳之討論，亦較能顧及效率。然而，此制之缺點為：㈠選舉過程複雜，在媒體刻意包裝下，是非黑白往往變得撲朔迷離，人民很容易選出不適任的民意代表，如此將為地方自治帶來災難。㈡論者有謂：為防止民意代表的違法濫權，故有罷免權之設計；又為避免民意代表之立法怠惰，所以有公民創制與複決權之輔助設計，但實際上該兩類權力之行使過程費時冗長，且所費不貲，故實際運作狀況並不理想，罷免、創制或複決之困難度遠高於選舉權的運用。

三、結　語

綜上有關地方分權與中央集權、直接自治與間接自治的分析，讀者必須注意下列兩點：

㈠地方分權與中央集權、直接自治與間接自治制度，並無絕對的優劣之分，制度之產生與運作是歷史脈絡下的產物，什麼樣的土地養分與歷史情感，就容易孕育出什麼樣的制度。如臺灣地窄人稠，理論上應實施中央集權制較有效率，實無推行地方分權之必要；但在臺灣民主轉型過程中，「中央集權」等同於「威權獨裁」，故仍賦予地方政府相當的自治組織權、立法權與財政權，故臺灣似可歸屬於「傾向中央集權的夥伴關係制」。基此，對於制度優劣的評析乃是「價值判斷」；從「事實判斷」而言，「制度是否適合該國的人民期望、歷史情境與土地情感」才能正確解讀地方自治的真義。

㈡前述的劃分係採「二分法」進行簡要的分析，唯各國政府實際操作權力分立時，或多或少都有所調適或融合而形成一個「折衷制」，基此，當讀者研判某個國家實施地方分權或中央集權時，並不表示完全排斥另一種制度的特徵，事實上，就中央與地方權限劃分的全球趨勢而言，由於公共事務日趨複雜，如老人長照、氣候變遷、網路霸凌等問題，已經無法單靠中央政府的力量予以解決，故正逐漸朝向「協力合作的夥伴關係」方向而發展。近年來世界各國政府正出現改造政府的浪潮，乃出現新管理主義，地方政府已不能單純地以「政治力」作為治理社會的工具，必須輔以來自公民社會的「社會力」與來自於企業的「市場力」，形成夥伴關係，從而衍生出的中央與地方關係也轉型成為協力合作下的夥伴關係。

參、地方自治本質學說

地方自治之運作係根植於中央與地方權限關係的基礎上，然而，國家法

律條文有限，中央與地方管轄事項無窮，以有限之法律自難以完全明確劃分中央與地方之關係，從而衍生出中央與地方權限爭議。在解決此項權限爭議過程中，若能明確澄清地方自治團體在國家法令秩序中的地位，掌握地方自治的本質，則對於釐清地方自治擁有的組織權、人事權、立法權與財政權之範疇，自然有所助益。基此，實有必要瞭解地方自治之本質為何？先進國家與我國在實務上之見解各為何（林文清，2004: 26–40）？以下分別加以說明。

一、固有權說

係指地方自治團體的地方權並非國家所創設，而是與生俱來的，無待國家憲法或法律的承認或授權，其性質就與人權天賦一樣，是先於國家與憲法而存在的。這種學說主要係來自於法國自然法思想，在此狀態中，自治團體與人類權利一樣是天賦的，國家只是確認該權力的存在而已；自然法的思想為法國政治文化的重要內涵，後來演變成為「地方主權論」的主張，並曾於1787年法國大革命時加以大力宣導，1989年加以法制化（蔡茂寅，2003: 23）。此說之優點在於強調地方自治權的獨立性與不可侵犯性，可以避免國家運用法律危害自治權的行使；然而其限制在於過份膨脹地方自治權的不可剝奪性，容易影響國家統治權的統一性，事實上，任何一個國家，無論是中央集權制或地方分權制，都只有一個最高主權，若地方自治權是天賦的，則與國家主權論的主張有所違背。

二、承認說

係指地方自治團體之法人資格及其所擁有的地方權力，乃是由國家依據法令所委任；地方自治權是國家所創設，唯有在國家承認前提下才有存在之餘地，並非是天賦固有的。此說係源自於十九世紀德國的「國家主權論」，國家為求統治權的行使，得依法令創設、消滅或變更地方自治團體的法律人格

與自治權限，以維持社會秩序，推動國家發展。此說之優點是：在國家主權的統一與地方主權的行使之間取得平衡的觀點，一方面地方自治團體可以在法令規範下享受獨立自治地位，另一方面國家亦具地方自治團體的指揮監督權。然而，其限制在於：地方自治既係來自於國家的恩賜，地方自治團體淪於附庸地位；既係來自於國家的恩賜，則亦可能被無情的剝奪，一旦野心政客執政，透過假意的民主程序剝削地方自治權，以行權力集中之實，則其對於地方自治權自無明確之保障。

三、人民主權說

國家統治權之分配係基於人民信託的憲法予以規範，但地方自治權則係屬憲法直接賦予之權能；基此，地方自治團體擁有「固有自治事務」的執行權，有關該事務之權限應保留在地方自治團體手中，國家不得任意立法予以剝奪，此說係為貫徹民主憲政國家中人民主權的主張，而地方自治實為保障人民主權必須建立的制度，故實有必要在憲法中確立人權保障條款，從而對地方自治權予以充分保障。日本為擴大地方之自主性，於 1999 年通過《地方分權法》，將中央事務下放至地方自治團體，國家與自治團體調整為對等的合作夥伴關係，遂從中央集權制轉向地方分權制。

四、制度保障說

係指地方自治的「制度」是具有公法人性格、為保障人民權利而創設的組成與運作型態，任何否定地方自治本質之法律，均屬違憲之舉，非法治國所容許之錯誤，故地方自治之制度是不能被廢止的，必須位於最高法律位階的憲法予以充分保障，以避免立法者的侵害。此學說係淵源於德國威瑪憲法時代，依威瑪憲法訂定地方自治條款，對於地方自治予以制度性的保障，德國聯邦憲法即採此說。究應如何保障地方自治制度？依德國憲法規定，地方

自治團體之設置與廢止僅能依法律為之，除非在法律保留原則下，行政機關不能任意為之。同時，地方自治權限亦應受到客觀地方法制的保障，不容任意侵犯，在解決中央與地方權限爭議上，亦應以充分考量地方自治精神，本於權利與義務的對等性，尊重地方自治團體對於地方事務，以其自我合意之民主方式予以處理。

五、實務上見解：制度保障說

基上所述各項地方自治本質學說，我國實務上究採何種學說？雖然憲法第十章明確規範中央與地方權限，第十一章規範地方制度之內涵，並於憲法增修條文第九條賦予《地方制度法》之法源依據，顯見憲法與相關法律充分保障地方自治制度之用心。此外，依下述三號大法官的解釋文中亦可確認我國實務上係採「制度保障說」。

㈠釋字第 498 號

該解釋文主要是針對「有關地方政府人員有無赴立院委員會備詢義務之問題？」與地方自治本質說有關的解釋文略如下述：

「地方自治為憲法所保障之制度。基於住民自治之理念與垂直分權之功能，地方自治團體設有地方行政機關及立法機關，其首長與民意代表均由自治區域內之人民依法選舉產生，分別綜理地方自治團體之地方事務，或行使地方立法機關之職權，地方行政機關與地方立法機關間依法並有權責制衡之關係。中央政府或其他上級政府對地方自治團體辦理自治事項、委辦事項，依法僅得按事項之性質，為適法或適當與否之監督。地方自治團體在憲法及法律保障之範圍內，享有自主與獨立之地位，國家機關自應予以尊重。立法院所設各種委員會，依憲法第六十七條第二項規定，雖得邀請地方自治團體行政機關有關人員到會備詢，但基於地方自治團體具有自主、獨立之地位，以及中

央與地方各設有立法機關之層級體制，地方自治團體行政機關公務員，除法律明定應到會備詢者外，得衡酌到會說明之必要性，決定是否到會。於此情形，地方自治團體行政機關之公務員未到會備詢時，立法院不得因此據以為刪減或擱置中央機關對地方自治團體補助款預算之理由，以確保地方自治之有效運作，及符合憲法所定中央與地方權限劃分之均權原則。」

㈡釋字第 550 號

該解釋文主要是針對「有關健保法責地方政府補助保費之規定是否違憲問題」，與地方自治本質說有關的解釋文略如下述：

「地方自治團體受憲法制度保障，其施政所需之經費負擔乃涉及財政自主權之事項，固有法律保留原則之適用，但於不侵害其自主權核心領域之限度內，基於國家整體施政之需要，對地方負有協力義務之全民健康保險事項，中央依據法律使地方分擔保險費之補助，尚非憲法所不許。關於中央與地方辦理事項之財政責任分配，憲法並無明文。《財政收支劃分法》第三十七條第一項第一款雖規定，各級政府支出之劃分，由中央立法並執行者，歸中央負擔，固非專指執行事項之行政經費而言，惟法律於符合上開條件下，尚非不得為特別之規定，就此而言，《全民健康保險法》第二十七條即屬此種特別規定。至《全民健康保險法》該條所定之補助各類被保險人保險費之比例屬於立法裁量事項，除顯有不當者外，不生牴觸憲法之問題。」

㈢釋字第 553 號

該解釋文主要是針對「有關臺北市里長延選決定之撤銷」，與地方自治本質說有關的解釋文略如下述：

「惟《地方制度法》關於自治監督之制度設計，除該法規定之監督方法外，缺乏自治團體與監督機關間之溝通、協調機制，致影響地方自治功能之發揮。

從憲法對地方自治之制度性保障觀點，立法者應本憲法意旨，增加適當機制之設計。」

肆、地方政府意涵

上文已釐清地方自治之意義，但學者或謂：地方政府與地方自治的概念是不相同的（薄慶玖，2006: 5），實有予以明確界定之必要。一般而言，凡是不具地方自治權，接受中央政府指揮，授權處理地方公共事務之機關為地方政府 (local government)，簡言之，地方政府係指「在國家特定區域內，依憲法或中央法令之規定，自行處理局部性事務而無主權之地方事務處理機關。」但具有自治權力且受到國家法律保障，可以有權處理區域範圍內事務的地方政府機關則稱為地方自治政府 (local autonomy government)。在臺灣地方自治發展史上，因為曾出現過「沒有自治權」的官派地方政府與「有自治權」的民選地方自治政府，故實有必要先就「地方政府」與「地方自治」相異之處加以說明：

一、從首長產生方式而言，地方政府首長通常由中央政府直接任命，乃是中央在地方之代理人，中央對於該地方首長具有指揮權與監督權，地方政府為中央政府執行國家政策與公共事務的派出機關。至於地方自治政府則係指在國家法令規範下，自行以選舉方式選出首長，在中央政府授權範圍內可以自行決定該自治區域內的各種公共事務的決定權，中央政府的監督方式必須以受到法規限制，地方享有某種程度的自主權。

二、從掌理事項範圍而言，地方政府既係中央政府的派出機關，則其所執行之事務乃是由上級政府所交付的委辦事項，地方政府執行該事務時必須完全遵從中央法令，並無自治裁量的空間，上級政府可以隨時收回此等事項之委託。至於地方自治政府則係根據國家法令擁有管理自己區域範圍內的「自治事項」，間或亦有上級政府委託辦理的「委辦事項」；由於地方自治政府同時擁有這兩類事項，故容易產生灰色地帶，對於該事項的歸屬容易產生爭議，

處理上亦相當棘手。

三、從是否具有法人資格而言，地方政府由於係根據上級法令執行事務，屬於派出機關，故機關首長為中央所派任，地方政府為中央的派出機關，該機關的創設與裁撤都是屬於中央政府的權限，故不具法人資格。地方自治政府則可以依據國家法令自行組成地方行政機關處理行政事務，又可以自行組成地方立法機關執行立法監督事項，具有法人資格，中央政府不得依其職權任意創設與裁撤地方政府的自治權。

四、從與地方利益之關聯性而言，地方政府主要是接受國家委託執行公共事務，地方政府執行該等事務時並不專為地方利益而施政，亦無必要向地方民眾負責，其負責對象就是中央政府而已。至於地方自治是基於「因地制宜」的需要而發展出來的自治政府組織，其所執行的事項必須由地方上人民自行組織行政與立法機關，故其所作所為具有相當的地方利益性，需向地方人民負責，並接受其監督。

地方自治與地方政府的區別已如前述，但那只是過去臺灣地方自治歷史過程中的特殊產物，雖然憲法第一百十二條規定：「省得召集省民代表大會，依據省縣自治通則，制定省自治法，但不得與憲法牴觸。省民代表大會之組織及選舉，以法律定之。」但臺灣因處於威權戒嚴時期，並未實施憲法授權下的地方自治，故當時所有的地方政府都是屬於不具地方自治權的「官派」地方政府。一直到 1994 年 7 月 29 日通過《省縣自治法》與《直轄市自治法》，依前法第 2 條：「省為法人，省以下設縣、市，縣以下設鄉、鎮、縣轄市，均為法人，各依本法辦理自治事項，並執行上級政府委辦事項」，復依後法第 3 條稱：「市為法人，依本法辦理自治事項，並執行中央委辦事項。」省、直轄市、縣（市）才實施地方自治，具備自治公法人資格。

不過前總統李登輝啟動「精省」工程，1999 年 4 月 14 日廢止《省縣自治法》與《直轄市自治法》，省不具自治權限，1999 年 1 月 25 日公布《地方制度法》，該法第 14 條：「直轄市、縣（市）、鄉（鎮、市）為地方自治團體，依本法辦理自治事項，並執行上級政府委辦事項。」基此，省為「非自治公

法人」，直轄市、縣（市）、鄉（鎮、市）則為地方自治團體。

　　基上，地方政府與地方自治之區別僅在過去歷史環境下較有討論價值，《地方制度法》頒行後，除省政府為「非自治公法人」的「地方政府」外，其餘各地方政府均為具有自治權的自治公法人，實施地方自治之主體則是地方自治政府，簡稱為地方政府，依此，上述的區別似不具特別意義。

伍、地方自治類型

　　地方自治是各國歷史環境的產物，在實施地方自治過程中，各國政府對於地方自治賦予不同的意涵，從而衍生出不同的自治類型（林文清，2004：19–21）：

一、住民自治

　　民主先進國家的英美，在國家成立之前，即有地方自治事實，換言之，地方自治是先於國家機關而存在，地方自治本身代表住民可以其獨立意思，決定居住區域內的公共事務，稱為「住民自治」。為落實住民自治之理想，必須賦予由住民選出的地方首長組成地方政府以及整合民意代表組成地方議會，並賦予法人資格，行使地方事務之權力。依此而論，住民自治是依據民主政治原理，住民基於共同意思，自行組成地方政府與地方議會，決定地方事務，這是政治意義上的地方自治，乃是貫徹人民主權、尊重在地自主主義的表現。如日本學者認為：地方自治係「以一定地域為基礎之自治團體，住民以自己之意思，組成機關，處理區域內之公共事務。」

二、團體自治

　　以德法為代表之大陸法系國家之地方自治，係國家統一後，為減輕國家

負擔，地方政府有分攤統治權之必要而依法創設的地方自治團體，並視其為國家統治權的一部份，但須受上級機關之監督，稱為「團體自治」。基此，團體自治係在國家領土內，設置獨立於國家之外，具有法律人格的地域團體，並可依自己之意思與目的處理地方事務；為了行使這些地方事務，國家乃制定相關法令，賦予地方自治團體相當的地方組織權、人事權、財政權與立法權，故這是法律制度意義上的地方自治，乃由是人所創設出來的地方團體自治，是依法行政的表現。一般國內學者所稱的地方自治，大體上都是屬於此類。

三、實務上見解：釋字第 498 號

根據前述兩種自治類型，大陸法系偏向於團體自治，英美法系則偏向住民自治，實際上，一個健全的地方自治應該同時包括團體自治與住民自治，實不宜加以分割。若團體自治欠缺住民自治之精神，則此種自治形同空中樓閣，虛有其表，可能流於形式主義的地方自治，一旦國家創設不合理與不平等之地方自治，居民亦無自治意識加以反對。反之，住民自治若無團體自治以為規範，則其行使自治之範圍與界限為何？過份擴張的住民自治，固然實現基層民主體制的理想，但同時不免割裂國家統治權的完整性，殊不足取。基此，吾人認為：團體自治與住民自治實為一體之兩面，不可任意加以分割。

以中華民國遷臺後實施地方自治之歷史經驗而言，1949 年後，臺灣處於威權統治時期，依《動員戡亂時期臨時條款》，禁止人民的集會結社與言論自由，欠缺實施民主自由的環境，並未顯現住民自治之精神，雖然當時已有《臺灣省各縣市實施地方自治綱要》，以行政命令創設各縣市為自治公法人，但省及直轄市則非自治公法人，故此時屬於以縣市為單元的「團體自治」時期。

到了臺灣社會的民主轉型時期，立法院於 1994 年通過自治二法：《省縣自治法》與《直轄市自治法》，省、直轄市、各縣市、鄉鎮縣轄市皆具自治公法人資格，此時期雖仍屬於團體自治，但實施地方自治的層級已較前期更多，

然而，此時期仍未具住民自治之精神。1999 年頒佈《地方制度法》為重要的分水嶺，在政黨政治的運作下，地方自治全面的法制化，裁撤省的自治公法人資格，並創設直轄市與各縣市為地方自治公法人，並賦予相當程度的人事權、組織權、財政權與立法權，且權限範圍較諸過去已有大幅度改進，基此，雖仍有不足之處，然就作為團體自治之角度而言，已甚足夠矣。

關於此點，釋字第 498 號大法官的解釋文有如下的看法：

「地方自治為憲法所保障之制度，憲法於第十章詳列中央與地方之權限，除已列舉事項外，憲法第一百十一條明定如有未列舉事項發生時，其事務有全國一致之性質者屬於中央，有一縣性質者則屬於縣，旨在使地方自治團體對於自治區域內之事務，具有得依其意思及責任實施自治之權。地方自治團體在特定事務之執行上，即可與中央分權，並與中央在一定事務之執行上成為相互合作之實體。從而，地方自治團體為與中央政府共享權力行使之主體，於中央與地方共同協力關係下，垂直分權，以收因地制宜之效。憲法繼於第十一章第二節設『縣』地方制度之專節規定，分別於憲法第一百十八條、第一百二十一條、第一百二十八條規定直轄市、縣與市實行自治，以實現住民自治之理念，使地方人民對於地方事務及公共政策有直接參與或形成之權。憲法增修條文第九條亦係本諸上述意旨而設，《地方制度法》並據此而制定公布。

基於住民自治之理念以及中央與地方垂直分權之功能，地方自治團體有行政與立法機關之自治組織設置，其首長與民意代表均由自治區域內之人民依法選舉、罷免之，此分別有憲法第一百二十三條、第一百二十四條、第一百二十六條，《地方制度法》第三十三條、第五十五條，《公職人員選舉罷免法》第一條、第二條、第六十九條等規定可據。地方自治團體不僅依法辦理自治事項，並執行上級政府委辦事項。地方自治區域內之人民對於地方自治事項，有依法行使創制、複決之權（憲法第一百二十三條、地方制度法第十四條、第十六條第二款、第三章第二節參照）。地方立法機關行使其立法機關

之職權，地方行政機關應將總預算案提請其立法機關審議。地方立法機關開會時，其行政機關首長應提出施政報告，民意代表並有向該機關首長或單位主管行使質詢之權；就特定事項有明瞭必要時，則得邀請其首長或單位主管列席說明（《地方制度法》第三十五條至第三十七條、第四十條、第四十一條、第四十八條、第四十九條參照）。此乃基於民意政治及責任政治之原則，地方行政與地方立法機關並有權責制衡之關係。中央政府或其他上級政府對地方自治團體辦理自治事項、委辦事項，依法僅得按事項之性質，為適法、適當與否或其他一定之監督（同法第四章參照）。是地方自治團體在憲法及法律保障範圍內，享有自主與獨立之地位，國家機關自應予尊重。」

　　從該大法官解釋文中，可以得到下列重要發現：

　　㈠**肯定地方自治之法制定位**：故解釋文有云：「地方自治團體在憲法及法律保障範圍內，享有自主與獨立之地位，國家機關自應予尊重。」

　　㈡**偏向於團體自治型態**：如有謂：「地方自治團體在特定事務之執行上，即可與中央分權，並與中央在一定事務之執行上成為相互合作之實體。從而，地方自治團體為與中央政府共享權力行使之主體，於中央與地方共同協力關係下，垂直分權，以收因地制宜之效。」

　　㈢**住民自治為臺灣實施地方自治之理想與應遵行的理念**：住民自治為臺灣實施地方自治之理想，亦是推動團體自治應遵循的理念，故「憲法繼於第十一章第二節設『縣』地方制度之專節規定，分別於憲法第一百十八條、第一百二十一條、第一百二十八條規定直轄市、縣與市實行自治，以實現住民自治之理念，使地方人民對於地方事務及公共政策有直接參與或形成之權。」

陸、地方自治人民

　　《地方制度法》第十五條規定：中華民國國民，設籍在直轄市、縣（市）、鄉（鎮、市）地方自治區域內者，為直轄市民、縣（市）民、鄉

（鎮、市）民。依此規定，作為地方自治要素之一的人民資格必須滿足下列兩項條件：

一、須具中華民國國籍

地方自治之人民以具有中華民國國籍者為限，外國人不包括在內。地方自治人民之所以強調須具本國籍主要是因為人民為行使地方自治職權之主體，並且享有行使選舉、罷免、創制、複決等公權，行使此等公權，因涉及國家之統治效力與社會之安定，自僅得由本國人民所享有，外國人則否。

憲法第 3 條：「具中華民國國籍者為中華民國國民。」依此，地方自治人民須為國民，人民與國民之意義雖有些差異，實則含義相當。換言之，取得中華民國國籍之人民就是國民。國籍是規範國家與人民間相互關係之淵源，人民在國家所處之地位與身份，係以國籍為基礎，目前大家所取得之國民身份證，就是具有中華民國國籍之證明。

唯外國人依國籍法歸化取得本國國籍，其公民權利亦有若干限制，如《國籍法》第 10 條：「外國人或無國籍人歸化者，不得擔任下列各項公職：

一、總統、副總統。

二、立法委員。

三、行政院院長、副院長、政務委員；司法院院長、副院長、大法官；考試院院長、副院長、考試委員；監察院院長、副院長、監察委員、審計長。

四、特任、特派之人員。

五、各部政務次長。

六、特命全權大使、特命全權公使。

七、蒙藏委員會副委員長、委員；僑務委員會副委員長。

八、其他比照簡任第十三職等以上職務之人員。

九、陸海空軍將官。

十、民選地方公職人員。

前項限制，自歸化日起滿十年後解除之。但其他法律另有規定者，從其規定。」

二、須為自然人

地方自治之人民以自然人為限，若為法律擬制，具有人格者性質之法人，不宜包括在內。蓋地方自治人民所享有之選舉、罷免、創制、複決四種政權，均係由自然人行使，法人不得為之。唯法律上恆有具法人性質之縣（市）、鄉（鎮、市）或民間團體，亦得行使選舉權、罷免權等，然此係就其身份的自治性質而言，與構成各該組織體的各個人民，似不宜一概而論，行使該組織體之權力者仍為自然人。地方自治人民，可以容許有多重身份，既可為縣（市）之自然人，亦可為鄉（鎮、市）之自然人，並未有任何衝突。

三、地方自治人民之權利與義務

地方自治人民之權利與義務可概分如下：

㈠人民之權利

1.憲法：國家最高的大法，第二章規範人民之權利義務，就一般人民之最基本權利加以明文保障，雖為例示性規定，但其保障之範圍甚廣，當然可作為一般自治人民得以享受之權利：

(1)平等權：第7條：「中華民國人民，無分男女、宗教、種族、階級、黨派，在法律上一律平等。」

(2)自由權：第8條：「人民身體之自由應予保障。除現行犯之逮捕由法律另定外，非經司法或警察機關依法定程序，不得逮捕拘禁。非由法院依法定程序，不得審問處罰。非依法定程序之逮捕、拘禁、審問、處罰，得拒絕之。人民因犯罪嫌疑被逮捕拘禁時，其逮捕拘禁機關應將逮捕拘禁原因，以書面

告知本人及其本人指定之親友，並至遲於二十四小時內移送該管法院審問。本人或他人亦得聲請該管法院，於二十四小時內向逮捕之機關提審。法院對於前項聲請，不得拒絕，並不得先令逮捕拘禁之機關查覆。逮捕拘禁之機關，對於法院之提審，不得拒絕或遲延。人民遭受任何機關非法逮捕拘禁時，其本人或他人得向法院聲請追究，法院不得拒絕，並應於二十四小時內向逮捕拘禁之機關追究，依法處理。」

第 10 條：「人民有居住及遷徙之自由。」

第 11 條：「人民有言論、講學、著作及出版之自由。」

第 12 條：「人民有秘密通訊之自由。」

第 13 條：「人民有信仰宗教之自由。」

第 14 條：「人民有集會及結社之自由。」

⑶經濟權：生存、工作與財產都是屬於人民經濟活動的一環，故稱為經濟權，如第 15 條：「人民之生存權、工作權及財產權，應予保障。」

⑷參政權：人民可以向政府機關提出申訴，以避免權益受損；亦可以考試或選舉、罷免、創制或複決等方式參與政府事務之經營，如第 16 條：「民有請願、訴願及訴訟之權。」第 17 條：「人民有選舉、罷免、創制及複決之權。」第 18 條：「人民有應考試服公職之權。」

⑸受教權：人民具有接受國民教育之權利與義務，如第 21 條：「人民有受國民教育之權利與義務。」

⑹其他規定：第 22 條：「凡人民之其他自由及權利，不妨害社會秩序公共利益者，均受憲法之保障。」

2.《地方制度法》：第 16 條規定：「直轄市民、縣（市）民、鄉（鎮、市）之權利如下：一、對於地方公職人員有依法選舉、罷免之權。二、對於地方自治事項，有依法行使創制、複決之權。三、對於地方公共設施有使用之權。四、對於地方教育文化、社會福利、醫療衛生事項，有依法律及自治法規享受之權。五、對於地方政府資訊，有依法請求公開之權。六、其他依法律及自治法規賦予之權利。」

依上開規定，可知地方自治人民具有選舉、罷免、創造、複決權之外，亦有公共設施使用權、教育文化、社會福利等享用權；或者是要求資訊公開權或其他權利。至於第六項所稱：「其他依法律及自治法規賦予之權利。」如憲法第二章所列舉之各項人民自由、權利，憲法第十六條之請願、訴願及訴訟權等皆屬之。

歷年試題中，經常被問到的題目是：「人民如何依法行使創制、複決之權？」，在人民擁有的選舉與罷免權主要是針對「人」的選擇而賦予的參政權，針對選舉大法官曾做出釋字第 290、340、468、721 號等解釋；針對罷免權，大法官亦曾做出釋字第 331、401 號等解釋，可見對於人民對人的選擇權之重視。惟針對創制權及複決權，不僅人民未曾行使過，大法官亦未曾受理作出解釋。創制權係指人民自行立法或制定公共政策的權力，由於此為高度複雜與專業的公共事務，即使西方民主先進國家也很少運用的實例，以目前我國選民水準自無運用之可能，實際上目前的代議民主體制已足以因應此項權力之需求。至於複決權則是指公民針對行政與立法機關的法案與政策進行同意或否決的權力，目前我國是以《公民投票法》的形式加以表現，2018 年曾實施全國性公民投票，下列提案均「通過」：反空污、反燃煤發電、反日本核食、民法婚姻排除同性結合、國中小禁止實施同志教育、非民法保障同性共同生活、廢止電業法非核家園條文等 ❷。

㈡人民之義務

1.憲法：第二章人民之權利義務，就一般人民之基本義務之規定如：

第 19 條：人民有依法律納稅之義務。

第 20 條：人民有依法律服兵役之義務。

第 21 條：人民有受國民教育之權利與義務。

2.《地方制度法》：第 17 條規定：直轄市民、縣（市）民、鄉（鎮、市）民之義務如下：一、遵守自治法規之義務。二、繳納自治稅捐之義務。三、

❷　請上網：中央選舉委員會：http://www.cec.gov.tw

其他依法律及自治法規所課之義務。

依上，人民之義務有遵守自治法規、繳納自治稅捐之義務。至於第三項稱：「其他依法律及自治法規所課之義務。」係指依法律保留原則，限制人民之自由或權利，增加人民之負擔，行政機關得依法課以人民義務，唯須以法律為之。自治法規，若係來自憲法或法律授權，自可限制人民之自由權利，課予人民義務，但若人民不遵守自治法規，或殆於履行義務如何處理，本法則增訂行政罰及行政上強制執行之法律依據，如第 26 條：「自治條例應分別冠以各該地方自治團體之名稱，在直轄市稱直轄市法規，在縣（市）稱縣（市）規章，在鄉（鎮、市）稱鄉（鎮、市）規約。直轄市法規、縣（市）規章就違反地方自治事項之行政業務者，得規定處以罰鍰或其他種類之行政罰。但法律另有規定者，不在此限。其為罰鍰之處罰，逾期不繳納者，得依相關法律移送強制執行。」

柒、功能與流弊

誠如前述,重視地方自治已成為世界任何政治型態國家之共同發展趨勢。從世界各國推動地方自治之經驗可以發現：地方自治固有其功能，但亦有不可避免的流弊，分述如下：

一、地方自治的功能

就國家統治權的運作而言,薄慶玖 (2006: 13–19) 認為地方自治可以發揮下列功能：㈠減輕中央負擔，滿足地方需求；㈡奠定建國基礎，保障人民權益；㈢促進民主實現，培養民主政治人才；㈣發展地方經濟，解決民生問題。擬從政治、經濟、社會與文化四方面闡述其功能（管歐，1996: 59–62）：

一、從政治功能言,奠定治國根基，貫徹人民主權：國家事務經緯萬端，為謀求國家之健康政治發展，中央與地方政府應共同承擔治國責任，分享權

力，使中央與地方能夠形成命運共同體，凝聚共識，齊心合力，力行憲政，若無地方自治為基礎，則以中央政府有限之人力勢必難以達成此目標。從人民角度而言，無論是何種國家體制，人民主權是該國的最終價值，唯人民主權究應如何實現？最有效的方法是實施地方自治，讓人民能夠在一定事務範圍內作自己的主人，一旦學會自己當主人，則對於國家最高領導人的選擇與公共政策的決定就能更具智慧，人民一旦有智慧，則民主政治目標就得以實現。

二、從經濟功能言，促進經濟發展，減輕財政負擔：世界各國政府為了推動國家事務，實現人民主權的理想，需要累積相當財政，以支應政府的公共建設與服務。基此，任何一個國家都必須建構有效能的政府，以創造國民生產毛額，推動經濟成長。然創造經濟成長的重責大任，宜由中央與地方政府共同協力合作，方可能達成。地方政府若有能力自行創造財富，就可以減少中央的財政補助，減輕國庫負擔，中央政府就可以將多餘的財政盈餘移轉給其他更需要支援的項目上。基此，強而有力的地方自治不僅可以為國家創造財富，亦可以減輕中央政府的財政負擔。

三、從社會方面言，共謀社會安全，滿足住民福利：對於人民而言，不僅要求政府為人民創造財富，而且更期盼政府能夠建構社會安全機制，如全民健保制度、社會安全體系等，讓人民在物質、心理、安全感上都獲得滿足，如此人民才願意在政府統治下成為政府最大的支持力量。國家為了創造社會安全網，必須投入極為龐大的財政資源，如歐美國家幾乎都耗盡幾近半數的財政收入推動福利國家的各項社會福利制度，導致財政赤字，福利國家的改革趨勢為由地方政府或社區負擔更多的福利責任，同時授權讓地方政府發揮創意，增進住民的福祉。基此，社會安全網必須由中央與地方政府共同建構，以中央政府獨力難以為功。

四、從文化功能言，培育文化涵養，營造國民美學：先進國家必須展現國民的文化內涵，才能提升國民氣質，營造美感的生活情境，以吸引外國人的投資、觀光與參訪。地方自治由於強調地方文化特色，地方自治人民基

於在地的歷史情感與認同，組成自治組織，推動在地公共事務，容易展現出許多在地的特色，近幾年來，臺灣各地方特色產業與地方節慶蓬勃發展，於此可見地方自治對於文化發展所發揮的正面功能。

二、地方自治的流弊

雖然地方自治具有上述功能，但其實施亦可能產生下列若干流弊，必須加以正視與匡正，以免造成國家動盪、經濟衰退、社會不安、文化墮落。一般而言，地方自治可能產生的流弊有下列幾項：

一、過份獨立的地方自治，容易割裂國家主權的完整：中國歷史經驗指出：歷代皇帝統一天下後，為了維持天下統一，必須要分封土地，犒賞功臣，然而，如果分封的土地過大、財富過多與權限過大，形同諸侯割據，導致鞭長莫及、尾大不掉，則對於皇帝所掌控的國家統治權，必然有所障礙，故皇帝經常運用各種手段，想辦法削弱地方權限。如今已經進入民主社會，過份獨立的地方自治，極易導致國家統治權的分裂，這樣的疑慮層出不窮，例如，北愛爾蘭的獨立運動，大英國協之間花了很多時間至今依然未解；加拿大境內的魁北克，屬於法語地區，其獨立公投運動造成英語系的加拿大政府很大的困擾。至於臺灣有史以來第一位，也是唯一的「省長」宋楚瑜，依據《省縣自治法》而高票當選，但由於省轄區太大，人口太多，幾乎可與總統的選票數差距不遠；甚至隸屬地方的省議員，其得票數竟然遠高於隸屬中央的立法委員，地方凌駕中央，因而乃有了「精省」的決議，省乃走入了歷史。

二、地方自治權限的劃分難以明確，容易滋生嚴重的政治爭議：國家事務異常複雜，隨著時代的不同往往衍生出不同的國家事務範圍與性質，故如何劃分中央與地方權限成為世界各國實施地方自治最困難的課題。無論是採取具體的列舉規定或原則的概括規定、無論是保障的法規是最高層次的憲法或等而下之的法律，都無可或免的滋生權限爭議。在已開發國家，由於法治傳統相當厚實，民主政黨政治的運作較為理性，故對於此類政治爭議，大體

尚能透過民主法治機制順利解決。然對於未開發或開發中國家而言，由於法治教育不足，政黨鬥爭激烈，縱有解決政治爭議的機制，其最後仲裁結果未必能夠弭平政治衝突，例如，釋字第 520 號有關「政院停建核四廠應向立院報告？」，因當時執政黨陳前總統水扁所領導的行政院與國民黨掌控的立法院對於解釋文的理解與作法有所差異，造成嚴重的政治對立，所幸臺灣社會的最大共識是社會安定，雖有政治衝突，並未釀成無可挽回的政治災難。基此，民主政治是逐漸成長的，地方自治爭議的解決亦須長期的耐心化解。

　　三、地方自治區域與層級的劃分困難，容易導致畸形的地方發展：任何實施地方自治的國家，都必須面臨「縱向層級」與「橫向區域」劃分的「雙重困局」，前者指從國家長治久安的角度而言，從中央到地方應該要劃分幾個層級？很多學者認為：應從國家統治轄區面積去劃分，大國轄區遼闊，可以分成較多的層級，小國則層級愈少愈好，以免浪費國家資源，這種說法明顯地忽略了地方制度是歷史文化的產物，統治面積的解釋力相當有限。後者則是指地方自治區域的範疇應該如何劃分，才不會大小不一，造成地方發展不夠均衡？臺北市與南投縣、高雄市與澎湖縣、新北市與基隆市的劃分，無論在人口密度與總數、管轄面積、財政豐腴程度都有很大的落差，每次在討論各縣市補助款與統籌分配款時，總是吵鬧不休。若地方自治的縱向與橫向劃分不當，則容易造成「貧者愈貧，富者愈富」的畸形現象，因而衍生臺灣社會長期以來一直存在的「重北輕南」、「重西輕東」的歷史包袱，至今依然未解。

自我評量

1.何謂地方自治？其構成要素為何？

2.單一國家與聯邦國家對地方自治的實施有何不同特徵？

3.請分別解釋直接自治與間接自治制之異同？

4.有關地方自治之本質，有何學說？以臺灣實施地方自治之實務

見解而言，應該屬於何種學說為當？

5. 從地方政府與地方自治的意義而言，請問「省政府」與「直轄市政府」有何差別？

6. 何謂住民自治與團體自治？我國憲法暨相關法制中採取何種自治型態？

7. 何謂地方自治人民？有何要件？根據《地方制度法》，人民之權利義務為何？

8. 實施地方自治的功能為何？可能產生何種流弊？

📖 歷屆考題

1. 何謂地方居民？請詳述我國地方居民的權利與義務，並舉例說明之？（108 年公務、關務升官等考試、交通事業升資考試）

2. 請從地方分權 (decentralization) 的角度，分析我國自回歸憲政以來的重大地方自治法制改革，並分析當前地方自治的法律保障的課題？（108 年公務、關務升官等考試、交通事業升資考試）

3. 請說明我國民主革新以來地方自治的重要發展趨勢。（107 年高考三級考試）

4. 依《地方制度法》之規定，直轄市民、縣（市）民、鄉（鎮、市）民之權利為何？並說明創制、複決權如何行使？（106 年公務人員高考三級考試）

5. 何謂團體自治？何謂住民自治？住民自治與團體自治的關係為何？試分述之。（106 年公務、關務人員升官等考試、交通事業升資考試）

6. 我國地方自治團體意指為何？我國地方自治團體施行地方自治時，即具備哪些特性？試說明之。（105 年特種考試地方政府公

務人員考試）

7. 我國對於地方自治事項，如何依法行使創制、複決之權？（104年地方特考）

8. 如何依體制學來界定「地方分權制」？新管理主義重新詮釋分權概念，強調分權不再只是制度的觀點，也是地方政府運作的一種途徑，請問新管理主義所提出地方政府治理之分權途徑為何？（103年高考三級）

9. 根據現行法制與大法官會議解釋，地方自治團體落實或辦理地方自治事項過程中須遵守何種限制與規範？（101年公務人員高等考試三級考試）

10. 何謂地方自治團體？其居民之權利與義務有哪些？試從地方制度法相關規定說明之。（100年公務人員升官等考試、關務人員升官等考試）

11. 試從理論與實務的觀點，分別論述「從地方分權到協力觀點下的夥伴關係」此項課題具體意涵為何？（96年特種考試地方政府公務人員考試）

12. 採行「地方分權制」主要理論基礎有哪些？而其實際展現的地方政府與中央政府互動關係之特性又有哪些？（96年特種考試地方政府公務人員考試）

13. 單一國強調中央集權，聯邦國主張地方分權。試依我國憲法與《地方制度法》之相關地方制度規定，說明二者之區別：㈠憲法對地方制度之重要規定，係在劃分中央與地方的權限，此究係聯邦國或單一國之憲法規範體例？㈡由《地方制度法》統一規範地方制度，究係單一國或聯邦國之立法體例？㈢精省後，直轄市與縣（市）等第一級地方自治團體，在法律地位上平行而對等，此係聯邦國或單一國之制度設計？（95年地方公務人員特考）。

第二節　地方自治監督

壹、意　義

　　地方自治團體是具有自治權的政治組織體，雖在其地域範圍內，依國家的法令授權可以享有一定的獨立公法人資格，但不能不受國家統治權的監察、督飭、審核、指揮、考核等，這些作用之概稱就是「自治監督」。基此，行使自治監督者為有監督權之機關或人民，至於接受監督之對象則為自治機關其所承辦之自治或委辦事項，或承辦該業務之人員。

　　從法律關係性質而言，地方自治之運作為公法關係，自治監督之本質自然是公法上的公權關係，發生公法上的效力，此與私法間之意思表示，僅發生私法上之效果者迥異。

　　依此，自治監督成立之要件有二：

一、一般要件

　　此為各種自治監督所應具備之共同要件，包括：

(一)須為法定之機關

　　自治監督對於地方自治團體與人民之權益影響甚大，故行使自治監督權之機關須為依法令設置之機關。臺灣威權政治時期有許多「名不正，言不順」之「黑機關」，其所為之監督權自無法律效力可言。唯此所謂法定機關並非以隸屬關係為限，例如，臺北市政府並非行政院所屬各部會之隸屬機關，但各部會在其主管業務範圍內仍對臺北市政府具有監督權。

㈡須有法定之職權

行使自治監督之機關須為依法令設置之合法機關，若對於被監督機關之自治事項並無實際管轄或指揮命令之權限，則仍無法行使自治監督權。因此，法定機關應有明確的法定職權，否則容易滋生政治爭議。近年來，臺灣民主轉型過程中，由於藍、綠政黨對峙日益激烈，中央對於地方是否具有監督權的爭議日趨嚴重。例如，有關教育政策是否應該全國一致性或屬於臺北市的自治事項多次發生權限爭議，前臺北市長郝龍斌曾就「高中學測用書」是否應採取「一綱多本」或「一綱一本」；柯文哲市長則就「十二年國教基北區高中職免試入學方案」擬採十級量尺取代四標示量尺，發生權限的爭議。可見對於某事項的管轄是否具有法定職權，亦是自治監督能否發生效力非常重要的要件。

二、特別要件

地方自治監督權的行使須經一定之程序或程式：

㈠須經一定程序

意指有權監督之合法機關行使監督權時，必須要符合法定程序，如《地方制度法》「第四章中央與地方及地方間之關係」規範許多權限爭議時發生後的處理程序，例如，大家熟悉的權限爭議條款──第77條：「**中央與直轄市、縣（市）間，權限遇有爭議時，由立法院院會議決之**；縣與鄉（鎮、市）間，自治事項遇有爭議時，由內政部會同中央各該主管機關解決之。直轄市間、直轄市與縣（市）間，事權發生爭議時，由行政院解決之；縣（市）間，事權發生爭議時，由中央各該主管機關解決之；鄉（鎮、市）間，事權發生爭議時，由縣政府解決之。」上開條文清楚說明各級政府發生權限爭議，應該如何處理的程序；前述有關臺北市與教育部之權限爭議，雙方積極溝通即可，如果「有溝無通」，則其程序是「由立法院院會議決之」，此時通常已是非常

嚴重的公共爭議。

(二)須經一定程式

　　這是指有權監督之合法機關行使監督權時，必須要符合法定的書面公文程式。例如，《地方制度法》第 82 條：「直轄市長、縣（市）長、鄉（鎮、市）長及村（里）長辭職、去職、死亡者，直轄市長由行政院派員代理；縣（市）長由內政部報請行政院派員代理；鄉（鎮、市）長由縣政府派員代理；村（里）長由鄉（鎮、市、區）公所派員代理。……**第一項人員之辭職，應以書面為之**。直轄市長應向行政院提出並經核准；縣（市）長應向內政部提出，由內政部轉報行政院核准；鄉（鎮、市）長應向縣政府提出並經核准；村（里）長應向鄉（鎮、市、區）公所提出並經核准，均自核准辭職日生效。」上開條文中的「第一項人員之辭職，應以書面為之」乃是應具備的法定程式，其他各項規定則屬法定程序。

貳、自治監督的多元與融合

　　自治監督為地方自治運作中不可或缺的公法行為，唯全球化潮流衝擊下，地方政府日益受到國際因素之衝擊，地方自治事務乃日益複雜。國家主權為維持國家之競爭力與社會之安定，對於地方自治團體之監督必須在「收權」與「放權」之間取得平衡，而取得平衡關鍵就是自治監督權的行使方式是否能夠符合時代潮流、民意趨勢與社會期望。

　　傳統自治監督是依循「法治國」的思維，以「依法行政」、「國家主權」作為行使自治監督之準繩，中央政府為求維持國家主權的權威性，對於違失的地方自治行為往往採取依法行政的「適法性監督」，例如以撤銷、變更、廢止或停止其執行的矯正處分方式進行「事後監督」，這些監督只是中央企圖矯正地方自治機關的違失行為，乃是「救弊於已然」的「消極監督」，頗具威權政治的色彩，並不符合當前臺灣民主政治的風潮，更不符合中央與地方政府

的夥伴關係之本質。更何況並非民選產生的中央政府部會首長，對於地方自治組織的民選首長之監督，容易滋生爭議，甚至惡化為政治衝突。

　　然而，《地方制度法》公布後，已無自治監督之專門條文，檢視該法全文使用「監督」僅有 12 個字，真正能夠反映自治監督條文者為第 2 條有關「委辦事項」之名詞定義：「指地方自治團體依法律、上級法規或規章規定，在上級政府指揮**監督**下，執行上級政府交付辦理之非屬該團體事務，而負其行政執行責任之事項。」可見《地方制度法》已能與時俱進，取消自治監督之字眼，以形塑中央與地方夥伴關係，俾利於國家的進步發展與人民的幸福安樂。故當前先進民主國家應該在「民主國」的思潮下，以「溝通協商」、「跨域治理」作為行使自治監督之準繩，中央與地方政府首長應該本於「民意」大於「黨意」、「公共利益」重於「政治利益」的前提下，共謀國家主權的最高性，中央政府除了進行消極的監督外，還期望鼓勵地方政府創造施政績效的「積極監督」、防患於未然的「事前監督」、是否符合行政專業之「適當性監督」。基此，目前自治監督方式應融合此兩種不同監督形式，俾進行有效能的監督，茲加以申述如下：

一、消極監督與積極監督

㈠消極監督

　　監督方式中含有考核、監察、糾正、矯正、撤職等「管制」性質之方式，以防範地方政府怠忽本身職務或濫用自治權力。消極監督之目的在於防止或矯正其違誤法令或廢弛職務等情事，以維護地方人民之合法權益，保障國家和平安定的局面。

㈡積極監督

　　監督方式中含有激勵、協助、指導或鼓勵等「誘因」性質之方式，以促使地方政府善用其自治權，努力地方建設事業，並扶植各地地方自治的均衡

發展。積極監督之目的在於鞏固國家之統一，達成自治任務，宏揚自治精神，符合社會利益。

二、事後監督與事前監督

㈠事後監督

有學者稱為「鎮壓監督」，乃是一種「救弊於已然」的監督，係上級政府或主管機關，於下級政府行使權限後，應向上級政府提出報告，俾使上級政府知悉瞭解，並保留事後審查之權力，俾糾正其不正之結果所為之監督。例如，以備查、查照等所為之監督。

㈡事前監督

有學者又稱為「預防監督」，係上級政府或主管機關，為期下級政府或機關能夠適法行使權限起見，於行使之前，應先經上級機關或主管機關之同意或承認，始能取得行政行為合法之效力。例如，以核准、審核、認可之形式所為之監督。

三、適法性監督與適當性監督

㈠適法性監督

此類監督是對於自治事項之監督，係指上級政府或機關，純粹從合法性監督角度督促地方自治團體行使其公法上之任務，是否符合其公權行為上之合法性，只有當該團體違法作為或消極不作為時，監督機關才進行干預，至於其行為是否合乎行政專業目的，監督機關無權干預。既然適法性監督係單純的合法與否之監督，故其監督之情形可能包括：1.違法行為，如違反憲法、法律、法規命令等；2.裁量瑕疵，如逾越、濫用、怠惰等。至於適法性監督之手段包括撤銷、變更、廢止、停止執行、命令作為義務、代行處理等。如

《地方制度法》第 75 條有關直轄市政府違法的自治事項之規定採「適法性」監督為宜:「直轄市政府辦理自治事項違背憲法、法律或基於法律授權之法規者,由中央各該主管機關報行政院予以撤銷、變更、廢止或停止其執行。」

(二)適當性監督

此類監督是對於委辦事項之監督,蓋委辦事項本屬上級政府或機關之事務,而委由下級地方自治團體代為執行,委辦機關得為各種專業上之指示,在執行之際或執行之後,亦得進行「適當與否」之妥適性監督。委辦事項之監督為合目的性之監督,亦稱專業監督,不僅及於行為之合法性,亦及於行為之合目的性。其監督之情況可能是違反憲法、法律、法規命令、行政規則、縣規章、縣自治規則,亦不得逾越權限。監督手段包括撤銷、變更、廢止、停止執行、命令作為義務、代行處理等。

《地方制度法》第 75 條對於直轄市政府的委辦事項則採「適當性監督」為宜,以維持其自治主體性為行使監督權之前提:「直轄市政府辦理委辦事項違背憲法、法律、中央法令或逾越權限者,由中央各該主管機關報行政院予以撤銷、變更、廢止或停止其執行。縣(市)政府辦理委辦事項違背憲法、法律、中央法令或逾越權限者,由委辦機關予以撤銷、變更、廢止或停止其執行。鄉(鎮、市)公所辦理委辦事項違背憲法、法律、中央法令、縣規章、縣自治規則或逾越權限者,由委辦機關予以撤銷、變更、廢止或停止其執行。」

(三)釋字第 553 號對於適當性與適法性監督的闡釋

有關適法性與適當性監督,大法官會議釋字第 553 曾針對臺北市政府因決定延期辦理里長選舉,內政部認其決定違背《地方制度法》第 83 條第一項規定,經報行政院依同法第 75 條第二項予以撤銷;臺北市政府不服,乃依同條第八項規定聲請解釋。

「一、《地方制度法》第八十三條第一項規定：『直轄市議員、直轄市長、縣（市）議員、縣（市）長、鄉（鎮、市）民代表、鄉（鎮、市）長及村（里）長任期屆滿或出缺應改選或補選時，如因特殊事故，得延期辦理改選或補選。』其中所謂特殊事故，在概念上無從以固定之事故項目加以涵蓋，而係泛指不能預見之非尋常事故，致不克按法定日期改選或補選，或如期辦理有事實足認將造成不正確之結果或發生立即嚴重之後果或將產生與實現地方自治之合理及必要之行政目的不符等情形者而言。又特殊事故不以影響及於全國或某一縣市全部轄區為限，即僅於特定選區存在之特殊事故如符合比例原則之考量時，亦屬之。

　　二、上開法條使用不確定法律概念，即係賦予該管行政機關相當程度之判斷餘地，蓋地方自治團體處理其自治事項與承中央主管機關之命辦理委辦事項不同，前者中央之監督僅能就適法性為之；後者除適法性之外，亦得就行政作業之合目的性等實施全面監督。本件既屬地方自治事項又涉及不確定法律概念，上級監督機關為適法性監督之際，固應尊重該地方自治團體所為合法性之判斷，但如其判斷有恣意濫用及其他違法情事，上級監督機關尚非不得依法撤銷或變更。」

參、類　型

一、國家機關監督

　　國家之治權可以分為立法、行政、司法、考試、監察，對於地方自治均有其各自的自治監督權，茲分述如下：

㈠立法監督

　　立法院為我國最高之立法機關，透過立法制定權之行使，可以充分表現其對地方自治所為之立法監督，憲法第 108 條規定：省縣自治通則與行政區

劃為「由中央立法並執行之，或交由省縣執行之。」目前我國係以《地方制度法》取代《省縣自治通則》，成為地方自治之母法，影響地方自治發展至大，立法監督之權威性可見一斑。地方自治財源關係地方施政績效，《財政收支劃分法》第 6 條：「稅課劃分為國稅、直轄市及縣（市）稅。」第 7 條：「直轄市、縣（市）及鄉（鎮、市）立法課徵稅捐，以本法有明文規定者為限，並應依地方稅法通則之規定。」可見該法為影響地方自治極其重要的財政法制，而其制定權均屬立法監督。

憲法第 125 條：「縣單行規章，與國家法律或省法規牴觸者無效。」依此，依立法權所通過的國家法律，地方自治必須遵守，不得違背；且不同層級地方自治團體遇有爭議時，由立法院解決之。因此，憲法第 111 條：「除第一百零七條、第一百零八條、第一百零九條及第一百十條列舉事項外，如有未列舉事項發生時，其事務有全國一致之性質者屬於中央，有全省一致之性質者屬於省，有一縣之性質者屬於縣。遇有爭議時，由立法院解決之。」又《地方制度法》第 77 條：「中央與直轄市、縣（市）間，權限遇有爭議時，由立法院院會議決之；縣與鄉（鎮、市）間，自治事項遇有爭議時，由內政部會同中央各該主管機關解決之。直轄市間、直轄市與縣（市）間，事權發生爭議時，由行政院解決之；縣（市）間，事權發生爭議時，由中央各該主管機關解決之；鄉（鎮、市）間，事權發生爭議時，由縣政府解決之。」

(二)行政監督

行政監督係指上級行政機關對於下級地方政府之業務事項進行，依相關程序予以督促或考核之行政作用。依《地方制度法》規定，行政監督之事項甚多，如第 76 條：「直轄市、縣（市）、鄉（鎮、市）依法應作為而不作為，致嚴重危害公益或妨礙地方政務正常運作，其適於代行處理者，得分別由行政院、中央各該主管機關、縣政府命其於一定期限內為之；逾期仍不作為者，得代行處理。但情況急迫時，得逕予代行處理。」

㈢司法監督

司法監督係指司法機關以解釋權、訴訟權及懲戒權對各級地方政府所行使之監督作用：

1.有關司法機關的解釋權： 如《地方制度法》第 30 條：「自治法規與憲法、法律、基於法律授權之法規、上級自治團體自治條例或該自治團體自治條例有無牴觸發生疑義時，得聲請司法院解釋之。」又第 75 條：「第二項（直轄市政府）、第四項（縣（市）政府）及第六項（鄉（鎮、市）公所）之自治事項有無違背憲法、法律、中央法規、縣規章發生疑義時，得聲請司法院解釋之；在司法院解釋前，不得予以撤銷、變更、廢止或停止其執行。」

2.有關司法機關的訴訟權： 如憲法第 77 條：「司法院為國家最高司法機關，掌理民事、刑事、行政訴訟之審判及公務員之懲戒。」自治行政機關之違法處分，人民經提起訴願不服後可再提起行政訴訟，由行政法院判決予以變更或撤銷違法之行政處分。此外，地方自治選舉之爭訟，由法院負責審判，憲法第 132 條：「選舉應嚴禁威脅利誘。選舉訴訟，由法院審判之。」

3.有關司法機關的懲戒權：《地方制度法》第 2 條對於地方自治人員的「去職」做出明確的定義：「指依《公務員懲戒法》規定受撤職之懲戒處分、依公職人員選舉罷免法規定被罷免或依本法規定被解除職權或職務者。」又第 84 條：「直轄市長、縣（市）長、鄉（鎮、市）長適用公務員服務法；其行為有違法、廢弛職務或其他失職情事者，準用政務人員之懲戒規定。」

㈣考試監督

考試監督係指中央考試機關對於地方自治機關之人事有監督考核權，憲法明訂考試院為國家最高考試機關，地方政府之人員均須接受考試院之監督，第 83 條：「考試院為國家最高考試機關，掌理考試、任用、銓敘、考績、級俸、陞遷、保障、褒獎、撫卹、退休、養老等事項。」第 108 條亦明確指陳「中央及地方官吏之銓敘、任用、糾察及保障為由中央立法並執行之，或交由省縣執行之」，考試院是當然的自治機關人事之最高監督機關。

《地方制度法》有關考試監督之明文規定，如第 54 條：「直轄市議會、縣（市）議會、鄉（鎮、市）民代表會之組織準則、規程及組織自治條例，其有關考銓業務事項，不得牴觸中央考銓法規；各權責機關於核定後，應函送考試院備查。」第 62 條：「直轄市政府、縣（市）政府、鄉（鎮、市）公所與其所屬機關及學校之組織準則、規程及組織自治條例，其有關考銓業務事項，不得牴觸中央考銓法規；各權責機關於核定或同意後，應函送考試院備查。」

㈤監察監督

監察監督係指中央監察機關對於地方政府之人員有糾舉權或彈劾權，對於地方政府政策或行政有糾正權，對於財務有財務監督權。

憲法第 96 條規定：「監察院得按行政院及其各部會之工作，分設若干委員會，調查一切設施，注意其是否違法或失職。」第 97 條：「監察院經各該委員會之審查及決議，得提出糾正案，移送行政院及其有關部會，促其注意改善。監察院對於中央及地方公務人員，認為有失職或違法情事，得提出糾舉案或彈劾案，如涉及刑事，應移送法院辦理。」

此外，監察院審計部，對於中央與地方政府機關的財務收支狀況具有審定稽核之權，此種監督可以有效杜絕公務員貪汙腐化情形之發生。《地方制度法》第 42 條：「直轄市、縣（市）決算案，應於會計年度結束後四個月內，提出於該管審計機關，審計機關應於決算送達後三個月內完成其審核，編造最終審定數額表，並提出決算審核報告於直轄市議會、縣（市）議會。總決算最終審定數額表，由審計機關送請直轄市、縣（市）政府公告。直轄市議會、縣（市）議會審議直轄市、縣（市）決算審核報告時，得邀請審計機關首長列席說明。」

二、自治機關監督

　　這是指自治立法機關對於自治行政機關所為之監督，其行使監督權者為自治立法機關，被監督者為自治行政機關，因自治機關是否為同一等級或上下等級而異其體系；如直轄市議會對於直轄市政府之監督、縣（市）議會對於縣（市）政府之監督、鄉（鎮、市）民代表會對於鄉（鎮、縣轄市）公所之監督。監督權限甚多，《地方制度法》第 35、36、37 條分別規定直轄市議會、縣（市）議會以及鄉（鎮、市）民代表會之職權，略如：自治法規；預算；特別稅課、臨時稅課及附加稅課；財產之處分；政府或民意代表提案事項；決算之審核報告；接受人民請願等。

三、公民監督

　　地方自治原係地方公民自行處理其區域內之公共事務，依「主權在民」之原理，地方自治之主人實為公民，故公民對於地方自治事項擁有各種不同形式的監督權，例如，對於自治人員具有選舉權與罷免權，對於自治事務則具有創制權與複決權，甚至行使公民投票權，這些都是公民監督力量之展現。《地方制度法》第 16 條：「直轄市民、縣（市）民、鄉（鎮、市）之權利如下：一、對於地方公職人員有依法選舉、罷免之權。二、對於地方自治事項，有依法行使創制、複決之權。三、對於地方公共設施有使用之權。四、對於地方教育文化、社會福利、醫療衛生事項，有依法律及自治法規享受之權。五、對於地方政府資訊，有依法請求公開之權。六、其他依法律及自治法規賦予之權利。」

　　除上述外，公民監督尚有其他許多正式與非正式方式，例如，依據《集會遊行法》而走上街頭、抗議示威；依《行政程序法》與《政府資訊公開法》，監督政府行政程序之妥適性，或者要求政府公開資料與文件等。

肆、對於自治或委辦事項之監督方式

本節歸納《地方制度法》之規定，對於自治或委辦事項的監督方式加以說明如下。

一、核定權

《地方制度法》第2條對於上級政府或機關的「核定」權做出如下的定義：「指上級政府或主管機關，對於下級政府或機關所陳報之事項，加以審查，並作成決定，以完成該事項之法定效力之謂。」換言之，上級政府或主管機關對於下級政府或機關所陳報之自治或委辦事項，具有核准與否的實質審核權，而該核定是下級政府或機關所欲完成該事項之法定效力要件。

依《地方制度法》規定，對於下列事項，上級政府或權責機關具核定權：

㈠地方自治區域名稱之變更

第6條：省、直轄市、縣（市）、鄉（鎮、市）、區及村（里）名稱名稱之變更，依下列規定辦理之：

1.省：由內政部報行政院核定。

2.直轄市：由直轄市政府提請直轄市議會通過，報行政院核定。

3.縣（市）：由縣（市）政府提請縣（市）議會通過，由內政部轉報行政院核定。

4.鄉（鎮、市）及村（里）：由鄉（鎮、市）公所提請鄉（鎮、市）民代表會通過，報縣政府核定。

㈡地方改制計畫

第7-1條：內政部基於全國國土合理規劃及區域均衡發展之需要，擬將

縣（市）改制或與其他直轄市、縣（市）合併改制為直轄市者；縣（市）擬改制為直轄市者；縣（市）擬與其他直轄市、縣（市）合併改制為直轄市者等，其改制計畫，經各該直轄市議會、縣（市）議會同意後，由內政部報請行政院核定之。

㈢涉及罰則之自治條例

第 26 條：「自治條例經各該地方立法機關議決後，如規定有罰則時，應分別報經行政院、中央各該主管機關核定後發布」。

㈣委辦規則

第 29 條：「直轄市政府、縣（市）政府、鄉（鎮、市）公所為辦理上級機關委辦事項，得依其法定職權或基於法律、中央法規之授權，訂定委辦規則。委辦規則應函報委辦機關核定後發布之；其名稱準用自治規則之規定。」

㈤自治法規、委辦規則

第 32 條：自治法規、委辦規則依規定應經其他機關核定者，應於核定文送達各該地方行政機關三十日內公布或發布。自治法規、委辦規則須經上級政府或委辦機關核定者，核定機關應於一個月內為核定與否之決定；逾期視為核定，由函報機關逕行公布或發布。但因內容複雜、關係重大，須較長時間之審查，經核定機關具明理由函告延長核定期限者，不在此限。

㈥自治立法機關之組織自治準則、條例

第 54 條：「直轄市議會之組織，由內政部擬訂準則，報行政院核定；各直轄市議會應依準則擬訂組織自治條例，報行政院核定。縣（市）議會之組織，由內政部擬訂準則，報行政院核定；各縣（市）議會應依準則擬訂組織自治條例，報內政部核定。鄉（鎮、市）民代表會之組織，由內政部擬訂準則，報行政院核定；各鄉（鎮、市）民代表會應依準則擬訂組織自治條例，

報縣政府核定。」

㈦自治行政機關之組織自治準則

第 62 條：直轄市政府、縣（市）政府、鄉（鎮、市）公所之組織，由內政部擬訂準則，報行政院核定。

二、備查權

《地方制度法》第 2 條對於上級政府或機關的「備查」權做出如下的定義：「指下級政府或機關間就其得全權處理之業務，依法完成法定效力後，陳報上級政府或主管機關知悉之謂。」依此，相較於「核定」係屬高強度的自治監督方式，備查則是較為柔軟、且賦予自治機關更多自主裁量權之低度自治監督方式。

依《地方制度法》規定，對於下列事項，上級政府或權責機關具有備查權：

㈠跨區域自治事項

隨著公共事務日趨繁複，跨區域之自治事務日益增加，如關於垃圾清運與處理事宜，實需賦予地方自治首長更多的裁量權，故以備查之方式，如第 24-1 條：「直轄市、縣（市）、鄉（鎮、市）為處理跨區域自治事務、促進區域資源之利用或增進區域居民之福祉，得與其他直轄市、縣（市）、鄉（鎮、市）成立區域合作組織、訂定協議、行政契約或以其他方式合作，並報共同上級業務主管機關備查。」

㈡未訂罰則之自治法規

對於人民之「罰則」係涉及人民之權利義務，須呈請行政院核定，但若未涉及罰則者，且法並無特別規定者則可採備查方式為之。第 26 條：「自治

條例經各該地方立法機關議決後，如規定有罰則時，應分別報經行政院、中央各該主管機關核定後發布；其餘除法律或縣規章另有規定外，直轄市法規發布後，應報中央各該主管機關轉行政院備查；縣（市）規章發布後，應報中央各該主管機關備查；鄉（鎮、市）規約發布後，應報縣政府備查。」

㈢**自治規則**

第 27 條：「直轄市、縣（市）、鄉（鎮、市）自治規則，除法律或基於法律授權之法規另有規定外，應於發布後分別函報行政院、中央各該主管機關、縣政府備查，並函送各該地方立法機關查照。」

㈣**地方立法機關之自律規則**

第 31 條：「地方立法機關得訂定自律規則。自律規則除法律或自治條例另有規定外，由各該立法機關發布，並報各該上級政府備查。」

㈤**自治立法機關之組織準則、規程及組織自治條例，涉及有關考銓業務事項函送考試院備查**

第 54 條：「直轄市議會、縣（市）議會、鄉（鎮、市）民代表會之組織準則、規程及組織自治條例，其有關考銓業務事項，不得牴觸中央考銓法規；各權責機關於核定後，應函送考試院備查。」

㈥**副市長、副縣（市）長之增置**

直轄市長，綜理經緯萬端之市政，可置副市長二人，但人口在二百五十萬以上之直轄市，得增置副市長一人，由市長任命，並報請行政院備查。第 55 條：「人口在二百五十萬以上之直轄市，得增置副市長一人，職務均比照簡任第十四職等，由市長任命，並報請行政院備查。」第 56 條則針對增置副縣（市）長之規定：「人口在一百二十五萬人以上之縣（市），得增置副縣（市）長一人，均由縣（市）長任命，並報請內政部備查。」

㈦自治行政機關之組織自治條例

第 62 條：直轄市政府之組織，由內政部擬訂準則，報行政院核定；各直轄市政府應依準則擬訂組織自治條例，經直轄市議會同意後，報行政院備查；縣（市）政府之組織，由內政部擬訂準則，報行政院核定；各縣（市）政府應依準則擬訂組織自治條例，經縣（市）議會同意後，報內政部備查；各鄉（鎮、市）公所應依準則擬訂組織自治條例，經鄉（鎮、市）民代表會同意後，報縣政府備查。

三、爭議解決權

上級政府對於下級地方政府、同級或對等團體或機關相互間，發生職權上的爭執衝突，相持不下，或在自治相關法規運作過程中發生重大執行障礙時，上級政府或權責機關可以進行爭議的協調獲解決。

《地方制度法》規範下列的爭議解決方式：

㈠**直轄市、縣（市）、鄉（鎮、市）應依約定履行其義務；遇有爭議時**：第 24-3 條：「直轄市、縣（市）、鄉（鎮、市）應依約定履行其義務；遇有爭議時，得報請共同上級業務主管機關協調或依司法程序處理。」

㈡**中央與直轄市、縣（市）間，權限遇有爭議時；縣與鄉（鎮、市）間，自治事項遇有爭議時；直轄市間、直轄市與縣（市）間，事權發生爭議時；或縣（市）間、鄉（鎮、市）間，事權發生爭議時**：第 77 條：「中央與直轄市、縣（市）間，權限遇有爭議時，由立法院院會議決之；縣與鄉（鎮、市）間，自治事項遇有爭議時，由內政部會同中央各該主管機關解決之。直轄市間、直轄市與縣（市）間，事權發生爭議時，由行政院解決之；縣（市）間，事權發生爭議時，由中央各該主管機關解決之；鄉（鎮、市）間，事權發生爭議時，由縣政府解決之。」

㈢**向大法官會議申請解釋**：除了有關「純為中央與地方自治團體間或上下級地方自治團體間之權限爭議，則應循《地方制度法》第 77 條規定解決

之」或「地方行政機關對同級立法機關議決事項發生執行之爭議時,本質上屬於府會權力制衡問題,並非法律疑義,自然不能申請大法官會議解釋,而應依《地方制度法》第 38 條、第 39 條等相關規定處理」,其餘各項爭議均可透過大法官會議解決,茲摘錄釋字第 527 號「地制法得聲請司法院解釋各規定之意涵?」部分其內容如下:

「1.……上述各項情形有無牴觸發生疑義得聲請司法院解釋之規定,係指就相關業務有監督自治團體權限之各級主管機關對決議事項或自治法規是否牴觸憲法、法律或其他上位規範尚有疑義,而未依各該條第四項逕予函告無效,向本院大法官聲請解釋而言。地方自治團體對函告無效之內容持不同意見時,應視受函告無效者為自治條例抑自治規則,分別由該地方自治團體之立法機關或行政機關,就事件之性質聲請本院解釋憲法或統一解釋法令。有關聲請程序分別適用司法院大法官審理案件法第八條第一項、第二項之規定,於此情形,無同法第九條規定之適用。至地方行政機關對同級立法機關議決事項發生執行之爭議時,應依地方制度法第三十八條、第三十九條等相關規定處理,尚不得逕向本院聲請解釋。原通過決議事項或自治法規之各級地方立法機關,本身亦不得通過決議案又同時認該決議有牴觸憲法、法律、中央法規或上級自治團體自治法規疑義而聲請解釋。

　　2.有監督地方自治團體權限之各級主管機關,依《地方制度法》第七十五條對地方自治團體行政機關(即直轄市、縣、市政府或鄉、鎮、市公所)辦理該條第二項、第四項及第六項之自治事項,認有違背憲法、法律或其他上位規範尚有疑義,未依各該項規定予以撤銷、變更、廢止或停止其執行者,得依同條第八項規定聲請本院解釋。地方自治團體之行政機關對上開主管機關所為處分行為,認為已涉及辦理自治事項所依據之自治法規因違反上位規範而生之效力問題,且該自治法規未經上級主管機關函告無效,無從依同法第三十條第五項聲請解釋,自治團體之行政機關亦得依同法第七十五條第八項逕向本院聲請解釋。其因處分行為而構成司法院大法官審理案件法第五條

第一項第一款之疑義或爭議時，則另得直接聲請解釋憲法。如上述處分行為有損害地方自治團體之權利或法律上利益情事，其行政機關得代表地方自治團體依法提起行政訴訟，於窮盡訴訟之審級救濟後，若仍發生法律或其他上位規範違憲疑義，而合於司法院大法官審理案件法第五條第一項第二款之要件，亦非不得聲請本院解釋。至若無關地方自治團體決議事項或自治法規效力問題，亦不屬前開得提起行政訴訟之事項，而純為中央與地方自治團體間或上下級地方自治團體間之權限爭議，則應循地方制度法第七十七條規定解決之，尚不得逕向本院聲請解釋。」

四、矯正處分權

上級政府或機關對於下級政府或機關之行為或決定，認為有違法失職，或經令飭改正，但仍不遵辦者，給予行政處分，俾有效匡正不正行政行為，有損人民權益之一種監督權限，《地方制度法》中有兩種行使方式：

㈠撤銷、變更、廢止或停止其執行

《地方制度法》經常提到撤銷、變更、廢止或停止其執行四種監督方式，實際上其意義有所不同。「撤銷」係指對地方自治團體之違法、不當之行政處分或命令，使其失其效力之謂，此為對於地方自治團體相當激烈之監督手段。「變更」是指對於既已成立、有瑕疵之行政處分或命令予以改變，使其行為毫無瑕疵狀態之謂。「廢止」係指行政處分本身並無瑕疵，但因法令修改或政策改變，導致該處分不符合人民權益，而終止其效力之謂。至於「停止」其執行，則是指上級機關認為地方自治團體之自治法規或行政行為有客觀上不適合執行之原因，暫時延緩執行，俟日後適當時機再予恢復，但並非自始無效。

上述四種監督方式，對於自治或委辦事項的監督，很容易改變地方自治團體之行政作為與施政方向，且可能侵犯地方自治權的行使，基於尊重地方

自治的原則，故在使用上必須謹慎，嚴格限制其行使之必要性。至於對委辦事項之監督，上級機關基於專業監督，法理上並無不可，唯仍須遵守比例原則。

《地方制度法》第 75 條列出下列幾種可能狀況：

1.直轄市政府辦理自治事項或委辦事項違背憲法、法律或基於法律授權之法規者，由中央各該主管機關報行政院予以撤銷、變更、廢止或停止其執行。

2.縣（市）政府辦理自治事項違背憲法、法律或基於法律授權之法規者，由中央各該主管機關報行政院予以撤銷、變更、廢止或停止其執行。縣（市）政府辦理委辦事項違背憲法、法律、中央法令或逾越權限者，由委辦機關予以撤銷、變更、廢止或停止其執行。

3.鄉（鎮、市）公所辦理自治事項違背憲法、法律、中央法規或縣規章者，由縣政府予以撤銷、變更、廢止或停止其執行。鄉（鎮、市）公所辦理委辦事項違背憲法、法律、中央法令、縣規章、縣自治規則或逾越權限者，由委辦機關予以撤銷、變更、廢止或停止其執行。

㈡代行處理

上級機關基於行政監督權限，對於下級機關之應作為而不作為之事項，致嚴重危害公益或妨礙地方政務正常運作，其適於代執行者，由上級機關代行處理，若情況急迫時，得逕予代行處理之謂。依此，我國之代行處理，係監督機關基於下級機關應作為而不作為之事項，致嚴重危害公共利益者，乃由監督機關依一定程序予以代行處理，若情況急迫，可逕行代行處理；一旦代行處理，則該事項之掌理權即移轉至代行處理機關，直至處理完竣。基此，此種監督手段若不當行使，容易侵害地方自治之自主權，從而引發後續層出不窮的政治效應，故不可不慎。《地方制度法》第 76 條：「直轄市、縣（市）、鄉（鎮、市）依法應作為而不作為，致嚴重危害公益或妨礙地方政務正常運作，其適於代行處理者，得分別由行政院、中央各該主管機關、縣政府命其

於一定期限內為之；逾期仍不作為者，得代行處理。但情況急迫時，得逕予代行處理。」

為使代行處理機制更為周全，上開條文為被代行機關提供申訴管道，直轄市、縣（市）、鄉（鎮、市）對前項處分如認為窒礙難行時，應於期限屆滿前提出申訴。行政院、中央各該主管機關、縣政府得審酌事實變更或撤銷原處分。

代行處理必須依據法定程序，故行政院、中央各該主管機關、縣政府決定代行處理前，應函知被代行處理之機關及該自治團體相關機關，經權責機關通知代行處理後，該事項即轉移至代行處理機關，直至代行處理完竣。

代行處理之後續問題，包括：1.代行處理所支出之費用，應由被代行處理之機關負擔，各該地方機關如拒絕支付該項費用，上級政府得自以後年度之補助款中扣減抵充之。2.直轄市、縣（市）、鄉（鎮、市）對於代行處理之處分，如認為有違法時，依行政救濟程序辦理之。

伍、對自治人員的監督

《地方制度法》第 78 條至第 82 條，主要規範地方公職人員的停職或解除職權或職務之規範，該等人員之辭職或代理的規定；《地方制度法》第 83 條為地方公職人員補選或延選的規定，茲分述如下：

一、地方民選公職人員之停職與解職

民選公職人員可分為民選首長與民意代表，依《地方制度法》規定，前者有停止職務（停職）之規定，後者則有解除職務（解職）之規定：

㈠地方民選首長之停職

依《地方制度法》第 78 條之規定：直轄市長、縣（市）長、鄉（鎮、

市）長、村（里）長，有下列情事之一，分別由行政院、內政部、縣政府、鄉（鎮、市、區）公所停止其職務，不適用《公務員懲戒法》第三條之規定：

1.涉嫌犯內亂、外患、貪污治罪條例或組織犯罪防制條例之罪，經第一審判處有期徒刑以上之刑者。但涉嫌貪污治罪條例上之圖利罪者，須經第二審判處有期徒刑以上之刑者。

2.涉嫌犯前款以外，法定刑為死刑、無期徒刑或最輕本刑為五年以上有期徒刑之罪，經第一審判處有罪者。

3.依刑事訴訟程序被羈押或通緝者。

4.依檢肅流氓條例規定被留置者。

由上開規定可知，由於民選行政首長之任期為四年，待司法判決確定時再予停職，恐時日過久，影響社會公益甚大，故經一審或二審便可予以停職之處分，前提是所犯之罪相當重大。

(二)地方民意代表之解職

《地方制度法》第 79 條：直轄市議員、直轄市長、縣（市）議員、縣（市）長、鄉（鎮、市）民代表、鄉（鎮、市）長及村（里）長有下列情事之一，直轄市議員、直轄市長由行政院分別解除其職權或職務；縣（市）議員、縣（市）長由內政部分別解除其職權或職務；鄉（鎮、市）民代表、鄉（鎮、市）長由縣政府分別解除其職權或職務，並通知各該直轄市議會、縣（市）議會、鄉（鎮、市）民代表會；村（里）長由鄉（鎮、市、區）公所解除其職務。應補選者，並依法補選：

1.經法院判決當選無效確定，或經法院判決選舉無效確定，致影響其當選資格者。

2.犯內亂、外患或貪污罪，經判刑確定者。

3.犯組織犯罪防制條例之罪，經判處有期徒刑以上之刑確定者。

4.犯前二款以外之罪，受有期徒刑以上刑之判決確定，而未受緩刑之宣告或未執行易科罰金者。

5.受保安處分或感訓處分之裁判確定者。但因緩刑而付保護管束者，不在此限。

6.戶籍遷出各該行政區域四個月以上者。

7.褫奪公權尚未復權者。

8.受監護或輔助宣告尚未撤銷者。

9.有本法所定應予解除職權或職務之情事者。

10.依其他法律應予解除職權或職務者。

第81條又規定地方民意代表補選之前提條件：「直轄市議員、縣（市）議員、鄉（鎮、市）民代表辭職、去職或死亡，其缺額達總名額十分之三以上或同一選舉區缺額達二分之一以上時，均應補選。但其所遺任期不足二年，且缺額未達總名額二分之一時，不再補選。」前項補選之直轄市議員、縣（市）議員、鄉（鎮、市）民代表，以補足所遺任期為限。

㈢民選公職人員不能執行或不執行之解職

第80條對於民選公職人員不能執行、不執行職務者之解職規定有下列兩種情況：

1.地方民選首長不能執行或不執行職務：直轄市長、縣（市）長、鄉（鎮、市）長、村（里）長，因罹患重病，致不能執行職務繼續一年以上，或因故不執行職務連續達六個月以上者，應依前條第一項規定程序解除其職務。

2.地方民意代表怠於執行應盡職務：直轄市議員、縣（市）議員、鄉（鎮、市）民代表連續未出席定期會達二會期者，亦解除其職權。

二、地方民選首長之派員代理

地方民選首長之派員代理，基於不同原因而有兩種不同規定：

1.因辭職、去職、死亡者，且所遺任期不足兩年：因考量選舉成本過高，

為有效繼續推行地方政務，不需要再行補選，故由上級監督機關派員代理，《地方制度法》第 82 條第一項：「直轄市長、縣（市）長、鄉（鎮、市）長及村（里）長辭職、去職、死亡者，直轄市長由行政院派員代理；縣（市）長由內政部報請行政院派員代理；鄉（鎮、市）長由縣政府派員代理；村（里）長由鄉（鎮、市、區）公所派員代理。」

　　有關辭職之問題應符合法定程序：「第一項人員之辭職，應以書面為之。直轄市長應向行政院提出並經核准；縣（市）長應向內政部提出，由內政部轉報行政院核准；鄉（鎮、市）長應向縣政府提出並經核准；村（里）長應向鄉（鎮、市、區）公所提出並經核准，均自核准辭職日生效。」

　　2.民選首長停職期間之派員代理：「辭職」是民選首長的主動行為，以辭去其原有縣（市）長之身分，但「停職」則係屬第 78 條所規範之各項行為，由自治監督機關發動基於事實之必要而必須暫時停止其職務之狀態，以釐清事實真相後再回復其職務，仍未喪失其民選首長之身分，在其停職期間之派員代理，另有不同的代理規定，第 82 條第二項：「直轄市長停職者，由副市長代理，副市長出缺或不能代理者，由行政院派員代理。縣（市）長停職者，由副縣（市）長代理，副縣（市）長出缺或不能代理者，由內政部報請行政院派員代理。鄉（鎮、市）長停職者，由縣政府派員代理，置有副市長者，由副市長代理。村（里）長停職者，由鄉（鎮、市、區）公所派員代理。」

三、地方民選首長之懲戒處分

　　民選行政首長係經由選民之自由意志選出的人員，係受選民之囑託辦理地方自治事務，並非依法任用之公務員，故是否適用《公務員懲戒法》頗有爭論。唯揆諸我國之地方自治經驗，確實曾有由監察委員依《監察法》向民選首長提起彈劾案，並移送公務員懲戒委員會審議者；更何況民選首長仍屬於廣義之公務員，故可適用《公務員服務法》。《地方制度法》第 84 條規定：「直轄市長、縣（市）長、鄉（鎮、市）長適用公務員服務法；其行為有違

法、廢弛職務或其他失職情事者，準用政務人員之懲戒規定。」依此，就可依《公務員懲戒法》提出懲戒處分，並由於準用政務人員之規定，其懲戒方式包括下列各種：「一、免除職務。二、撤職。三、剝奪、減少退休（職、伍）金。……六、減俸。七、罰款。……九、申誡。」（第9條）。

自我評量

1. 何謂自治監督？其成立之一般與特別要件為何？
2. 試比較消極監督與積極監督之意義與區別？
3. 何謂事前監督與事後監督？試根據現行地方制度法加以闡釋。
4. 何謂適當性監督與適法性監督？
5. 自治監督可分為哪些類別？試扼要闡述其內容。
6. 何謂立法監督？何謂行政監督？兩者有何區別？
7. 何謂司法監督？考試監督？監察監督？試根據《地方制度法》加以說明。
8. 公民監督地方議會與政府之方式為何？請就法制與實務不同角度加以分析。
9. 有關自治監督方式，可以分成對事務與對人員的監督，試扼要加以說明。
10. 上級政府或機關對於下級政府或機關之自治或委辦事項可能採行之監督方式為何？請舉出一種加以說明。
11. 核定權之意義為何？試根據《地方制度法》加以說明。
12. 備查是重要的監督方式之一，試根據《地方制度法》加以說明。
13. 地方自治監督方式中的「核定」與「備查」有何異同？
14. 上級政府對於下級地方政府、同級或對等團體或機關相互間，發生職權上的爭議，現行《地方制度法》之解決機制為何？
15. 何謂矯正處分權？試根據《地方制度法》加以說明。

16.試根據現行《地方制度法》之規定說明撤銷、變更、廢止或停止其執行之監督方式之意義。

17.試說明代行處理之意義與發生原因為何？有何救濟手段？

18.代行處理之程序為何？可能發生何種法律效果？

19.試說明民選公職人員之停止職務與解除職務之原因與限制條件？

20.民選首長何種情形下須派員代理？

21.民選公職人員之補選條件為何？有何限制條件？

22.民選首長是否應受懲戒處分？其與公務員之懲戒有何不同？

歷屆考題

1.請問何以當初制定《地方制度法》時，政府將「自治監督」的章名修改為「中央與地方及地方間之關係」？其體現了我國在地方自治思維上的何種轉變？並請說明其落實的程度與問題點？（108年公務、關務升官等考試、交通事業升資考試）

2.我國中央與地方權限主要的劃分方式及各自法理依據為何？依照《地方制度法》第77條規定，如果中央與地方權限遇有爭議或不同地方層級自治團體間事權發生爭議時，應如何解決？（107年特種考試地方政府公務人員考試）

3.何謂解決爭議權？當上級政府與下級政府間及同級地方政府間遇有權限爭議時應如何解決？試依《地方制度法》相關規定說明之。（106年公務、關務人員升官等考試、交通事業升資考試）

4.試述地方公職人員的停職規定，地方行政首長與地方民意代表有何不同？兼述上揭人員申請復職的情況。（102年公務人員高等考試三級考試）

5. 請問我國民選地方首長在何種情況下會遭「停職」？在何種情況下會遭「解職」？在「停職」或「解職」後，根據《地方制度法》的規定，接下來應進行何種程序？(101 年特種考試地方政府公務人員考試)

6. 試依《地方制度法》就地方自治法規中之立法自主權，如罰鍰、重要事項及相關法制位階等加以析論之。(98 年公務人員高等考試三級考試)

7. 何謂核定？何謂備查？試依《地方制度法》規定，舉例比較說明之。(98 年公務人員特種考試身心障礙人員考試)

8. 地方自治團體從事哪些作為時，需要報請上級政府或機關「核定」？又請分析經由此核定程序，可能會對地方自治團體運作產生哪些影響？(97 年公務人員高等考試三級考試)

第三節 地方自治法規

壹、意 義

民主國家為法治國家，地方自治自須依法為之。地方自治係在國家監督之下，由地方自治人民在國家授權範圍內，自行治理其地域內之公共事務，此種自治行為亦須依法為之。故地方自治法規乃是規定地方自治事項之法規的概括總稱，並非個別法規之具體名稱，如廢止之《省縣自治法》、現行之《地方制度法》、《財政收支劃分法》等。

上述地方自治法規，有由地方立法機關制定者，《地方制度法》第 25 條稱：「直轄市、縣（市）、鄉（鎮、市）得就其自治事項或依法律及上級法規之授權，制定自治法規。自治法規經地方立法機關通過，並由各該行政機關公布者，稱自治條例；自治法規由地方行政機關訂定，並發布或下達者，稱自治規則。」基此，如《臺北市公民投票自治條例》為自治條例、《臺北市進用身心障礙者獎勵辦法》則為自治規則，這些法規是「狹義」的地方自治法規。

但某些有關地方自治事項之法規係由立法院制定通過的，如已廢止的《省縣自治法》、現行之《地方制度法》等。原則上此類法規應屬於中央法規，而非自治法規，只不過用來規範地方自治事項，此在實施均權制的我國而言，至為普遍，且其與地方自治事務之推展關係至為密切，更是地方立法與行政機關之重要法源，故屬於「廣義」之地方自治法規。《地方制度法》第 29 條稱：「直轄市政府、縣（市）政府、鄉（鎮、市）公所為辦理上級機關委辦事項，得依其法定職權或基於法律、中央法規之授權，訂定委辦規則。委辦規則應函報委辦機關核定後發布之；其名稱準用自治規則之規定。」

貳、地方自治法規體系

一、自治條例

第 25 條稱：「直轄市、縣（市）、鄉（鎮、市）得就其自治事項或依法律及上級法規之授權，制定自治法規。自治法規經地方立法機關通過，並由各該行政機關公布者，稱自治條例。」如《臺北市都市更新自治條例》。

自治條例之名稱應如何定名，才不致混亂不堪？《地方制度法》第 26 條規定：自治條例應分別冠以各該地方自治團體之名稱，在直轄市稱「直轄市法規」，在縣（市）稱「縣（市）規章」，在鄉（鎮、市）稱「鄉（鎮、市）約」。考其立法意旨在於彰顯其為地方單行法規之特殊性，避免與行政機關訂定之授權或職權法規有所區別，並避免與國家法律之條例發生混淆。

自治條例規定之事項為何？由於自治條例等同於中央的「法律」，位階甚高，參照《中央法規標準法》第 5 條規定：「左列事項應以法律定之：一、憲法或法律有明文規定，應以法律定之者。二、關於人民之權利、義務者。三、關於國家各機關之組織者。四、其他重要事項之應以法律定之者。」《地方制度法》第 28 條稱：下列事項以自治條例定之：一、法律或自治條例規定應經地方立法機關議決者。二、創設、剝奪或限制地方自治團體居民之權利義務者。三、關於地方自治團體及所營事業機構之組織者。四、其他重要事項，經地方立法機關議決應以自治條例定之者。

基此，自治事項規範之事項可分為：

㈠議會保留者
如第 28 條第一項所稱「法律或自治條例規定應經地方立法機關議決者」。

㈡干涉保留者

如第 28 條第二項所稱：「創設、剝奪或限制地方自治團體居民之權利義務者」。

㈢制度保留者

如第 28 條第三項所稱：「關於地方自治團體及所營事業機構之組織者」。

㈣重要性理論保留者

如第 28 條第四項所稱：「其他重要事項，經地方立法機關議決應以自治條例定之者」。

由於罰款是地方自治經常出現對人民的處罰措施，故《地方制度法》第 26 條規定：「直轄市法規、縣（市）規章就違反地方自治事項之行政業務者，得規定處以罰鍰或其他種類之行政罰。但法律另有規定者，不在此限。其為罰鍰之處罰，逾期不繳納者，得依相關法律移送強制執行。」

前項罰鍰之處罰，最高以新臺幣十萬元為限；並得規定連續處罰之。其他行政罰之種類限於勒令停工、停止營業、吊扣執照或其他一定期限內限制或禁止為一定行為之不利處分。

依上揭條文規定，必須注意下列兩點：

㈠本條文並未賦予鄉（鎮、市）規約裁罰權

縱使鄉（鎮、市）之規約亦經各該鄉（鎮、市）民代表大會審議通過，其規約亦有自治條例之性質，但鑒於鄉（鎮、市）並非憲法所明確規定之地方自治單位，且其幅員不大，若逕賦予裁罰權，將可能產生「一縣多制」之疑慮，影響國家法律秩序之維持，故予以排除。

㈡本條文亦未賦予自治規則與委辦規則裁罰權

由於自治規則與委辦規則係由各該地方行政機關訂定者，未經法律具體

明確之授權者，亦未經地方立法機關審議通過，故不得訂定有關罰則，此方符合法治國家所稱「涉及人民權利義務之事項，應以法律訂之」之要旨。

　　為避免地方自治機關之濫權，故有關罰則之自治條例，須經上級機關核定後始可發佈施行，以杜絕地方自治法規之浮濫，妨害基本人權。第 26 條規定：「自治條例經各該地方立法機關議決後，如規定有罰則時，應分別報經行政院、中央各該主管機關核定後發布；其餘除法律或縣規章另有規定外，直轄市法規發布後，應報中央各該主管機關轉行政院備查；縣（市）規章發布後，應報中央各該主管機關備查；鄉（鎮、市）規約發布後，應報縣政府備查。」例如，假設某縣政府擬依據《地方稅法通則》針對轄區內工廠因燃煤產生的二氧化碳，按每公噸課徵 50 元的碳稅，預估每年可為該縣庫增加數億元稅收，但此項徵稅因涉及《地方制度法》第 26 與 28 條之規定，故應分別報經行政院、財政部核定後才能發布，若未經此一程序，則無法推動此項措施。

　　自治條例之效力為何？第 30 條：「自治條例與憲法、法律或基於法律授權之法規或上級自治團體自治條例牴觸者，無效。」若實質上發生牴觸無效者，則分別由行政院、中央各該主管機關、縣政府予以函告。

二、自治規則

　　自治法規由地方行政機關訂定，並發布或下達者，稱自治規則，第 27 條：「直轄市政府、縣（市）政府、鄉（鎮、市）公所就其自治事項，得依其法定職權或法律、基於法律授權之法規、自治條例之授權，訂定自治規則。」如《臺北市都市更新建築容積獎勵辦法》。

　　至於自治規則之名稱為何？第 27 條復規定：「前項自治規則應分別冠以各該地方自治團體之名稱，並得依其性質，定名為規程、規則、細則、辦法、綱要、標準或準則。」此項規定幾乎與《中央法規標準法》第 3 條規定：「各機關發布之命令，得依其性質，稱規程、規則、細則、辦法、綱要、標準或準則」完全相同，以符合法規體系之一致性與系統性。

　　為求慎重，自治規則亦有一定之備查程序：「直轄市、縣（市）、鄉（鎮、市）自治規則，除法律或基於法律授權之法規另有規定外，應於發布後分別函報行政院、中央各該主管機關、縣政府備查，並函送各該地方立法機關查照」。

　　第 30 條：「自治規則與憲法、法律、基於法律授權之法規、上級自治團體自治條例或該自治團體自治條例牴觸者，無效。」若自治規則發生牴觸無效者，分別由行政院、中央各該主管機關、縣政府予以函告。

　　基上，自治規則與自治條例均係地方自治團體對於自治事項，基於職權或法律授權所訂定之自治法規，但兩者有何區別？

　　1.訂定機關不同：自治條例須經地方立法機關三讀通過，並由各該行政機關依法定程序公布；但自治規則由地方行政機關訂定，並依法定程序發布施行。

　　2.規範事項不同：自治條例規範之事項包括：⑴法律或自治條例規定應經地方立法機關議決者；⑵創設、剝奪或限制地方自治團體居民之權利義務者；⑶關於地方自治團體及所營事業機構之組織者；⑷其他重要事項，經地方立法機關議決應以自治條例定之者。並得就人民違反自治事項之行政業務處以裁罰。唯自治規則係就行政機關內部行政之運作順暢、行政秩序之維持，並非對外發生效力，當然不得就人民之權利義務施以裁罰。

　　3.名稱不同：自治條例應分別冠以各該地方自治團體之名稱，在直轄市稱「直轄市法規」，在縣（市）稱「縣（市）規章」，在鄉（鎮、市）稱「鄉（鎮、市）約」。至於自治規則應分別冠以各該地方自治團體之名稱，並得依其性質，定名為規程、規則、細則、辦法、綱要、標準或準則。

　　4.法律效力不同：基於法律效力高於命令之原則，自治條例之效力自然高於自治規則。《地方制度法》第 30 條稱：「自治條例與憲法、法律或基於法律授權之法規或上級自治團體自治條例牴觸者，無效。自治規則與憲法、法律、基於法律授權之法規、上級自治團體自治條例或該自治團體自治條例牴觸者，無效。」

5.監督方式不同：自治條例經各該地方立法機關議決後，若有罰則規定時，應分別報經行政院、中央各該主管機關核定後發布，程序嚴謹，係採預防性監督方式。至於地方行政機關訂定之自治規則應於發布後分別函報有關機關備查，係採抑制性監督方式。

三、委辦規則

第 29 條：「直轄市政府、縣（市）政府、鄉（鎮、市）公所為辦理上級機關委辦事項，得依其法定職權或基於法律、中央法規之授權，訂定委辦規則。委辦規則應函報委辦機關核定後發布之；其名稱準用自治規則之規定。」例如，《空氣污染防制法》第 20 條：「公私場所固定污染源排放空氣污染物，應符合排放標準。前項排放標準，由中央主管機關依特定業別、設施、污染物項目或區域會商有關機關定之。直轄市、縣（市）主管機關得因特殊需要，擬訂個別較嚴之排放標準，報請中央主管機關會商有關機關核定之。」各直轄市、縣市政府根據該條規定訂定所屬地區的空氣污染物排放標準就是一種委辦規則。

依上，委辦規則具有下列要件：

1.委辦規則為上級政府基於行政效益或行政便宜性，委付地方辦理事項所訂定之規則，因該事項之執行有中央法規之依據，故地方行政機關基於法定職權或法律、中央法規之授權，不但不得推辭，且負有其行政執行之責任。

2.執行委辦事項所需支付之經費，應由委辦機關負擔，始可減輕地方財政之困境。

3.為避免上級政府之政策無法貫徹，或各地方自治團體便宜行事，爰規定其發佈程序為「應函報委辦機關核定後發布之，始可發佈施行。」

4.其名稱則準用自治規則之規定，包括：規程、規則、細則、辦法、綱要、標準或準則。由於自治規則與委辦規則之定名相同，但規範事項卻有明顯不同，在概念上亦容易區隔，然實務上很難從名稱上判別究竟是屬於自治

規則或委辦規則，更何況自治事項與委辦事項本來就很難區分，讀者若欲區辨其屬性，應從其所規範之內容事項著手，較不易造成概念上之混淆。

　　5.委辦規則之效力：依第 30 條規定：「委辦規則與憲法、法律、中央法令牴觸者，無效。」若發生牴觸無效者，由委辦機關予以函告無效。

四、自律規則

　　第 31 條：「地方立法機關得訂定自律規則。自律規則除法律或自治條例另有規定外，由各該立法機關發布，並報各該上級政府備查。自律規則與憲法、法律、中央法規或上級自治法規牴觸者，無效。」如《新北市議會議事規則》。

　　臺灣地方政治向來受制於地方派系與黑道之困擾，地方立法機關之素質不高，若開會時沒有訂定自律規範，難免出現議事混亂、議事效率欠佳之現象，此對於臺灣基層民主的落實自有妨礙。基此，《地方制度法》第 31 條規定：「地方立法機關得訂定自律規則。」意指地方立法機關本於職權範圍內之事項，基於「議會自律」精神，就議事程序與議會內部事項、紀律及懲戒事項等加以規定，如《基隆市議會議事規則》、《基隆市議會旁聽規則》、《基隆市議會紀律委員會設置辦法》、《基隆市議會錄影、錄音規則》、《基隆市議會程序委員會設置辦法》等。

　　大法官會議釋字第 342 號曾針對立法院的「國會自律」問題做出如下解釋：

「依民主憲政國家之通例，國家之立法權屬於國會，國會行使立法權之程序，於不牴觸憲法範圍內，得依其自行訂定之議事規範為之，議事規範如何踐行係國會內部事項。依權力分立之原則，行政、司法或其他國家機關均應予以尊重，學理上稱之為國會自律或國會自治。又各國國會之議事規範，除成文規則外，尚包括各種不成文例規，於適用之際，且得依其決議予以變通，而

由作此主張之議員或其所屬政黨自行負擔政治上之責任。故國會議事規範之適用，與一般機關應依法規嚴格執行，並受監督及審查之情形，有所不同。」

釋字第 381 號又稱：「民意代表機關其職權行使之程序，於不牴觸憲法及法律範圍內，得依其自行訂定之議事規範為之，學理上稱為議會自律或議會自治。」此解釋文雖係針對立法院與國民大會，但同樣適用於地方立法機關。

自律規則之備查程序為：「自律規則除法律或自治條例另有規定外，由各該立法機關發布，並報各該上級政府備查。」

至於自律規則的效力為：「自律規則與憲法、法律、中央法規或上級自治法規牴觸者，無效。」

參、自治法規可否聲請大法官會議解釋？

《地方制度法》第 30 條規定：「自治法規與憲法、法律、基於法律授權之法規、上級自治團體自治條例或該自治團體自治條例有無牴觸發生疑義時，得聲請司法院解釋之。」地方制度法是否得聲請司法院解釋各規定之意涵？茲摘錄部分解釋文之意旨：

「一、《地方制度法》第四十三條第一項至第三項規定各級地方立法機關議決之自治事項，或依同法第三十條第一項至第四項規定之自治法規，與憲法、法律、中央法規或上級自治團體自治法規牴觸者無效。同法第四十三條第五項及第三十條第五項均有：上述各項情形有無牴觸發生疑義得聲請司法院解釋之規定，係指就相關業務有監督自治團體權限之各級主管機關對決議事項或自治法規是否牴觸憲法、法律或其他上位規範尚有疑義，而未依各該條第四項逕予函告無效，向本院大法官聲請解釋而言。地方自治團體對函告無效之內容持不同意見時，應視受函告無效者為自治條例抑自治規則，分別由該地方自治團體之立法機關或行政機關，就事件之性質聲請本院解釋憲法或統

一解釋法令。有關聲請程序分別適用《司法院大法官審理案件法》第八條第一項、第二項之規定，於此情形，無同法第九條規定之適用。

　　二、至地方行政機關對同級立法機關議決事項發生執行之爭議時，應依地方制度法第三十八條、第三十九條等相關規定處理，尚不得逕向本院聲請解釋。原通過決議事項或自治法規之各級地方立法機關，本身亦不得通過決議案又同時認該決議有牴觸憲法、法律、中央法規或上級自治團體自治法規疑義而聲請解釋。

　　三、有監督地方自治團體權限之各級主管機關，依《地方制度法》第七十五條對地方自治團體行政機關（即直轄市、縣、市政府或鄉、鎮、市公所）辦理該條第二項、第四項及第六項之自治事項，認有違背憲法、法律或其他上位規範尚有疑義，未依各該項規定予以撤銷、變更、廢止或停止其執行者，得依同條第八項規定聲請本院解釋。地方自治團體之行政機關對上開主管機關所為處分行為，認為已涉及辦理自治事項所依據之自治法規因違反上位規範而生之效力問題，且該自治法規未經上級主管機關函告無效，無從依同法第三十條第五項聲請解釋，自治團體之行政機關亦得依同法第七十五條第八項逕向本院聲請解釋。

　　四、其因處分行為而構成《司法院大法官審理案件法》第五條第一項第一款之疑義或爭議時，則另得直接聲請解釋憲法。如上述處分行為有損害地方自治團體之權利或法律上利益情事，其行政機關得代表地方自治團體依法提起行政訴訟，於窮盡訴訟之審級救濟後，若仍發生法律或其他上位規範違憲疑義，而合於《司法院大法官審理案件法》第五條第一項第二款之要件，亦非不得聲請本院解釋。至若無關地方自治團體決議事項或自治法規效力問題，亦不屬前開得提起行政訴訟之事項，而純為中央與地方自治團體間或上下級地方自治團體間之權限爭議，則應循《地方制度法》第七十七條規定解決之，尚不得逕向本院聲請解釋。」

自我評量

1. 地方自治法規意義有廣義與狹義之分，請分別解釋其意義並舉例說明？

2. 何謂自治條例？如何定名？其規定之事項為何？其效力如何？

3. 直轄市法規、縣市法規是否可以針對人民違反自治事項之行政業務處以行政罰？其處罰方式可能為何？含有裁罰權之自治條例之核定與備查有何重要程序？

4. 何謂自治規則？如何定名？其備查程序為何？若自治規則發生抵觸疑義時，應如何處理？

5. 自治條例與自治規則有何不同？試分別說明之。

6. 何謂委辦規則？其效力為何？其與自治規則有何不同？

7. 何謂自律規則？何謂議會自律？兩者究竟有何關係？臺灣基層議會是否需要制定自律規則？

8. 《地方制度法》是否得以其是否抵觸之疑義，向司法院申請解釋各規定之意涵？

歷屆考題

1. 依我國《地方制度法》之規定，自治條例保留原則為何？請說明之。（104 年特種考試地方政府公務人員考試）

2. 地方行政機關有訂定「自治規則」之權，地方立法機關亦有訂定「自律規則」之權，試請說明二者的差異。（101 年特種考試地方政府公務人員考試）

3. 自治條例與法律有何不同？其制定過程與效力又有什麼特色？（100 年公務人員特種考試身心障礙人員考試）

4.請比較地方自治團體所制定的自治條例，與中央政府所制定的法律，二者在制定時機、程序與效力上的不同之處。（99 年公務人員高等考試三級考試）

5.依《地方制度法》之規定，何事項以自治條例定之？並舉相關實例加以說明之。（98 年公務人員、關務人員升官等考試）

6.何謂自治立法？試依《地方制度法》規定，回答下列問題：㈠自治條例的立法過程為何？㈡自治規則與行政程序法規定之法規命令或行政規則有何相同和相異之處？㈢委辦規則位階最低，其與行政規則如何區別？（95 年特種考試地方政府公務人員考試）

第二章

府際關係與跨域治理

第一節　中央與地方權責劃分

壹、中央與地方權限之劃分

一、中央集權制

　　中央集權制係指國家治權歸於中央政府集中掌理，地方政府僅奉行中央政府命令，此時地方政府只是中央政府之下級派出機關。依此，地方政府之設立、變更與裁撤；地方首長之任命、調派與解職均屬中央政府之職權，地方政府不能以自己主動之意思，行使中央未授權之事項。中央集權制大都為「單一制」國家，通常都是先有一個中央集權的中央政府，然後由中央透過立法權為地方政府創設限制性的自治權力，此類地方自治型態稱為「團體自治」，有時候甚至全面性地廢除其自治權，如法國、英國等。

　　中央集權制的優點為：㈠治權集中於中央政府，不易造成地方割據、四分五裂的局面，可以加強國家之統一。㈡容易貫徹國家政策，不致造成中央與地方的步調不一，妨礙行政效能。㈢權責是相對的，既然事權集中於中央，則中央政府亦應負起國家興亡的全部責任，不致造成權責上的混淆不清。㈣中央政府統籌全局，可以迅速有效的調配全國各地方之資源分配，不致發生畸重畸輕的偏頗，妨礙地方均衡發展。

　　中央集權制的缺點為：㈠中央政府集中所有權力，各級政府處處受其指

揮與監督，容易形成層級節制的官僚系統，不免導致中央政府之專權。㈡權力高度集中於中央政府，無法因地制宜，滿足某些特定弱勢地方之特殊需求。㈢地方政府既然是中央政府的官吏，聽命於中央比聆聽地方民意更重要，故容易引起地方人民的反感，因而形成地方對中央政府的離心力。㈣中央集權制往往重視全國整齊劃一的領導，漠視地方民眾的特殊需求，對於人民之地方自治之發展產生不良影響。

二、地方分權制

由於國家政務經緯萬端，中央政府不可能獨攬其政，因此必須將其治權的一部份，特別是屬於地方事務性質者，授權地方政府自行處理之制度，此時中央政府僅立於監督地位，對於授權之事務原則上並不處理，以發揮因地制宜之效。依此，中央政府固然有其既有權限，可以任命地方官吏，但地方政府亦可依自己之意思行使既有與被授權之職權，並且任命自己的官員以處理本身地域範圍內之公共事務。地方分權制大都為「聯邦制」國家，此類制度都是先有地方自治之事實，然後地方政府聯合起來，共同授權給一個高於各地方的中央政府處理共同的全國性事務，地方自治權力是優先於中央權力，具有高度的自治權，故此類自治型態稱為「住民自治」，如美國、加拿大等。

地方分權制的優點為：㈠國家政事由中央與地方分別負責處理，足以防止中央政府之專權。㈡施政決策取決於地方政府，得以因地制宜，適應各地方之需要，特別是少數族群與偏遠地區之需求容易受到充分照顧。㈢地方自治運作經驗豐富，人民勇於表達自己意見，以自己之意思選出自己心目中之代表，符合民主自治精神。㈣地方政府擁有自治權，勿須事事請示中央，地方政府遇事可以自行處理，快速回應地方民眾需求，容易提升地方的公共福祉。

地方分權制的缺點為：㈠地方擁有高度的自主權，不易接受中央政府的指揮監督，容易影響國家施政之完整性，導致地方之畸形發展。㈡地方政府

由於管轄區域較小，容易深化人民的地域觀念，流於封建思想，地方政權容易被少數土豪劣紳所把持，地方派系於焉產生。㈢地方職權強化，難免尾大不掉，形成地方割裂狀態，分散國家之力量，國力難具競爭力。㈣各級政府由於擁有各自的立法權、組織權與財政權，容易造成地方政府間的衝突，中央政府亦難於協調解決；此外，各級地方政府亦容易造成資源的重複浪費，難符資源整合、截長補短之原則。

三、從「均權制」到「夥伴制」

前述有關中央集權制與地方分權制之劃分，僅屬理論上之當然，並非實際上之必然，故前述所稱的制度內涵及其優缺點，仔細加以考量，均有商榷之餘地。畢竟當前世界由於全球化的發展趨勢，各國政府相互學習地方自治之運作經驗，並不存在純粹的中央集權與地方分權，不少中央集權制國家已能吸納不少地方分權的優點，而地方分權制國家則採納中央集權制的優點，因而朝向「整合制」的方向而發展。在此趨勢下，均權制就是其中最典型的代表。

均權制具有中央集權與地方分權的雙重優點，中央固然有其統一權，但地方亦有其被授與之自治權，兩者相互分享權力而平衡。基此，所謂「均權」，並非指中央與地方政府擁有平等的、相同的權力，而是指因事務之性質各自擁有「均衡」的權力。基上，有關中央與地方之權限準則，均權制度的主張是：凡事務有全國一致之性質者，劃歸中央政府；有因地制宜之性質者，劃歸地方。換言之，相較於中央集權與地方分權斤斤計較於全國性與地方性的「地域標準」，均權制則捨「地域」之標準而採「事務性質」之標準。如此一來，中央政府擁有全國一致性之事權，可以加強國家之統一，以鞏固國權；地方則擁有因地制宜之事權，可以適應地方需求，以保障民權。既無中央集權及地方分權之缺失，反而兼具其優點，可謂一種理想的中央與地方事權劃分之制度。

　　前述對於均權制的解析都是現行有關地方政府與自治教科書中,一再闡述國父孫中山先生之建制理想;然而,「制度是成長的」,臺灣從威權時代轉型至民主政治時代,以臺灣地小人稠的現實,必須盱衡現今國內外政經情勢,重新思考均權制在當前臺灣社會中的理想運作方式。

　　畢竟所謂「事務性質」殊難一概而論,端視你站在何種角度而異其性質,例如,「考試權」為中央政府的專屬權,以其具有全國一致之性質者,為求其公平,自然宜由中央政府統一處理,但多年來公務員考試仍然無法達成「考用合一」的目標,若中央政府勇於放權,讓地方政府因地制宜決定考試方法與科目,若有違法不當情事則中央可行使監督權,撤銷其考試結果,以臺灣社會今日之民主素質,地方政府何敢膽大妄為?從今日之社會講求創新而論,國家考試如果過份強調統一性,公務員、大學、高中考試無不如此,如何能培養出創新、前瞻的公務員?

　　基上所述,就解除戒嚴體制、步入民主政治的臺灣社會而言,均權制之運作並沒有教科書中所說的「僅有優點,毫無缺點」,相反地,它還出現許多「剪不斷,理還亂」的灰色地帶,難以解決。例如,2007 年臺灣立法委員選舉時,朝野政黨竟然因為投領票流程如此細微的技術事宜發生權限爭議,究竟屬於中央或地方選委會之權責,險些釀成嚴重的政治僵局。

　　從當前世界潮流觀察,均權制應從建構中央與地方政府間、地方政府之間、政府與民間的「夥伴關係」較符合當前社會之發展趨勢,因此,吾人寧願將「均權制」解讀為「夥伴制」。日本為擴大地方之自主性,於 1999 年通過《地方分權法》,將中央事務下放至地方自治團體,國家與自治團體調整為對等的合作夥伴關係,遂從中央集權制轉向地方分權制。釋字第 498 號:「地方自治團體在特定事務之執行上,即可與中央分權,並與中央在一定事務之執行上成為相互合作之實體。從而,地方自治團體為與中央政府共享權力行使之主體,於中央與地方**共同協力關係下,垂直分權,以收因地制宜之效。**」由此可見,無論在法理上與制度發展特性上,都有形成夥伴關係之趨勢。

　　復以實務觀點而論,以天然災害防救為例,依《地方制度法》 第 18、

19、20 條有關「公共安全事項」規定：天然災害規劃與執行屬於地方政府之職權，然而過去許多颱風或地震等天然災害的防救災經驗顯示：防救災雖屬地方職權，但往往自治效能不彰，以至於事事仰賴中央政府的支援與介入，畢竟中央政府之防救災設備與能力高於地方政府，故國人對於防救災的民意反映，每每指責中央政府的不是，天然災害的防救儼然成為中央政府的專屬權；而為整合防救災資源與提昇防救災效率，中央政府介入地方災區事務者亦所在多有，此時又何以不強調中央與地方權限的合理劃分，分別負責防救災的責任？2009 年 8 月 8 日臺灣南部發生傷亡慘重的莫拉克風災，何以各界強烈要求行政院長辭職下臺，卻未見要求縣長、鄉鎮長下臺呢？由此可見，所謂依事務之性質劃分中央與地方權限，實屬理想，但實務上很難劃分。

基此，在夥伴關係基礎下的中央與地方權限，並非單純考量地域範圍與事務性質，應該特別注意下列幾項判準：

1.中央與地方權限關係並非單純的上下隸屬關係，中央集權或地方分權劃分權限的隸屬關係乃是傳統的對立、二分觀念，實際上，中央政府與地方自治均係福國利民之手段，故屬共同夥伴、相互協力之關係，地方事務並非純屬於地方自治團體所有，其間接屬於國家行政事務者所在多有。基此，國家對於地方自治事務並非全然不得介入，國家亦未必時時必須以上級機關之姿態管控地方委辦事項之執行。

2.「主權在民」為民主國家的根本精神，人民是國家最終的主人翁，無論是中央或地方政府，其權力皆係來自於人民的付託，民意才是盱衡中央與地方權限的至高準據；基此，必須重視每一次選舉結果或公民投票所反映出的民意趨向。

3.中央與地方政府皆屬國家事務的共同治理者之一，並非絕對的指揮命令關係，當發生爭議時，司法院、立法院或行政院解釋途徑有時而窮，治本之道應以溝通協商代替對抗衝突，基此，如何培養容忍與協商的民主文化為解決事權爭議的重要捷徑。

4.憲法第 111 條賦予立法院解決權限爭議之機制，立法院為中央民意代

表之匯聚場所，特點在於其民意代表性，而非事權的專業性，故我國憲法肯定以匯集民意解決事權爭議的必要性，以臺灣今日社會而言，以民意解決爭議較能符合政黨政治的需求。

貳、國家事務與地方事務

一、劃分原則

應如何劃分國家與地方事務？劃分原則為何？薄慶玖 (2006: 114) 提出四種劃分原則：㈠依事務性質劃一性而劃分；㈡依利益所及之範圍而劃分；㈢依所需地域範圍而劃分；㈣依所需能力而劃分。趙永茂 (1997: 12–16) 則提出下列原則：㈠法制化原則；㈡地方自主性原則；㈢均衡原則；㈣差異性（彈性）原則；㈤前瞻性原則。兩位學者之看法雖未必相同，但觀其內容則大同小異，綜言之，國家事務與地方事務之劃分原則為：

㈠法制化原則

國家與地方事務之劃分必須依循法制化原則，換言之，至少要有憲法授與、法律授與或命令授與三種方式為之，使中央與地方關係明確化，行使職權時有所依循，不致滋生爭議（薄慶玖，2006: 107–113）。所謂憲法授與大多是聯邦國的劃分原則，如美國憲法單獨列舉聯邦政府之事項，而以未列舉者皆屬各州所有。單一制國家，如英國 1888 年的《地方政府法》、法國 1884 年的《縣政條例》皆採法律授與方式。我國憲法第十章明定中央與地方權限之劃分，有些學者因此而判定我國憲法對於國家與地方事務之劃分比較傾向於聯邦制，此點不無商榷餘地，但憲法授與地方事權方式確屬事實❶。至於

---

❶　我國憲法在訂定當初，由於制憲者兼容並蓄，兼採聯邦制與集權制、總統制與內閣制之法條，導致憲法時而展現聯邦制或總統制之精神，時而展現集權制或內閣制之精神，迄今為止，體制定位不明，故對於我國體制類屬之判斷須更謹慎，不宜「見樹不見林」。

法律授權我國地方政府權限者更屬所在多有，現行《地方制度法》就是典型代表。以行政命令授與地方事權並非常態，中央集權國家以及戒嚴時期的我國，曾訂定《臺灣省各縣市實施地方自治綱要》施行地方自治，都是採用此種方式。

㈡均衡化原則

地方自治之目的本欲防止國家權力的過度集中，以免攬權，戕害人民權益；然而，地方自治之另一目的亦期盼地方政府能夠充分運用自治權，以因地制宜精神發展地方特色，以均衡全國之健康發展。基此，國家事務與地方事務之劃分亦應本於均權主義的均衡原則，不宜偏頗。此處所謂均權者，並非齊頭式平等的平均之義，而是指兼容中央與地方特色與功能的良性發展，以動態平衡方式採行均權分工，以補救中央權力過度集中之弊端，扶持地方權力過度弱化之缺點。

㈢彈性化原則

隨著時代的進展，社會變遷快速，地域間的差異性相對降低甚多，基此，即便是中央集權國家亦有吸納地方分權之跡象，從而使得「中央專權、地方攬權」的現象逐漸消失。各國政府在面對國家與地方事務的劃分上，愈來愈採取彈性化原則，不再拘泥於單純的中央集權或地方分權的關係，而是與時俱進，中央集權國家有時往地方分權傾斜，特別重視地域特殊性，以發揮地方特色；而地方分權國家亦時而向中央集權靠攏，特別強化國家對各地方的統合權力，以提升國家對外的競爭力。因此，彈性化原則至關重要。

二、國家事務之類別

憲法第十章為「中央與地方之權限」，國家事務可分為下列兩類：
1.中央專屬權之事項：此指由中央立法並執行之事項，完全屬國家事務，

而非地方自治事項，憲法第 107 條：「左列事項，由中央立法並執行之：一、外交。二、國防與國防軍事。三、國籍法及刑事、民事、商事之法律。四、司法制度。五、航空、國道、國有鐵路、航政、郵政及電政。六、中央財政與國稅。七、國稅與省稅、縣稅之劃分。八、國營經濟事業。九、幣制及國家銀行。十、度量衡。十一、國際貿易政策。十二、涉外之財政經濟事項。十三、其他依本憲法所定關於中央之事項。」

2.中央立法與地方執行之事項：此係指由中央立法並執行之或交由省、縣執行之事項，如第 108 條：「左列事項，由中央立法並執行之，或交由省縣執行之：一、省縣自治通則。二、行政區劃。三、森林、工礦及商業。四、教育制度。五、銀行及交易所制度。六、航業及海洋漁業。七、公用事業。八、合作事業。九、二省以上之水陸交通運輸。十、二省以上之水利、河道及農牧事業。十一、中央及地方官吏之銓敘、任用、糾察及保障。十二、土地法。十三、勞動法及其他社會立法。十四、公用徵收。十五、全國戶口調查及統計。十六、移民及墾殖。十七、警察制度。十八、公共衛生。十九、振濟、撫卹及失業救濟。二十、有關文化之古籍、古物及古蹟之保存。前項各款，省於不牴觸國家法律內，得制定單行法規。」

上述有關中央之權限均為列舉規定，事實上甚難列舉無遺，剩餘權應如何處理，依憲法第 111 條規定：「除第一百零七條、第一百零八條、第一百零九條及第一百十條列舉事項外，如有未列舉事項發生時，其事務有全國一致之性質者屬於中央，有全省一致之性質者屬於省，有一縣之性質者屬於縣。」依此，仍以均權制解決未列舉之事項。

三、地方事務之分類

(一)**自治事項與委辦事項之意義**

1.自治事項之意義：地方自治團體為依法實施地方自治，具公法人地位之團體。《地方制度法》第 2 條界定自治事項為：「指地方自治團體依憲法或

本法規定，得自為立法並執行，或法律規定應由該團體辦理之事務，而負其政策規劃及行政執行責任之事項。」一般而言，自治事項可能包括下列兩種型態：

　　(1)固有事項：乃地方政府自身應辦之事項，每一地方政府均有其存在之目的，為維持其存在目的必然有其自行應該處理之事項。憲法第 109 條所稱「由省立法並執行之之事項」或第 110 條所稱：「由縣立法並執行之事項」。

　　(2)委任事項：指原非地方政府所有而屬於國家事務，但因該事項與地方人民利害相關，故國家予以法律授權，委由地方政府處理，此種委任事項係經由國家法律之授權，一經委任，地方政府就應視為自身事務全權處理，故亦為自治事項之一。第 108 條所稱「由中央立法並交由省縣執行之事項」或第 109 條所稱「由省立法交由縣執行之事項」。

　　2.委辦事項之意義：委辦事項是指「地方自治團體依法律、上級法規或規章規定，在上級政府指揮監督下，執行上級政府交付辦理之非屬該團體事務，而負其行政執行責任之事項。」依此可知，此種事項原屬於國家事務，由於國家機關辦理較不經濟，為了因地制宜，乃委託地方政府執行。換言之，委辦事項應該是指具有高度全國一致性之必要者，性質上應屬於管制性業務，例如，食品衛生安全、環境污染管制、交通運輸、營建暨違章管理等。基此，委辦事項之特徵為：(1)地方行政首長以中央或上級政府代理人身份辦理該委辦事項。(2)地方行政機關並無自由裁量權，不僅接受適法性監督，更須接受適當性監督。(3)委辦事項係一種權限委任關係，未經法律授權，故無須地方議會之議決。(4)所需委辦經費由上級委辦機關負擔。

(二)自治事項與委辦事項之異同

　　1.相同點：自治事項與委辦事項之相同點為（管歐，1997: 284–285）：(1)無論是何種事項均須有法令依據，否則容易引起中央與地方權限上的爭議；(2)自治事項與委辦事項之行使均為公法關係，從而發生公法上之效果。

　　2.相異點：兩者之相異點有下列幾項：

⑴權力來源不同：自治事項為自治機關本身所固有，委辦事項則源於上級機關之委託辦理。

⑵職權範圍不同：自治事項之行使包括地方立法與地方行政之關係，亦即由地方立法機關立法，由同級地方行政機關執行之；但委辦事項則不然，接受委辦之機關恆以單純之專業事務執行為限，如空氣污染管制，雖得為執行委辦事項可以制定自治法規，但不得抵觸委辦機關之監督。

⑶經費負擔不同：自治事項之經費應由自治機關本身負擔，負責編列年度工作計畫、編列預算、執行預算與決算；但委辦事項係來自於上級機關之委辦，其所需之經費，除特別規定外，概由委辦機關負擔為原則。

⑷效果歸屬不同：自治事項之行使效果，歸屬於自治機關本身；委辦事項之執行，其效果則歸屬於委辦之機關。

⑸訂定自治法規名稱不同：直轄市、縣（市）、鄉（鎮、市）得就其自治事項或依法律及上級法規之授權，制定自治條例、自治規則。但直轄市政府、縣（市）政府、鄉（鎮、市）公所為辦理上級機關委辦事項，得依其法定職權或基於法律、中央法規之授權，訂定委辦規則。

⑹法律優位之審查不同：直轄市議會議決自治事項與憲法、法律或基於法律授權之法規牴觸者無效；議決委辦事項與憲法、法律、中央法令牴觸者無效。縣（市）議會議決自治事項與憲法、法律或基於法律授權之法規牴觸者無效；議決委辦事項與憲法、法律、中央法令牴觸者無效。鄉（鎮、市）民代表會議決自治事項與憲法、法律、中央法規、縣規章牴觸者無效；議決委辦事項與憲法、法律、中央法令、縣規章、縣自治規則牴觸者無效（第43條）。

⑺自治監督原因不同：辦理自治事項違背憲法、法律或基於法律授權之法規者，由中央各該主管機關報行政院予以撤銷、變更、廢止或停止其執行。辦理委辦事項違背憲法、法律、中央法令或逾越權限者，由委辦機關予以撤銷、變更、廢止或停止其執行。

⑻可否聲請司法院解釋不同：自治事項有無違背憲法、法律、中央法規、

縣規章發生法律疑義時（須不涉及政治權力制衡之爭議，以維政治中立），得聲請司法院解釋之；在司法院解釋前，不得予以撤銷、變更、廢止或停止其執行。但委辦事項則不能申請司法院解釋。

㈢自治事項與委辦事項爭議解決機制

有關自治事項與委辦事項爭議之解決機制甚多，以目前我國憲法與《地方制度法》之規定而言，至少有下列幾種解決爭端之機制：

1.司法院解釋：

憲法第 117 條：「省法規與國家法律有無牴觸發生疑義時，由司法院解釋之。」此條文賦予司法院對於是否有牴觸性的法案具有實質的解釋權。《地方制度法》更有許多條文規定以司法院解釋化解牴觸或疑義之機制，如第 30 條：「自治法規與憲法、法律、基於法律授權之法規、上級自治團體自治條例或該自治團體自治條例有無牴觸發生疑義時，得聲請司法院解釋之。」第 43 條：「地方議會議決自治事項與憲法、法律、中央法規、縣規章有無牴觸發生疑義時，得聲請司法院解釋之。」第 75 條：「自治事項有無違背憲法、法律、中央法規、縣規章發生疑義時，得聲請司法院解釋之。」

然而，畢竟上述條文僅說明司法院對於一般法律疑義或抵觸事項之解釋權，並未明確地指稱：當自治事項與委辦事項發生爭議時的解釋權，故嚴格言之，此一途徑不能擴大解讀為解決爭議之途徑。事實上，觀諸過去地方行政機關向大法官會議所提出之解釋案，大都以申請解釋法條適用上之疑義為主，並未明定以爭議事項的澄清解釋為出發點。

2.立法院解決：

依憲法第 111 條：「除第一百零七條、第一百零八條、第一百零九條及第一百十條列舉事項外，如有未列舉事項發生時，其事務有全國一致之性質者屬於中央，有全省一致之性質者屬於省，有一縣之性質者屬於縣。遇有爭議時，由立法院解決之。」又根據《地方制度法》第 77 條規定：中央與直轄市、縣（市）間，權限遇有爭議時，由立法院院會議決之。

值得探討的問題是：立法院為高度政治性的中央立法機關，政治角力與政黨協商往往成為其解決爭端之法則，此意味著在我國制憲者心目中，以具有民意基礎之民意代表協商解決自治事項與委辦事項之爭議，雖不如司法院解釋來得專業與權威，但往往在政治上是最可行的途徑。畢竟地方自治攸關全民的權益，故唯有全民參與的立法院才是解決爭議之道。

3.行政院解決：

依《地方制度法》第 77 條規定，此種解決方式係由中央行政機關或上級自治行政機關協調解決，可分為幾種情況：

(1)縣與鄉（鎮、市）間，自治事項遇有爭議時，由內政部會同中央各該主管機關解決之；

(2)直轄市間、直轄市與縣（市）間，事權發生爭議時，由行政院解決之；

(3)縣（市）間，事權發生爭議時，由內政部解決之；

(4)鄉（鎮、市）間，事權發生爭議時，由縣政府解決之。

參、《地方制度法》對自治事項之規定

一、直轄市自治事項

依《地方制度法》第 18 條：下列為直轄市自治事項：

一、關於組織及行政管理事項如下：㈠直轄市公職人員選舉、罷免之實施。㈡直轄市組織之設立及管理。㈢直轄市戶籍行政。㈣直轄市土地行政。㈤直轄市新聞行政。

二、關於財政事項如下：㈠直轄市財務收支及管理。㈡直轄市稅捐。㈢直轄市公共債務。㈣直轄市財產之經營及處分。

三、關於社會服務事項如下：㈠直轄市社會福利。㈡直轄市公益慈善事業及社會救助。㈢直轄市人民團體之輔導。㈣直轄市宗教輔導。㈤直轄市殯葬設施之設置及管理。㈥直轄市調解業務。

四、關於教育文化及體育事項如下：㈠直轄市學前教育、各級學校教育及社會教育之興辦及管理。㈡直轄市藝文活動。㈢直轄市體育活動。㈣直轄市文化資產保存。㈤直轄市禮儀民俗及文獻。㈥直轄市社會教育、體育與文化機構之設置、營運及管理。

五、關於勞工行政事項如下：㈠直轄市勞資關係。㈡直轄市勞工安全衛生。

六、關於都市計畫及營建事項如下：㈠直轄市都市計畫之擬定、審議及執行。㈡直轄市建築管理。㈢直轄市住宅業務。㈣直轄市下水道建設及管理。㈤直轄市公園綠地之設立及管理。㈥直轄市營建廢棄土之處理。

七、關於經濟服務事項如下：㈠直轄市農、林、漁、牧業之輔導及管理。㈡直轄市自然保育。㈢直轄市工商輔導及管理。㈣直轄市消費者保護。

八、關於水利事項如下：㈠直轄市河川整治及管理。㈡直轄市集水區保育及管理。㈢直轄市防洪排水設施興建管理。㈣直轄市水資源基本資料調查。

九、關於衛生及環境保護事項如下：㈠直轄市衛生管理。㈡直轄市環境保護。

十、關於交通及觀光事項如下：㈠直轄市道路之規劃、建設及管理。㈡直轄市交通之規劃、營運及管理。㈢直轄市觀光事業。

十一、關於公共安全事項如下：㈠直轄市警政、警衛之實施。㈡直轄市災害防救之規劃及執行。㈢直轄市民防之實施。

十二、關於事業之經營及管理事項如下：㈠直轄市合作事業。㈡直轄市公用及公營事業。㈢與其他地方自治團體合辦之事業。

十三、其他依法律賦予之事項。

二、縣（市）自治事項

《地方制度法》第 19 條：下列為縣（市）自治事項：

一、關於組織及行政管理事項如下：㈠縣（市）公職人員選舉、罷免之

實施。㈡縣（市）組織之設立及管理。㈢縣（市）戶籍行政。㈣縣（市）土地行政。㈤縣（市）新聞行政。

二、關於財政事項如下：㈠縣（市）財務收支及管理。㈡縣（市）稅捐。㈢縣（市）公共債務。㈣縣（市）財產之經營及處分。

三、關於社會服務事項如下：㈠縣（市）社會福利。㈡縣（市）公益慈善事業及社會救助。㈢縣（市）人民團體之輔導。㈣縣（市）宗教輔導。㈤縣（市）殯葬設施之設置及管理。㈥市調解業務。

四、關於教育文化及體育事項如下：㈠縣（市）學前教育、各級學校教育及社會教育之興辦及管理。㈡縣（市）藝文活動。㈢縣（市）體育活動。㈣縣（市）文化資產保存。㈤縣（市）禮儀民俗及文獻。㈥縣（市）社會教育、體育與文化機構之設置、營運及管理。

五、關於勞工行政事項如下：㈠縣（市）勞資關係。㈡縣（市）勞工安全衛生。

六、關於都市計畫及營建事項如下：㈠縣（市）都市計畫之擬定、審議及執行。㈡縣（市）建築管理。㈢縣（市）住宅業務。㈣縣（市）下水道建設及管理。㈤縣（市）公園綠地之設立及管理。㈥縣（市）營建廢棄土之處理。

七、關於經濟服務事項如下：㈠縣（市）農、林、漁、牧業之輔導及管理。㈡縣（市）自然保育。㈢縣（市）工商輔導及管理。㈣縣（市）消費者保護。

八、關於水利事項如下：㈠縣（市）河川整治及管理。㈡縣（市）集水區保育及管理。㈢縣（市）防洪排水設施興建管理。㈣縣（市）水資源基本資料調查。

九、關於衛生及環境保護事項如下：㈠縣（市）衛生管理。㈡縣（市）環境保護。

十、關於交通及觀光事項如下：㈠縣（市）管道路之規劃、建設及管理。㈡縣（市）交通之規劃、營運及管理。㈢縣（市）觀光事業。

十一、關於公共安全事項如下：㈠縣（市）警衛之實施。㈡縣（市）災害防救之規劃及執行。㈢縣（市）民防之實施。

十二、關於事業之經營及管理事項如下：㈠縣（市）合作事業。㈡縣（市）公用及公營事業。㈢縣（市）公共造產事業。㈣與其他地方自治團體合辦之事業。

十三、其他依法律賦予之事項。

三、鄉（鎮、市）自治事項

《地方制度法》第 20 條：下列為鄉（鎮、市）自治事項：

一、關於組織及行政管理事項如下：㈠鄉（鎮、市）公職人員選舉、罷免之實施。㈡鄉（鎮、市）組織之設立及管理。㈢鄉（鎮、市）新聞行政。

二、關於財政事項如下：㈠鄉（鎮、市）財務收支及管理。㈡鄉（鎮、市）稅捐。㈢鄉（鎮、市）公共債務。㈣鄉（鎮、市）財產之經營及處分。

三、關於社會服務事項如下：㈠鄉（鎮、市）社會福利。㈡鄉（鎮、市）公益慈善事業及社會救助。㈢鄉（鎮、市）殯葬設施之設置及管理。㈣鄉（鎮、市）調解業務。

四、關於教育文化及體育事項如下：㈠鄉（鎮、市）社會教育之興辦及管理。㈡鄉（鎮、市）藝文活動。㈢鄉（鎮、市）體育活動。㈣鄉（鎮、市）禮儀民俗及文獻。㈤鄉（鎮、市）社會教育、體育與文化機構之設置、營運及管理。

五、關於環境衛生事項如下：鄉（鎮、市）廢棄物清除及處理。

六、關於營建、交通及觀光事項如下：㈠鄉（鎮、市）道路之建設及管理。㈡鄉（鎮、市）公園綠地之設立及管理。㈢鄉（鎮、市）交通之規劃、營運及管理。㈣鄉（鎮、市）觀光事業。

七、關於公共安全事項如下：㈠鄉（鎮、市）災害防救之規劃及執行。㈡鄉（鎮、市）民防之實施。

八、關於事業之經營及管理事項如下：㈠鄉（鎮、市）公用及公營事業。㈡鄉（鎮、市）公共造產事業。㈢與其他地方自治團體合辦之事業。

九、其他依法律賦予之事項。

《地方制度法》要求各級地方政府對於各自治事項應全力執行，並依法負其責任，以貫徹各地方政府為民眾謀福利之宗旨，第 23 條謂：「直轄市、縣（市）、鄉（鎮、市）對各該自治事項，應全力執行，並依法負其責任。」上開條文所稱「依法負其責任」不應狹義的解釋為「法律責任」，從新管理主義的角度而言，由於地方自治團體公職人員均係由人民以「一人一票、每票等值」的民主原則進行選任，故仍應負「政治責任」，如此方能樹立地方自治的課責制 (accountability)。

自我評量

1. 請說明中央集權制與地方分權制之意義與優缺點。

2. 何謂均權制？有何特點？從新管理主義的觀點而言，當前應如何正確解讀均權制之意義？

3. 國家事務與地方事務之劃分原則為何？

4. 依我國憲法規定，國家事務之類別有哪些？其剩餘權應如何歸屬？

5. 試說明自治事項與委辦事項之意義與區別。

6. 請比較說明委辦事項與委任事項之意義與區別。

7. 自治事項與委辦事項爭議之解決機制有哪些？

8. 從行政院的角度而言，對於自治事項與委辦事項爭議之解決機制有哪些？

9. 《地方制度法》對於直轄市自治事項之規定為何？

10. 《地方制度法》對於縣（市）自治事項之規定為何？

11.《地方制度法》對於鄉（鎮、市）自治事項之規定為何？

歷屆考題

1. 我國中央與地方權限主要的劃分方式及各自法理依據為何？依照《地方制度法》第 77 條規定，如果中央與地方權限遇有爭議或不同地方層級自治團體間事權發生爭議時，應如何解決？（107 年特種考試地方政府公務人員考試）

2. 同級地方自治團體與地方自治團體之間，若發生權限或事權爭議時，依《地方制度法》及相關法規之規定，應如何處置？請說明之。（105 年公務人員高等考試三級考試）

3. 試分析當相鄰地方自治團體間相互往來互動時，應遵守或依循哪些《地方制度法》的規定？內容又為何？（104 年公務人員高等考試三級考試）

4. 地方自治團體處理之公共事項概分為自治事項與委辦事項，試從《地方制度法》說明自治事項與委辦事項之意涵。（101 年特種考試地方政府公務人員考試）

5. 請依憲法及《地方制度法》相關規定，說明中央與地方政府間發生權限劃分或自治事權爭議時處理的機制。（100 年公務人員高等考試三級考試）

第二節　府際關係與網絡治理

壹、何以需要探討府際關係？

傳統的「地方政府與政治」教科書主要都是從「法制觀點」探討地方自治實務，絕大多數條文都是規範地方自治團體內的法制關係，可稱為組織內關係 (intra-organizational relationship)，包括地方自治人民、地方立法與行政機關的法制定位與互動關係，縱使有規範府際關係者大都以「權限爭議」為主軸，例如發生中央、直轄市、縣（市）政府自治事項、各項事權爭議發生時的法律規範。

然而，「權限爭議」並非地方自治的常態，地方自治團體發生權限爭議，需要上級政府來協調解決，這可說是相當罕見的重大危機事件，必須由民選首長定奪，基層公務員若還要研讀這種罕見的法律規定，實在難以想像？就平時情境而論，地方自治團體之間的業務往來與協商互動幾乎是家常便飯，例如，新北市國中生想就讀臺北市的高中；屏東縣的「北漂族」希望能夠承租在臺北市的青年住宅；基隆市垃圾廢棄物的清理需要臺北市政府的協助；臺中市的空氣污染需要經濟部的鼎力支持等等，這些交錯縱橫的關係通稱為府際關係 (intergovernmental relationship)，乃是一種組織間的關係 (inter-organizational relationship)。

臺灣民主轉型成功後，政黨政治的輪替已成常態，地方自治的運作自然要從傳統法制關係下的「舊地方自治」轉型為當代管理觀點下的「府際關係」。簡言之，「舊地方自治模式」係奠基於法制基礎上，重視中央與地方政府的權限劃分，強調的是上下隸屬的垂直或水平協調關係；重要的法制規範為《中華民國憲法》、《地方制度法》、《財政收支劃分法》、大法官會議解釋文等，其目的是鞏固中央政府的統治權。「新地方自治模式」則奠定在兩黨競爭的民主體制基礎上，重視的是中央與地方政府；政府機關、市場與公民社會

的夥伴關係，強調的是由中央與地方政府、市場、公民社會（社區、非營利組織等）所形成的府際網絡治理關係；重要法制除了前述之外，更重視《志願服務法》、《地方稅法通則》、委外經營法令、促進民間參與公共建設條例等，其目的是希望建立中央與地方共同協力的夥伴關係。

貳、府際關係概念的解析

府際關係一詞源於聯邦主義的美國，主要係指聯邦政府與州政府之間的關係，由於美國係實施分權制，大部分的國家權力都由州政府所掌控，聯邦政府只是在州政府共同授權下而得到的權力，故美國憲法中聯邦政府的權力是條例式的，其他所有保留權力 (reserved power) 則由州政府所掌控，在這種關係下，府際關係自然是非常重要的課題。不過，自 1819 年 McCulloch v. Maryland ❷ 案件，聯邦最高法院的判決文指出：美國憲法第一條實質上已賦予聯邦政府擁有制定必要而正當條款的權力 (necessary-and-proper clause)，也就是所謂的彈性條款 (elastic powers)，故如今聯邦政府的事權已遠遠超過當初制憲者所規範的 17 項事權，集大權於州政府的舊聯邦主義已不符時代需要。美國聯邦最高法院甚至認為聯邦政府應該擁有憲法上的隱含權力 (implied powers)，以強化國家對外的競爭力。基此，聯邦主義一詞應該改為合作性的聯邦主義 (cooperative federalism) (Chemerinsky, 2015: 248)。

1930 年代的美國可以說是此種合作性聯邦主義的開端，當時正好發生經濟大恐慌，在羅斯福總統推行的新政 (New Deal) 下，期盼聯邦政府與州政府之間揚棄過去強調分權、各自為政的分立主張，改採主動積極、密切合作的夥伴關係，共同建立一種全新的府際互動作為（Wright, 1988: 13；江大樹，2006: 28-29），當時的府際關係具有下列五種特色；

一、府際關係超越了憲法上所規範的互動關係型態，包括全國與地方、

---

❷ Chemerinsky, Erwin (2015). *Constitutional Law: Principles and Policies* (5th ed.). New York: Wolters Kluwer. ISBN 978-1-4548-4947-6.

區域與地方、全國與區域，地方與地方，及準政府組織與私人組織的關係變化；

　　二、府際關係是一種人性因素的考量，重視在不同治理單元的政府官員關係之活動和態度；

　　三、府際關係涉及政府官員之間持續接觸與資訊或意見交換關係；

　　四、府際關係在運作過程中涵蓋了在不同政府層級之所有參與者，如立法者、法官、政策執行者在決策過程中所扮演的角色；

　　五、府際關係涉及跨區域的事務，且涉及該事務在政策制定、執行與評估過程中的互動關係。

　　直到 1980 年代以降，世界各地出現新地方主義的浪潮，雷根總統主張新聯邦主義 (New Federalism)，限縮聯邦政府的權力，特別是在 United States v. Lopez (1995) ❸ 、 Seminole tribe v. Florida (1996) ❹ 並沒有剝奪 (abrogation) 過去的州主權 (state sovereignty)，因而州政府又回復過去權力較大的時代。

　　然而，府際關係一詞，後經學者與政府界的頻繁引用，即便是在單一國中，府際關係的使用亦逐漸頻繁，唯大都指中央政府與地方政府之間的垂直關係，以及地方政府之間的水平關係而言，並未指涉其他關係，如與公民社會、市場之間的互動關係。陳德禹 (1996) 認為府際關係係指：從中央到地方，形成若干級地方政府，由於責任地位不同，各級政府彼此之間形成之互動關係。江大樹 (2006: 28) 指出：「府際關係乃是一個國家內部不同政府間的相互運作關係。狹義來說，主要係指各層級政府間之垂直互動關係，例如：中央政府與直轄市政府、縣政府與鄉鎮市公所的府際關係；惟就廣義而言，府際關係其實更涵蓋同級政府間的水平互動關係、特定政府機關內各部門間之協調管理，又政府機關對外與民間社會的公共關係等 ❺ 。」然而，府際關

---

❸　United States v. Lopez, 2 F.3d 1342, 1367–68 (5th Cir. 1993).

❹　Text of Seminole Tribe v. Florida, 517 U.S. 44 (1996).

❺　府際關係雖然也包括政府與公民社會之間的關係，但其與地方治理所強調政府、市場與公民社會共同管理 (co-management) 的概念不同，前者政府對於公民社會的態度仍是基於治者與被治者的隸屬關係，乃是以政府機關為中心的府際關係，但後者則係基於政府、市場與公民社會之間的夥伴

係，不僅重視政府之間權限的劃分，同時也重視各級政府之間的互動行為。

基此，府際互動所形成的交互依賴關係，具有下列特性：

一、從法制面與靜態面而言，府際關係是指上下級政府之間的權限劃分、平行政府之間的權責歸屬關係、執行公務之人員的職等與權責關係等，此種關係的規範甚多，例如，憲法有第十章、第十一章及 2000 年四月第五次憲法增修條文第九條分別規範中央與地方權限與地方制度，而具體落實的法案則為《地方制度法》。

二、從治理面與動態面而言，此係指各級政府公務員在執行公共事務時，所涉及的互動關係，其間當然涉及公務員的行事風格、認知結構、政黨立場與意識型態等。基此，府際關係「除了從法規制度層面來掌握各級政府的權力與執掌之外，（府際關係）理論強調必須透過各層級行政人員的認知與行事風格等來瞭解組織的意志與行為，同時也重視府際關係間官員的個人非正式互動關係，以及政府和非政府組織間所形成的政策網絡」（曾怡仁與黃競涓，2000）。

參、府際關係類型與案例

府際關係類型大約可分為兩類，每一類型簡單加以介紹後並舉出具體案例以釐清其概念：

一、中央與地方自治團體間之垂直府際關係

中央與地方自治團體之垂直關係，應遵循的法制規範為憲法或其他相關法律，如《財政收支劃分法》等。

憲法對於中央權限與地方制度有相當明確的規範，國家事務可分為下列兩類：㈠中央專屬權之事項，乃係指由中央立法並執行之事項，完全屬國家

關係，乃是以公民社會為中心的網絡關係。

事務，而非地方自治事項，如外交、國防、司法制度等。㈡中央立法與地方執行之事項，係指由中央立法並執行之或交由省、縣執行之事項，如行政區劃、教育制度、公用事業、合作事業等。

　　上述有關中央之權限均為「列舉」規定，事實上甚難列舉無遺，若與地方自治團體產生衝突，則其剩餘權應如何處理？依憲法第 111 條規定：「除第一百零七條、第一百零八條、第一百零九條及第一百十條列舉事項外，如有未列舉事項發生時，其事務有全國一致之性質者屬於中央，有全省一致之性質者屬於省，有一縣之性質者屬於縣。」

　　隨著臺灣民主政治體制漸趨成熟，政黨競爭日益激烈，各政黨能否取得中央與地方的執政權成為政黨永續生存的關鍵，在不同政黨立場的催化下，很容易形成複雜難解的垂直府際關係：

　　㈠以人事權而言，地方行政機關中，具有「一條鞭」性質的府外機關，如主計、人事、警察、稅捐及政風之主管或首長之聘任，在不同政黨屬性下，此種垂直關係必須謹慎處理，否則很容易惡化成為中央與地方的對抗，例如，曾經發生過警政署聘任的縣（市）警察局長，縣（市）長卻沒有買單案例。

　　㈡以立法權而言，中央與地方對於法律規範的「強度」也有不同作法，如臺北市政府曾於 2008 年 1 月 15 日頒佈 《臺北市資訊休閒業管理自治條例》，最具爭議性的是第 8 條：「資訊休閒業之營業場所，應臨接寬度八公尺以上道路，並應距離高中、高職、國中、國小等學校二百公尺以上。」但經濟部主管的《電子遊戲場業管理條例》第 9 條：「電子遊戲場業之營業場所，應距離國民中、小學、高中、職校、醫院五十公尺以上。」而上開兩法的規範距離顯不相同。

　　㈢以公共政策制定權而言，其所形成難以解決的垂直府際關係難題，更是所在多有，如發生於 1997 年間的大型投資案——反拜耳投資案，引發臺中縣政府與經濟部之間對於大型投資案的核准權產生不同見解。2003 年間臺中市長擬於臺中設立古根漢美術館，可惜因行政院未能配合經費補助而胎死腹中。2019 年間臺中市長盧秀燕要求臺中火力發電廠，臺中市政府要求的減煤

目標與核發的許可證與中央權責機關（構）產生權限爭議。

㈣以財政權而言，這是最常發生的案例，還請大法官評理，如釋字第550 號針對「中央政府要求地方自治團體分攤全民健保經費究竟是否違憲？」根據大法官會議的解釋是，並未違憲：「地方自治團體受憲法制度保障，其施政所需之經費負擔乃涉及財政自主權之事項，固有法律保留原則之適用，於不侵害其自主權核心領域之限度內，基於國家整體施政需要，中央依據法律使地方分擔保險費之補助，尚非憲法所不許。」此外，該解釋文亦指出中央依據法律要求地方分攤健保費，尚不至於侵犯地方財政自主權：「在權限劃分上依法互有協力義務，或由地方自治團體分擔經費符合事物之本質者，尚不能指為侵害財政自主權之核心領域。」

然而，中央政府與地方政府需要支出龐大經費的公共事務處理關係上，應該採取何種運作原則呢？解釋文指出：中央政府應在政策制定過程中，視其對地方財政影響程度衡酌負擔比重，讓地方政府充分參與，俾利維繫地方自治團體自我負責之機制，以避免有片面決策可能造成之不合理情形：

「法律之實施須由地方負擔經費者，即如本案所涉《全民健康保險法》第二十七條第一款第一、二目及第二、三、五款關於保險費補助比例之規定，於制定過程中應予地方政府充分之參與，俾利維繫地方自治團體自我負責之機制。行政主管機關草擬此類法律，應與地方政府協商，並視對其財政影響程度，賦予適當之參與地位，以避免有片面決策可能造成之不合理情形，且應就法案實施所需財源，於事前妥為規劃，自應遵守《財政收支劃分法》第三十八條之一之規定。立法機關於修訂相關法律時，應予地方政府人員列席此類立法程序及表示意見之機會。」

二、地方自治團體間之水平府際關係

《地方制度法》中有關水平府際關係的條文不少，如第 21、24、24-1、24-2、24-3 條等，由於第 24 條以後各條文基本上涉及事業與事務之效率經營

事項,將於下節中以「跨域治理」角度加以說明,本節僅針對第 21 條之法制
規定加以說明:「地方自治事項涉及跨直轄市、縣(市)、鄉(鎮、市)區域
時,由各該地方自治團體協商辦理;必要時,由共同上級業務主管機關協調
各相關地方自治團體共同辦理或指定其中一地方自治團體限期辦理。」基上,
若發生府際事務需要協商時,原則上由各該地方自治團體本於自治精神協商
辦理,不需訴諸強制性的高權工具;一旦協調不成,則由共同上級業務主管
機關協調解決,如果協調不成則由上級主管機關指定其中一個自治團體辦理。
例如,教育事務的上級主管機關是教育部;環境污染管制的上級主管機關則
是環境保護署。

　　在實際案例上,例如,數十年前,臺北縣長蘇貞昌與臺北市長馬英九有
關水源的爭議,臺北市民相當幸運,可以喝到全臺灣最優質、且價格最便宜
的自來水,不幸的是水源係來自比鄰的臺北縣,當時蘇縣長稱,3 分之 2 的
臺北縣民無法飲用翡翠水庫好水,且居處在集水區超過 300 平方公里的北縣
居民,還必須忍受嚴格土地限建管制。此項爭議後來因為大臺北地區供水計
畫的完成而得以解決。其他案例如垃圾焚化廠的設置、高中職多元入學的入
學區域分配、學生成績採記方式等、捷運票價的訂定、河流污染整治等公共
議題都曾經發生過爭議,需要建立府際網絡治理機制予以解決。

肆、府際網絡治理

一、重要性

　　「府際關係」係指政府之間的法制關係與互動行為的狀態,面對此種範
圍廣闊的府際關係,自然不能只訴諸法規來解決,特別是面對「不確定」的
法律概念,基層公務員必須透過政策執行過程中所累積的經驗,本於職權,
以依法行政的立場與民主參與的精神處理不確定性概念下的地方自治事務。
基此,應運用何種治理工具,才能實現關係和諧的府際關係,從而開創多贏

共融的施政成果呢？必須運用「府際網絡治理」的概念。

Rhodes (2000: 60–63) 曾指出：治理為自我組成的網絡 (governance as self-organizing networks)，其意義是指政府的系統並不限於國會與政府，而且應該包括企業、非營利組織、社區或公民，形成一個彼此綿密互動的網絡關係，這個複雜的網絡關係共同治理社會，以滿足地方自治團體人民的福利需求與經濟社會發展，而參與網絡的企業、社區與非營利組織亦能各有所獲。

例如，政府所推動的「前瞻基礎建設❻」，是為臺灣未來 30 年發展奠定根基的重大建設案。依 2017 年 7 月 7 日公布施行之《前瞻基礎建設特別條例》規定，該計畫以 4 年為期程（共分 3 期），預算上限為 4,200 億元；推動項目包括軌道、水環境、綠能、數位、城鄉、友善育兒空間、食品安全，以及人才培育促進就業等 8 類建設及 97 項執行計畫。這個龐大的公共計畫，基本上是屬於憲法第 108 條所稱「中央立法並交由縣市執行」之公共計畫，涉及的地方自治團體、公私部門難以估計，若不能以「公共議題」為中心形成一個合作性的府際網絡治理中心，如何能完成此項艱難的任務？

在府際網絡治理環境下，政府與其他網絡參與者間的關係，不再是高高在上的權威關係，而是屬於平等地位的互動關係，否則難以進行社會資源的整合。因此，私部門與非營利組織對於政府所產生的影響也就相對大增，是以政府須更注重與私部門、非營利組織的協調互動，以利資源有效結合與運用。職是之故，網絡治理途徑下的政府不再是一主宰權威的公共組織；政府只是治理過程其中之一的參與者，必須與私部門、非營利組織、社區進行懇切的互動。網絡治理內的所有參與者大家共同管理 (co-management)、合產 (co-production)，為社會提供更多元的公共服務。復以大家所關切的食品安全為例，若以政府為中心，縱使有嚴密的食品安全法規、高度專業人力與充分預算，面對每天都數之不盡的食品項目，政府主管機關該從哪裡下手？根本無能為力。政府若未能整合地方政府、學校、國內外企業、社區或國內外公

---

❻　行政院新聞傳播處，2008/5/24，「前瞻基礎建設計畫」推動進度。https://www.ey.gov.tw/Page/2124AB8A95F79A75?page=1&K=%e5%89%8d%e7%9e%bb%e5%9f%ba%e7%a4%8e&M=S

益團體等，建立一個良好的府際網路治理關係，根本難以把關危害食安的項目。

府際網絡治理的必要性，約略而言，具有下列三原因：

㈠傳統狹隘的地方自治途徑，不足以因應地方民主化與社群媒體的壓力

傳統的地方自治途徑，其所處的環境相對單純，民智未開，當時的大眾傳播媒體必須配合政府需求，否則難以生存；地方政府為求地方發展必須服從中央政府指揮，少有抗爭餘地，但如今臺灣已經徹底的民主化，人民成為總統的頭家，公民社會具有獨立自主性，在野政黨與社群媒體成為挑戰執政者最佳的利器，而地方民主的出現導致地方民選首長的影響力日增，執政者非形成綿密互動的府際網絡關係，實不足以解決當前政府所面臨的問題，因而更重視中央政府與地方自治團體間、公私部門的夥伴關係。

㈡基於社會共榮共融的需要，必須以宏觀的府際網絡治理推動公共部門的改革

近年來，新管理主義的思維逐漸蓬勃發展，新管理主義者的務實風格改變了政府部門高高在上的地位，要求領導者吸納私部門的管理經驗於公部門中，因此公私部門的界限乃愈來愈模糊。過去以政府為中心的統治觀念，已經無法因應當前經濟、社會與國家機關互動頻繁的狀況，基於社會共榮共融的需要，因而採取政府與非政府部門共同治理的宏觀模式。例如，2018 年首先出現於中國大陸瀋陽市的非洲豬瘟疫情，豬肉價格飆漲，但臺灣各級政府機關由於及早因應，且民眾高度配合，從國際機場的把關一直都未曾鬆懈過，故並未受到波及。2020 年，我國在中央疫情指揮中心陳時中部長有效督導下，地方政府全力配合及全民的服從，創造了全球對抗新冠肺炎 (COVID-19) 最成功的典範。

㈢全球化之衝擊，使得世界各國成為名符其實的地球村，地方政府必須以網絡治理觀念，因應全球化的政經環境

全球化為目前最流行的名詞，最明顯的就是世界貿易組織 (WTO) 的出現，世界各國都必須加入此一組織，無法孤立，此舉造成每一國家內部的商品與服務都愈來愈相似，而彼此的牽連性與互動性亦愈來愈廣。加上社群媒體與行動通訊網絡的發達，「天涯若比鄰」的地球村觀念已是事實，而非夢想，可見全球化浪潮使地方政府必須提升因應全球衝擊的韌性，否則難以自保。基此，「全球性思維、地方性行動」(globally thinking and locally acting) 成為當前府際網絡治理的口號。

二、意　義

網絡治理途徑不是以政府為中心的管理模式，而是以社會多元行動者所構成的網絡關係為中心的統治方式，這些多元行動者包括：國家機關（如中央政府與地方政府）與非國家機關的行動者（如公民個人、私部門與非營利部門等），對於治理途徑而言，非常重視地方政府與非國家機關行動者之角色。

網絡治理途徑所欲建立的指揮命令機制，並不是傳統地方自治體制所說的層級節制命令系統，而是由政府確立行動目標，精心策劃的行動計畫內容，扮演一個導航或導演的角色，在政府導航者的影響下，由所有非政府或次級政府行動者共同開創出優秀的施政成果。

Stoker (2000) 指出：地方公共事務的運作以無法單純就官僚體制加以處理，而必須從公、私部門之間複雜的網絡互動，才能有助於解決公共事務議題，此外，在地方經濟、教育、社區、環保、財政與全球國際環境的影響下，網絡結構愈趨於複雜，地方治理的研究勢須以網絡為焦點，方能瞭解網絡成員的互動過程。

例如，隨著社會變遷與醫療衛生的進步，生育率與死亡率雙雙呈下降趨

勢，我國整體人口結構快速趨向高齡化，至 2019 年 8 月，65 歲以上人口達 353 萬 3 千人，占總人口 14.99%，正式邁入「高齡社會」；推估至 2026 年老年人口將超過 20%，邁入「超高齡社會」，亦即每 5 人就有 1 人為 65 歲以上老人，使得長期照顧需求人數隨之增加。基此，衛福部指示：致力與地方政府合作，由各地方政府因地建構社區整體照顧服務體系，整合居家醫療等服務，廣泛照顧不同長照需求的民眾。為實現在地老化，地方政府因地制宜加速建立社區整合型服務中心 (A)、複合型服務中心 (B)、巷弄長照站 (C)，即所謂長照 ABC，提供從支持家庭、居家、社區到住宿式照顧的多元連續服務，普及照顧服務體系，提升長期照顧需求者與照顧者的生活品質 ❼。

自我評量

1. 何謂府際關係？何以需要探討府際關係？
2. 請解釋府際關係的意義，並舉例說明。
3. 試從先進國家之經驗解釋府際網絡之趨勢與重要性？
4. 何謂府際網絡治理？府際網絡治理興起之原因為何？
5. 試以我國長照政策為例說明府際網絡治理之必要性與治理方法。
6. 《地方制度法》中有關府際關係之條文有哪些？地方自治團體處理府際關係應遵行何種原則？

---

❼　衛福部長照專區，長照 2.0，請上網：https://1966.gov.tw/LTC/mp-201.html.

歷屆考題

1. 何謂府際關係？府際關係的運作型式有哪些？對於今日地方政府而言，建構良好府際關係重要的理由又為何？請一一分述之。（106 年公務、關務人員升官等考試、交通事業升資考試）

2. 公元 2000 年後府際關係面臨新轉變，稱之為「新府際關係」，其轉變的原因為何？新府際關係所展現之特徵又為何？（103 年公務人員高等考試三級考試）

3. 試依行政院「前瞻基礎建設計畫」之版本，說明城鄉建設 10 大工程重點，並整體評論之。（106 年公務人員高等考試三級考試）

4. 我國地方政府面臨食品安全問題，如何進行有效之治理管制？（104 年特種考試地方政府公務人員考試）

5. 若某地方政府希望經由制度化的途徑，並透過公權力介入，來管制轄區內食品業者的製造與經營方式，以維護民眾食品安全權益。請問根據《地方制度法》及現行地方政府法制，該地方政府應考量哪些規定？同時又應如何落實此目標？（104 年公務人員高等考試三級考試）

6. 何謂府際關係？其意義及範圍為何？請以大法官釋字第 550 號解釋文來分析我國府際間互動有爭議時的解決方式。（96 年公務人員高等考試三級考試）

第三節　跨區域與跨部門治理

壹、跨域治理的興起與意義

一、興起背景

　　跨域治理 (cross-boundary governance) 是國內近年來學術界與政府界流行的名詞，這個名詞的出現改變了傳統地方自治研究的方向與內涵，亦賦予地方政府在提升公共治理能力上提供更為具體的策略，誠如趙永茂 (2003: 54–55)：「過去臺灣學術界多以中央與地方之間權限關係做為探究，法律規範面的分析與檢討有一定程度的釐清，均對後續政府之間關係的釐清有極大的助益。不過，在臺灣進行精省工程之後，中央與縣市政府、鄉鎮市政府之間的發展關係已成為新的關注焦點。」雖然以「精省」之後的臺灣地方政府發展關係日漸重視跨域治理的理由稍嫌牽強，但無可否認地，跨域治理確實是一個值得探討的新課題。

　　跨域治理一詞，有學者稱為跨域管理（陳敦源，1998；趙永茂，2003）、跨域合作（紀俊臣，2003 & 2008）、府際合作治理（李長晏，2007），學者運用的名詞容或有不同，但其所指涉的意義均相當類似，跨域治理確實是熱門課題。

　　跨域治理一詞所謂的「跨域」究何所指？學者的看法相當廣泛，可能是跨越公共組織之間、行政轄區之間、中央與地方政府或地方政府之間，甚至是跨越公私部門之間的合作協力關係及其所衍生出來的管理問題，可見跨域治理是一個涉及多層次、多面向、多元參與者、多元領域與多元關係的治理模式，呈現出高度的複雜性，但卻是時勢所必然，儼然成為地方自治新興起的挑戰。

　　跨域治理係指針對兩個或兩個以上的不同政府間、不同行政轄區間、不

同公私部門間或不同政策領域間的交互關係其衍生的問題所進行的科學管理，其目的是期望透過合作 (cooperation)、協力 (collaboration)、合夥 (public-private partnership)、合產 (coproduction) 或府際契約 (intergovernmental compact) 等聯合方式，以解決難以處理的跨區域問題（李長晏，2007）。基此，在跨域治理概念下，中央與地方政府的垂直關係或地方政府之間的水平關係，已經形成一種權力重疊或關係交錯的現象。中央政府已非為民服務的最重要權力來源，而中央或地方權限的劃分與爭議亦無必要，而應發展出不同層級政府之間、平行政府之間、不同政策領域之間、或政府與民間社會共同協力的運作機制。

跨域治理的興起背景為何？一般而言，有下列幾點理由：

㈠國家競爭日趨激烈，非跨區域與跨部門合作無法提升政府效率

全球化浪潮襲捲著全球每個國家的各個角落，不僅是中央政府面臨全球化的挑戰，而地方政府亦時時受其衝擊，為了確保國家高度的競爭力，提升政府的行政效率，中央政府必須重新整合國內各層次單元，包括地方政府與私部門的力量，俾為國民創造卓越的治理績效，以達到福國利民的目標。若是「上有政策，下有對策」，中央與地方政府發生嚴重的政治衝突，則勢必造成國力的薄弱，最後受害者仍為國民。基此，跨域合作與協力成為勢不可免的趨勢。2020 年我國政府面對新冠肺炎的衝擊，由於跨部門合作無間，以致形成滴水不漏的防疫體系，堪稱世界防疫典範。

㈡公共議題愈趨繁複，非跨域合作無法破解問題癥結

當前的公共議題有愈趨繁複的趨勢，可以用「剪不斷，理還亂」或「一波未平，一波又起」加以形容，由此反映出中央政府不僅要推動府際之間的跨域合作，更要整合公私部門的力量，俾為複雜的公共問題提出「畢其功於一役」的解決對策。例如，受到少子化衝擊的大學永續經營與轉型，最主要問題是鼓勵生育政策未能及時啟動，等啟動時，正好又遇到就業薪資過低，

所得不足，房價過高，導致年輕人沒有生兒育女的意願，如此看來，要解決大學永續經營問題非要從源頭著手——育兒政策、住宅政策與經濟發展政策，畢其功於一役，整合內政、衛生福利與經濟部門的行動者共同找出問題癥結，提出有效對策，或能舒緩大學永續經營之危機。

(三)政策資源日益稀少，非跨域治理無法產生以小博大的綜效

政策資源是指人力 (manpower)、經費 (money)、物料 (material) 等推動公共事務所需要的 3M 資源，由於資源有限，而民眾慾望無窮，以有限之資源，根本無法滿足無盡之民眾需求。然而，作為一個民主國家，無論資源如何稀少，執政政府都必須加以因應，解決之道唯有加強跨域的協調與資源的整合，以發揮政策資源的綜效 (synergy)，發揮「一加一大於二」、以小博大的正面效果。例如，為了因應 2009 年全球金融大海嘯，行政院曾陸續推動發放消費卷、減免遺產稅、降低個人綜合所得稅等種種措施，以維持臺灣的經濟動能。

(四)網際網路日益發達，非建構密切的網絡關係無法因應多元參與者的治理需求

目前已經進入網際網路的知識經濟時代，透過網際網路的建構，資訊傳遞的速度更為快迅，治理結構的參與者愈來愈多，使得行政轄區之間的邊界亦愈來愈模糊，政府的服務功能亦有愈趨整合化的趨勢。因此，中央政府必須與地方政府或民間組織建構合作夥伴關係，以形塑密切的網絡關係，滿足民眾需求。例如，臺北市政府為了滿足民眾的服務需求，特別整合各局處率先成立「1999 市民當家熱線」，民眾只要一通電話，就可以得到市府相當快速的服務，真可謂「一指在手，威力無窮」，依此可知透過政府內部各局處綿密的網絡關係，才能因應多元參與者的治理需求。

(五)行政區劃欠缺跨域整合觀點，導致自治區域發展失衡

臺灣目前的行政區劃由於並未適度地考量當地的自然與人文資源之配

置，導致部分縣市之規模狹小，財政資源過於貧瘠，導致區域發展落差持續擴大，不利提升地方自治區域的競爭力，滿足地方民眾之需求。適當的行政區劃是地方發展的關鍵，行政區劃必須以跨域整合觀點充分考量影響區域發展的各種因素，才能使行政區域之資源分佈平均，滿足縣（市）民眾的治理需求。因此，必須透過《地方制度法》、《財政收支劃分法》等相關法制推動跨區域的合作，以改善自治區域發展失衡的現象。

二、概念解析

有關跨域治理的意義，陳敦源 (1998) 指出：特定政府內部機關間或組織間互動關係，乃是兼顧靜態與組織體系動態政策執行網絡的公共部門管理新課題，學術界以「跨域治理」概念稱之。簡言之，跨域治理係指針對兩個或兩個以上的不同政府機關、自治團體或行政區，因彼此之間的業務、功能和疆界相接及重疊而逐漸產生職掌的灰色地帶，導致權責不明、無人負責的現象；當社會發生跨域的問題時，須藉由中央、地方政府、企業、社區、學校、公益團體以及公民的整合，透過協力合作、社區參與、公私合夥或行政契約等跨部門合作方式，以解決難以處理的跨域問題。該灰色地帶就是法律中的「不確定性」概念，惟在該概念中有一核心領域，應允許行政機關有自行裁量權，以民主、參與、透明與福利等原則判斷事務的屬性而採行適當的自治作為。畢竟行政機關為真正行為者，其於具體事件亦較司法機關具備專業性，故應許其於某特定範圍內得自行做出判斷，此部份則無司法審查之餘地。

以地方自治團體的平行跨域而言，臺北市、新北市與桃園市的捷運系統的路權、經費、利潤分享與乘客票價的問題，相當複雜，必須建立跨域治理機制，否則很容易造成一個捷運系統卻有不同的收費系統、服務與管理方式。以中央與地方的垂直跨域而言，如教育部與臺北市有關高中、教育政策的制定與執行，偶而產生衝突，解決方式，除了納入教育部、臺北市政府外，還必須廣邀其他各種教育政策利害關係人，如此才能凝聚共識，化解日趨繁複的公共議題。

　　根據前述的定義，跨域治理包括下列核心要素：

㈠跨域治理方式非常多元，涵蓋跨轄區、跨部門、跨政策領域之間的合作夥伴關係

　　當我們提出跨域「治理」，而不說跨域「管理」，此乃因為縣（市）政的「管理」較重視縣（市）政府各局處之間的內部關係，但當我們說縣（市）政府間的跨域「治理」則意味著必須重視府外與府際關係的經營。因此，縣（市）政管理重視「組織內關係」，地方治理則關切「組織間關係」。換言之，跨域治理不僅是指府內不同局處間的部際關係，更包括跨行政轄區、跨公私部門、跨政策領域之間的合作夥伴關係，此類互動關係遠比過去的市政管理更為複雜；若經營得當，則更能創造「以少做多，以小博大」的施政成果。

㈡跨域治理的法制化程度不一，可以採行多元的方式

　　跨域治理可以依法制化的程度分為各種不同的形式，法制化程度最高的跨域治理為將幾個行政轄區予以整併成較大規模的單一行政轄區，其法制基礎為《地方制度法》有關行政區劃之規範。或者將某些特定職能予以整合成一個區域政府，以發揮統一事權的功能，如中國大陸的特區政府、美國的學區政府等，這也是法制化程度甚高的跨域治理。其次是兩個以上的地方政府成立跨區域的任務編組，如目前國內已成立之區域治理平臺，如北臺區域發展推動委員會、中臺區域合作發展平臺、雲嘉南區域永續發展推動委員會、高屏區域合作平臺及離島區域合作平臺。

㈢跨域治理是高度政治性的課題，涉及地方自主權，故須密切的政治協商與談判

　　跨域治理涉及地方自主權的行使範圍與界限，且涉及跨域者之間的權利或利益共享與義務或責任負擔的問題，故必須進行綿密謹慎的政治協商與談判，否則必將流於空談。唯有跨域者本於命運共同體的精神，同心協力、互

助合作進行跨領域、跨區域及跨部門的整合，才能發揮跨域治理的規模經濟。

㈣跨域治理須以民意為基礎，故應博采周諮，凝聚共識

由於跨域治理涉及地方自主權，在該地方自治區域內的人民才是跨域治理的最高決策者，故其決策須本於民意至上的原則，以減少跨域治理執行上的困擾。跨域治理者必須博采周諮，其方法有：可以針對民眾意見進行具代表性的民意調查，以瞭解民眾支持程度；或者舉行公聽會聆聽民眾心聲；或者根據《公民投票法》對該跨域事務進行地方性的公投；有了如此的民意基礎，則將來在推動上就不至於產生許多窒礙難行之處。

㈤跨域治理過程應盡量引進第二部門與第三部門之資源，以擴大跨域治理的參與者

跨域治理的結合對象不僅以第一部門（政府）為限，還應包括第二部門（企業）與第三部門（非營利部門）。政府機關推動跨域治理，唯有與公民社會保持策略性的夥伴關係，才能豐富跨域治理的內涵，從不同參與者的多元意見中為跨域治理激發出創意的火花。政府力量有限，民間創意無窮，為吸引企業與非營利組織的加入，應建立公開透明之遊戲規則，讓民眾充分知悉跨域治理結構中政府與非政府參與者之間的互動關係。

三、各國經驗

跨域治理在各國都有類似的運作經驗，如日本的「廣域行政」，依據不同的政府層級採行不同的跨域治理策略，通常包括三大範疇：㈠都道府縣廣域行政事務，亦即指研議地方綜合開發計畫，推動跨域市町村跨域行政事務；㈡推動市町村行政區域合併；㈢在都道府縣與市町村區域不調整的前提下，彼此合作推動廣域業務（林慈玲，2008: 47）。而在推動廣域行政的組織型態上，則採取下列四種方式為之：㈠將權力移至中央或上級地方自治團體，由

其做通盤的處置，以方便設置功能性區域組織；㈡設立國家派出機關於地方自治團體中，以整合相關業務與職能；㈢促進中央與地方公共團體間、或地方公共團體間的合力處理；㈣促進行政區域的再重組或擴大。上述第三點，對於設立中央或地方政府間的合作、協力共營組織，加強政府間活動，具有相當大的助益（趙永茂，2003: 54；趙永茂、孫同文、江大樹，2001: 301–302）。

德國對跨域事務則多由法律明訂合作組織形式，如地方團體聯盟、行政共同體、目的性聯盟、地方工作團體、工作協議等形式來解決（蔡宗珍，2001: 5–7；趙永茂，2003: 54）。黃錦堂 (2003) 指出：德國若干邦已有「地方自治團體間合作法」，地方自治團體間簽署合作性的公法上的協議，包括下述基本類型：㈠地方自治團體間經由協議而由某一（或某些）地方自治團體所承辦的業務，其業務以及管轄權（從而也包括決定權）移轉到另一地方自治團體身上。㈡另一種模式，則不涉及管轄權之移轉，而只是一種委任，原地方自治團體仍保有相關的權利義務。

以實施聯邦主義的美國而論，儘管各州政府之自主權限甚大，但聯邦政府基於美國民眾利益，為協調各州政府公共事務之執行，如環境保護、緊急救災等業務，通常都會成立區域辦公室 (regional office)，主管數州相同性質之業務，以作為跨州事務的協調機制。此外，美國地方政府之間對跨域性問題亦有許多更為彈性的解決模式，例如，非正式政府合作、府際服務契約、合力協作模式、正式或非正式的組織間協力、區域政府聯盟、城市聯邦制、市與縣合作制、兼併、區域性特區及公共管理、委外經營、境外管轄權等。

貳、跨域治理的法制與案例

一、法制規範

地方自治事項之處理不僅是一個地方政府以內之單獨自行處理之事務而

已，隨著時代的進步與社會的變遷，一個地方政府往往與另一個地方政府之間形成交互依賴的互動關係，因而形成密切的跨域治理問題，此為當代地方自治事項之趨勢。例如，災害防救之規劃及執行往往涉及多個不同層級地方政府與中央政府之間的跨域關係，其處理之困難度較諸傳統的地方自治事項之處理更形複雜。地方制度法為因應此種趨勢，修正不少相關條文。

地方制度法所規定之地方自治團體可分為三類：直轄市、縣（市）、鄉（鎮、市），故跨域治理自治事務亦可分為：㈠ A 類：直轄市與縣、直轄市與市、直轄市與縣（市）。㈡ B 類：縣與縣、縣與市、縣與縣（市）、市與縣（市）。㈢ C 類：鄉與鄉、鄉與鎮、鄉與市、鎮與鎮、鎮與市、市與市、鄉與鎮（市）、鎮與鄉（市）、市與鄉（鎮）（紀俊臣，2003: 167–168）。其實，上述說法僅是原則性的，隨著跨域治理自治事項的處理愈趨成熟，相信還有其他許多可能的組合。

跨域自治事務，可以分為：全部區域之跨域與部分區域之跨域，如果是全部行政區域之跨域，其處理方式與部分區域之跨域，可採相同方式；亦可採取不同之方式，然兩者均涉及土地管轄權之行使。但就土地管轄權之完整行使，全部區域之跨域管轄較為單純；但部分區域之跨域管轄，則易滋生管轄特殊化之爭議。

紀俊臣 (2003) 認為 「跨域」 係指二個以上地方自治團體土地管轄之區域。此謂地方自治團體土地管轄區域，係因地方自治團體為公法人，具有完整的權利能力，對他人之侵入土地管轄行為具有排斥性，不容他人侵犯其所享有之土地管轄權。因之，如對於村（里）不具地方自治團體之公法人資格，而有跨越村（里）之情事，因其不具土地管轄權，僅有經營分工的權限，儘管涉有二個以上村（里）事務之處理，在現行法律上並非跨域事務，僅可說是涵蓋二個以上村（里）之公眾事務，基本上不涉侵害土地管轄權問題；如有糾紛，其當事人應為鄉（鎮、市）而非村（里）；亦即由具有公法人資格之地方自治團體主張管轄權分劃，始具有正當性。

至於《地方制度法》中有關跨域治理的相關條文，如下所述：

㈠自治事項之共同辦理

第 21 條:「直轄市、縣(市)、鄉(鎮、市)自治事項如涉及跨直轄市、縣(市)、鄉(鎮、市)事務時,由共同上級業務主管機關統籌指揮各相關地方自治團體共同辦理,必要時共同上級業務主管機關得指定其中一適當地方自治團體限期辦理。」

㈡自治團體合辦之事業

第 24 條:「直轄市、縣(市)、鄉(鎮、市)與其他直轄市、縣(市)、鄉(鎮、市)合辦之事業,經有關直轄市議會、縣(市)議會、鄉(鎮、市)民代表會通過後,得設組織經營之。前項合辦事業涉及直轄市議會、縣(市)議會、鄉(鎮、市)民代表會職權事項者,得由有關直轄市議會、縣(市)議會、鄉(鎮、市)民代表會約定之議會或代表會決定之。」

㈢多元跨域治理方式

跨域治理的方式甚多,如成立區域合作組織、訂定協議、行政契約或其他,第 24-1 條規範了這些可能的跨域方式:「直轄市、縣(市)、鄉(鎮、市)為處理跨區域自治事務、促進區域資源之利用或增進區域居民之福祉,得與其他直轄市、縣市)、鄉(鎮、市)成立區域合作組織、訂定協議、行政契約或以其他方式合作,並報共同上級業務主管機關備查。前項情形涉及直轄市議會、縣(市)議會、鄉(鎮、市)民代表會職權者,應經各該直轄市議會、縣(市)議會、鄉(鎮、市)民代表會同意。第一項情形涉及管轄權限之移轉或調整者,直轄市、縣(市)、鄉(鎮、市)應制(訂)定、修正各該自治法規。共同上級業務主管機關對於直轄市、縣(市)、鄉(鎮、市)所提跨區域之建設計畫或第一項跨區域合作事項,應優先給予補助或其他必要之協助。」

至於其他相關法制涉及跨域治理者更是所在多有,如《行政程序法》第15、16、19 條;《大眾捷運法》第 4、5 條;《基隆河流域整治特別條例》等。

二、實際案例

至於跨域治理案例亦不少，以大家熟悉的悠遊卡為例。

悠遊卡是非接觸式電子票證系統智慧卡，由悠遊卡公司發行，首先於2002 年 6 月通用於臺北捷運。悠遊卡原本只是一張整合臺北捷運系統、新北市聯營公車、北市公有路外停車場、路邊停車計時收費器，以及部分小型民營停車場等繳費系統的 IC 電子票卡，但由於北北基人口數約 600 餘萬人，佔全國總人口數 4 分之 1 強，平日利用大眾運輸工具之人口甚多，若能加以整合，則其所創造之效益將難以想像。

目前發行張數 8 千多萬張，使用範圍已經擴及臺鐵、高鐵、淡海輕軌、桃園捷運和高雄捷運（含輕軌），以及各縣市（含澎湖縣）的公車、臺灣好行公車和部份的國道客運，可於交通用途或全臺灣陸續增加的小額消費商店及政府機關使用。

2007 年與同公司發行的基隆交通卡整合成功，北基二地不再多卡，改為雙卡合一。之後，分別推出宜蘭悠遊卡及馬祖悠遊卡，使民眾能達到「一卡在手，暢行無阻」的理想。2009 年《電子票證發行管理條例》三讀通過後，悠遊卡成為當時全臺灣唯一非銀行機構發行儲值卡，能跨足交通與小額消費市場領域，可利用的範圍遍及全臺灣。

參、跨域治理的方式與困難

一、方　式

以我國地方自治與法制運作經驗而言，跨域治理的方式甚多，如《地方制度法》第 24-1 條謂：「直轄市、縣（市）、鄉（鎮、市）為處理跨區域自治事務、促進區域資源之利用或增進區域居民之福祉，得與其他直轄市、縣

（市）、鄉（鎮、市）成立區域合作組織、訂定協議、行政契約或以其他方式
合作，並報共同上級業務主管機關備查。」依此，有下列幾種方式：

㈠成立跨域治理事務推動委員會

各地方首長基於地方自治區域內之全民福祉與公共利益，成立「跨域治
理事務推動委員會」，此為最可行之方式，該跨域事務之選擇不宜太過複雜，
通常係以「較無爭議，容易推行，共蒙其利」的議題為主，如觀光行銷、社
區營造、地方特色文化與產業、國民中小學教育等；該委員會之下仍須再細
分若干工作小組，並指定主任委員負責協調、統籌所有跨域事務之決策與執
行事項、經費與利益分攤比例等問題。目前已成立之區域治理平臺，如北臺
區域發展推動委員會、中臺區域合作發展平臺、雲嘉南區域永續發展推動委
員會、高屏區域合作平臺及離島區域合作平臺。

以北臺區域發展推動委員會為例，成立目的是為了提升臺灣產業競爭力，
明確界定北臺區域在臺灣地區及全球都市發展的定位。北臺區域已成為臺灣
空間發展的重心，人口與產業除了向都會區外圍移動，也沿著交通軸線呈帶
狀發展，逐漸形成一條都會走廊帶。因此，有必要整合北臺區域縣市的空間
資源，以利串聯其他都會區域，加強競爭優勢。「北臺區域發展推動委員會」
分別就休閒遊憩、交通運輸、產業發展、環境資源、防災治安、文化教育、
健康社福、原住民客家族群與新移民等八大議題，各自展開建立跨縣市的合
作網絡，並設有發展推動組擔任委員會幕僚工作：從先期規劃到推動落實，
至今已邁入第 14 年，為北臺八縣市共同合作以促進長遠發展奠定深厚基
礎❽。

㈡行政協議

由共同上級業務主管機關統籌指揮各相關地方自治團體共同辦理某一共

---

❽　請參考北臺區域發展推動委員會：
　　http://twntdc.org.tw/%e5%8c%97%e5%8f%b0%e7%b0%a1%e4%bb%8b

同跨域治理事項,或者必要時,由共同上級業務主管機關指定其中一適當地方自治團體限期辦理,其法律規定為《地方制度法》第 21 條:「地方自治事項涉及跨直轄市、縣(市)、鄉(鎮、市)區域時,由各該地方自治團體協商辦理;必要時,由共同上級業務主管機關協調各相關地方自治團體共同辦理或指定其中一地方自治團體限期辦理。」此類案例甚多,如臺北都會區大眾捷運系統的興建,1970 年代該案由交通部主導先行規劃,後來編列預算補助後,交由臺北市政府捷運工程局負責興建,臺北市大眾捷運股份公司負責營運,該捷運系統影響大臺北區域發展甚大。

(三)行政契約

現行的《行政程序法》第三章規範有關「行政契約」事項,第 135 條:「公法上法律關係得以契約設定、變更或消滅之。但依其性質或法規規定不得締約者,不在此限。」依此,行政契約之屬性,係以「契約標的說」為原則,某契約是否為公法或私法契約應視其所簽訂之契約客觀屬性來判定,不宜由簽訂契約之雙方主體來認定。如臺北高等行政法院 94 年度停字第 122 號裁定遠通公司依據《促進民間參與公共建設法》所簽訂的「高速公路電子收費系統建置」為行政契約。

既然《行政程序法》以「契約標的說」作為認定行政契約屬性的原則,則地方自治團體之間亦可依其性質作為簽訂行政契約的主體,約定彼此之間權利義務的內容,如經費的負擔、權限的移轉等事項,推動適法的跨域合作。《地方制度法》第 24-2 條:「直轄市、縣(市)、鄉(鎮、市)與其他直轄市、縣(市)、鄉(鎮、市)依前條第一項規定訂定行政契約時,應視事務之性質,載明下列事項:一、訂定行政契約之團體或機關。二、合作之事項及方法。三、費用之分攤原則。四、合作之期間。五、契約之生效要件及時點。六、違約之處理方式。七、其他涉及相互間權利義務之事項。」

第 24-3 條:「直轄市、縣(市)、鄉(鎮、市)應依約定履行其義務;遇有爭議時,得報請共同上級業務主管機關協調或依司法程序處理。」

具體案例如前述所稱「行政院環境保護署區域合作垃圾處理補助原則」，凡經行政院核定停建（或停用）焚化廠垃圾之縣（市）政府或其他報經環保署認可協助促成區域合作垃圾處理之縣（市）政府，得在該署之見證下，由申請縣（市）與停建（或停用）焚化廠之縣（市）訂定「垃圾焚化處理區域合作行政契約書」。

㈣合營事業

自治團體之間可以基於彼此互惠的原則，在獲得各地方議會同意的前提下，共同設置專責事業組織以處理彼此的私經濟行政跨域事務。《地方制度法》第 24 條：「直轄市、縣（市）、鄉（鎮、市）與其他直轄市、縣（市）、鄉（鎮、市）合辦之事業，經有關直轄市議會、縣（市）議會、鄉（鎮、市）民代表會通過後，得設組織經營之。前項合辦事業涉及直轄市議會、縣（市）議會、鄉（鎮、市）民代表會職權事項者，得由有關直轄市議會、縣（市）議會、鄉（鎮、市）民代表會約定之議會或代表會決定之。」例如，大臺北公車聯營系統，多年來運作順暢，產生甚多的經濟與社會效益。

㈤委任所屬下級機關或委託不相隸屬之行政機關

依《行政程序法》第 15 條的規定，在相關法規容許範圍內，透過權限移轉，由其中的一方委任所屬下級機關或委託不相隸屬之行政機關處理彼此之間的跨域事務，第 15 條規定：「行政機關得依法規將其權限之一部分，委任所屬下級機關執行之。行政機關因業務上之需要，得依法規將其權限之一部分，委託不相隸屬之行政機關執行之。」依上，委任係屬於上級機關對於隸屬之下級機關之委任，但不相隸屬之下級機關則屬委託，由於該委任與委託事務可能涉及龐大之金錢利益，故須貫徹資訊公開化與透明化之原則，刊登於政府公報或網站上，俾使跨域治理事項經得起大眾輿論的檢驗。

㈥委託民間團體或個人

政府機關本於建立「小而能政府」的精神，在「政府不須做的，交由民間來做」的原則下，將相關公共事務委託給民間企業、非營利組織或個人來執行，此種委辦事項亦是另外一種形式的跨域治理，如垃圾處理、館舍經營、公共服務等。《行政程序法》第 16 條稱：「行政機關得依法規將其權限之一部分，委託民間團體或個人辦理。前項情形，應將委託事項及法規依據公告之，並刊登政府公報或新聞紙。第一項委託所需費用，除另有約定外，由行政機關支付之。」

㈦行政機關互相協助

依《行政程序法》規定，地方政府之間亦可彼此相互請求行政協助，第19 條稱：「行政機關為發揮共同一體之行政機能，應於其權限範圍內互相協助。」此外，「行政機關執行職務時，有下列情形之一者，得向無隸屬關係之其他機關請求協助：一、因法律上之原因，不能獨自執行職務者。二、因人員、設備不足等事實上之原因，不能獨自執行職務者。三、執行職務所必要認定之事實，不能獨自調查者。四、執行職務所必要之文書或其他資料，為被請求機關所持有者。五、由被請求機關協助執行，顯較經濟者。六、其他職務上有正當理由須請求協助者。」

二、難　題

跨域治理儘管有前述的方式，亦有甚多優點，但執行上仍有若干難題必須克服（趙永茂，2003；李長晏，2007）：

㈠政黨立場兩極化動輒以「跨域對抗」代替「跨域合作」

臺灣從威權社會轉型為民主社會後，由於政黨屬性不同，在許多公共事務與政策上往往形成兩極對立的衝突情勢，動輒以「跨域對抗」代替「跨域

合作」，因而引發無止境的政黨惡鬥，難以理性精神從事跨域議題的處理。例如，當 2008 年，內政部宣布臺中縣市擬於 2010 年升格為直轄市，立刻遭到許多「大縣市」的極力反對，事實上，該行政區劃方案已討論多年，且社會已有共識，唯內政部在無奈之下，最終只有妥協讓六都先後升格。其實，臺灣面積不大，竟然有 6 個直轄市，相當離譜；再看看幅員太小，理應區域整併的 3 個「縣轄市」，包括基隆市、新竹市、嘉義市，卻聞風不動。平心而論，目前臺灣行政區劃是 6 個直轄市，3 個縣轄市，13 個縣，乃是一個失衡的行政區域規劃。

㈡地方自治引發地方本位主義的作祟，擔心區域管轄權受到限制

各地方自治團體往往過份強調地方自主權，引起本位主義的作祟，擔心區域管轄權受到限制，即便是互蒙其利的跨域事務，亦斤斤計較區域管轄權的可能喪失而導致跨域治理推動上的層層困難。例如，大臺北地區的淡水河與基隆河的流域整治問題，多年來治理成效始終不彰，除了整治經費龐大，地方政府無法負擔外，該流域涉及大臺北之行政轄區管轄權，受限於轄區割裂而未能以區域發展為基礎，造成諸般齟齬對立的錯亂現象。「合則利，分則弊」，這是跨域治理者必須深思的課題，當前為知識經濟時代，電子政府的出現導致行政轄區已超越地理空間與土地地域的侷限，而成為虛擬的行政區域，既然是虛擬化的空間世界，則傳統的行政轄區觀念自應配合時代潮流，加以改變，使跨域治理更易推行。

㈢《地方制度法》欠缺更細緻完整的規定，影響跨區域合作之意願

「依法行政」為公務員的普遍心態，跨域治理所涉及地方自治團體與人民之權利義務甚廣，若執行失敗，則失敗責任將由何人承擔？雖然現行《地方制度法》已有若干法源（第 21、24、24-1、24-2、24-3 條），但仍不夠完備，似可另訂有關跨域治理的辦法，使其規範更為明確具體，在推動跨域治理事務上才有所遵循。

㈣**參與對象眾多導致協商與交易成本的增加，成案的難度提高**

在跨域治理網絡中，參與者除了中央與地方行政機關、地方自治團體外，還包括個人、社區、企業、民間團體、非營利組織等。面對如此為數眾多的參與對象，其意見之協調與整合自然相當困難，特別當其所處理的跨域事務又相當複雜時，折衝協調必然曠日費時，其所累積的交易與協商成本必然不斷增加，導致跨域治理的難度提高，成案的機率不高。

肆、提升跨域治理能力之策略

為了強化地方政府跨域治理的功能，茲提出下列策略：

一、地方首長必須超越意識型態，以人民為主，建構跨域治理的理性對話平臺

地方首長為最高決策者，首先必須改變政黨對立的窠臼，以「跨域事務擺中間，意識型態放兩邊」的中道精神，凡是對轄區內人民有利者皆應全力以赴，萬勿拘泥於一黨一派之私，妨礙臺灣社會的進步與人民福祉之實現。以目前臺灣黨同伐異的情況而言，任何跨域議題都免不了出現泛政治化的現象，但「解鈴仍須繫鈴人」，解決藥方唯有從地方首長本身的觀念著手，否則縱有良法美意，都無法為臺灣社會創造更大的綜效。

二、型塑中央與地方的策略夥伴關係

就中央與地方政府之間的策略夥伴關係而言，府際合作議題如涉及中央權限，應由中央政府來推動與整合，地方政府依規定聯合執行。基此，在推動各地方首長跨域合作的手段上，中央政府必須扮演更為積極角色，行政院或各部會應從「誘之以利，共創多贏」的角度主動去促成地方自治團體跨黨派之間的合作機會，若是互利性議題，不涉及資源的競爭性，則或許能夠提

高地方首長推動府際跨域合作的可能性。中央政府可按各地方政府不同之產業特色、資源多寡、人口結構、地理位置發展出不同的策略夥伴關係,以達成良好地方治理的公共目標。例如,各自治區域的跨域合作應該包括流域整治、觀光產業、交通建設等進行聯合推動與行銷,以創造跨域效果。

三、地方首長必須以策略眼光選擇適當的跨域治理議題

跨域治理議題甚多,在實施初期,應從策略性觀點選擇較易成案的公共議題入手,以增加其成功機會。所謂策略性觀點係指必須善用 SWOT 分析的原則,以該地方自治區域內與地方自治團體之「優勢條件」(S),選擇一個較有可能發揮優勢的「機會條件」(O),換言之,若能選擇係以 (S, O) 的絕佳組合,則成功機率將大為提高(丘昌泰,2013: 221–227)。例如,臺北市政府的「優勢」之一為:交通人力較足、經驗較豐富、經費亦較多,故其「機會」應是每日搭乘大眾捷運系統之上班族,結合優勢與機會的策略組合應該是發行「悠遊卡」,事實亦證明此項策略完全正確,且頗受民眾肯定。

四、累積推動跨域治理的社會資本

臺灣政府部門法令多如牛毛,有周全的法令並不代表主政者會採取積極行動。縱使擁有完整的跨域治理條文,但若是基於防弊而非興利的角度,研議太過細膩而嚴苛的法律規定,則反而不易促成跨域治理機制的形成。因此,關於跨域行政契約等基本規範,應保持適度的彈性。「徒法不足以自行」,當務之急為累積社會資本,建立政策共識,形塑互信文化。社會資本為推動公共事務的文化基礎,有深厚而互信的社會資本為後盾,則民眾間、地方首長之間就容易達成跨域治理政策的共識,否則難上加難。基此,在推動步驟上,宜先從容易成案的方式去進行,例如,根據過去運作經驗,凡是不涉及義務與經費負擔、資源競合與權力爭奪的互利性議題最容易成功,也容易取得民

眾信任，故推動初期，可成立非正式的主管會報著手，以增進彼此的熟悉感與信任感，以逐步促成合作的可能性。基此，地方政府不妨先拋出一個符合前述條件的公共議題，然後透過公開的網路論壇徵求民眾意見，讓不同自治區域民眾、企業與非營利組織得以建立溝通對話的機會，俾鼓勵公民或民間團體積極參與地方事務的規劃，形塑區域內參與者的共識，以累積社會資本。例如，各地方政府在不同時節都推動不同的節慶活動，若能依據前述方式，予以跨域整合，則吸引的人潮與活動規模就更為擴大，同時也能為參與區域創造更多的附加價值。

自我評量

1. 何以地方自治出現跨域治理的概念？其意義為何？

2. 何謂跨域治理？試就其核心要素予以說明。

3. 試簡要說明日本的跨域治理經驗，從而分析臺灣可以學習之經驗為何？

4. 試扼要說明日、德與美的跨域治理方式及其特點？

5. 《地方制度法》中有關跨域治理的相關條文有哪些？請選擇您所熟悉的一個條文加以分析。

6. 請選擇一個跨域治理案例，說明其具體內容並分析其優點？

7. 跨域治理方式有哪些？請舉出兩項加以說明。

8. 跨域治理方式有行政契約、行政協議與行政協助，三者有無區別？試加以說明。

9. 跨域治理方式有委任與委託相關參與者，試比較其內容。

10. 地方自治團體之間合辦事業是跨域治理方式之一，請分析其內容與案例。

11.跨域治理會遭遇哪些難題?如何強化地方政府的跨域治理能力?

歷屆考題

1.何謂跨區域合作?地方政府間興起跨區域合作的主要原因為何?
又依《地方制度法》之規定,應如何進行跨區域合作?請說明
之。(105 年公務人員高等考試三級考試)

2.我國地方政府面臨食品安全問題,如何進行有效之治理管制?
(104 年特種考試地方政府公務人員考試)

3.若某地方政府希望經由制度化的途徑,並透過公權力介入,來
管制轄區內食品業者的製造與經營方式,以維護民眾食品安全
權益。請問根據《地方制度法》及現行地方政府法制,該地方
政府應考量哪些規定?同時又應如何落實此目標?(104 年公務
人員高等考試三級考試)

4.跨域治理係地方治理的手段之一,如果直轄市與周邊的縣、市
間,適用跨域治理,則有哪些方式可以運用?試舉實例說明之。
(103 年特種考試地方政府公務人員考試)

5.北臺區域發展推動委員會其在跨域治理之功能上,主要為何?
(102 年公務人員、關務人員升官等、交通事業升資考試)

6.何謂跨區域治理?請依《地方制度法》相關規定,討論區域合
作組織如何設立及跨區域事務如何辦理?請舉例說明。(100 年
公務人員高等考試三級考試)

7.臺灣是一個經常發生天然災害的國家,造成不少生命與財產的
損失,試以天然災害的防救為例,說明中央與地方之權限應如
何劃分?該權限之劃分是否為絕對的對立關係或是對等的夥伴
關係?應如何重新解讀其正確關係,方能發揮中央與地方政府

協力合作對抗天災，保障人民生命與財產之安全？（100 年特種考試地方政府公務人員考試）

8.請依《地方制度法》相關規定，分析在地理上相鄰的二個地方自治團體間，所可能會形成的互動關係及其運作方式。（99 年公務人員高等考試三級考試）

9.試就跨域治理之觀點論述如何打造臺灣國際大都會區並型塑之。（98 年公務人員、關務人員升官等考試）

10.試說明協力合作在跨域地方自治事務處理之必要性與可行性。（98 年公務人員特種考試身心障礙人員考試）

11.學理上之跨域合作模式為何？並以臺北市與臺北縣跨域問題，設計跨區域之「跨域治理」可行模式。（97 年特種考試地方政府公務人員考試）

12.地方自治團體間欲針對特定自治事項進行合作時，可能需要克服哪些障礙？（96 年公務人員、關務人員升官等考試）

第三章

地方自治組織與功能

第一節　地方行政機關組織與功能

壹、直轄市政府

一、直轄市之變遷：從「兩都❶」到「六都」

　　臺灣直轄市原來有兩個，臺北市於 1967 年改制為直轄市，至於高雄市則於 1979 年改制為直轄市，當時該兩大都會市，實施地方自治法令基礎為「臺北市、高雄市各級組織及實施地方自治綱要」，該綱要係屬行政命令，直轄市長均「官派」，直轄市自非自治公法人，並不符合地方自治之要旨。

　　1994 年 7 月 29 日公布《直轄市自治法》，廢止臺北市、高雄市各級組織及實施地方自治綱要，依《直轄市自治法》規定，直轄市長必須民選產生，1994 年 12 月 25 日，臺北市產生第一任民選直轄市長為民進黨的陳水扁，至於高雄市產生第一任民選直轄市長為國民黨的吳敦義，謝長廷於 1998 年 12 月 25 日當選第二任民選高雄市長。

　　臺北市與高雄市為臺灣長時間以來最重要的「兩都」，隨著政治情勢與社經結構的改變，其他城市要求改制的聲浪愈來愈大，其中以臺中縣市的合併

❶ 在我國地方自治相關法令中，並無「都」的用語，這只是一般社會大眾與傳播媒體的習慣用語。從城市治理角度去解讀，係指都會城市 (metropolitan city) 而言，目前世界各國，首都或一級城市逐漸形成都會城市的現象，以該城市為核心，透過綿密的交通與產業網路，逐漸形成一個都會生活圈，基此，臺北市可堪稱為都會生活圈的代表。

改制最受社會各界之支持；如此一來，臺灣北、中與南部均各有一個直轄市，基於區域均衡的考慮，「三都」的規格不失為周全之行政區劃。馬總統於2008年大選期間所提出的施政藍圖，亦反映此種藍圖，期盼臺灣朝著「三都十五縣」的方向而發展。

　　然而，正在臺中縣市亟欲升格的同時，臺北縣卻成為改制運動過程中的一匹黑馬，由於臺北縣為臺灣地區人口最多、面積最廣的縣，位居臺北市的外圍，長期以來卻因未能升格為直轄市，無法分配較多的統籌分配款，欠缺充裕經費推動各項公共基礎建設，一河之隔的臺北縣民與臺北市民，生活差距逐漸拉大，宛如兩個世界。在朝野政黨共識下，乃通過臺北縣升格為直轄市的提議。1999年廢止《直轄市自治法》，2007年5月4日修正《地方制度法》第4條將直轄市改制門檻遂往下調整：

㈠下修人口門檻

　　從一百五十萬人降低為一百二十五萬人，「人口聚居達一百二十五萬人以上，且在政治、經濟、文化及都會區域發展上，有特殊需要之地區得設直轄市。」

㈡另置準直轄市

　　有些城市人口超過法定標準，但由於其在政治、經濟、文化及都會區域發展上，尚未有特殊需要，此時乃又開放設置準直轄市的候補名單：「縣人口聚居達二百萬人以上，未改制為直轄市前，於第三十四條、第五十四條、第五十五條、第六十二條、第六十六條、第六十七條及其他法律關於直轄市之規定，準用之。」此條文使得當時臺灣第一大縣——臺北縣，被賦予「準直轄市」之地位。

　　由於有臺中縣市、臺北縣的升格案，臺灣已有走向「四都」之趨勢，此舉竟然打開改制升格的大門，先後竟有高雄縣併入高雄市、臺南縣市合併改制臺南市與桃園縣單獨改制為直轄市三個重大改制案，經內政部邀請學者專

家研議討論，陸續通過六個改制升格，臺灣正式進入六都的時代。

二、直轄市政府之組織

《地方制度法》規定直轄市設政府，包括：

㈠市　長

直轄市政府置市長一人，對外代表該市，綜理市政，由市民依法選舉之，任期四年，連選得連任一次。依第一項選出之市長，應於上屆任期屆滿之日宣誓就職（第 55 條）。

㈡置副市長二人

襄助市長處理市政；但人口在二百五十萬人以上之直轄市，得增置副市長一人，職務均比照簡任第十四職等，由市長任命，並報請行政院備查。副市長及職務比照簡任第十三職等之主管或首長，於市長卸任、辭職、去職或死亡時，隨同離職（第 55 條）。

㈢秘書長

直轄市政府置秘書長一人，由市長依公務人員任用法任免。

㈣除主計、人事、警察及政風主管外之一級機關首長

一級單位主管或所屬一級機關首長除主計、人事、警察及政風主管或首長，依專屬人事管理法律任免外，其餘職務均比照簡任第十三職等，由市長任免之（第 55 條）。

三、市長之地位與職權

《地方制度法》第 55 條：「直轄市政府置市長一人，對外代表該市，綜理市政，由市民依法選舉之，任期四年，連選得連任一次。」《臺北市政府組織自治條例》第 3 條：「市政府置市長，綜理市政，並指揮監督市政府所屬機關及員工；置副市長三人，襄理市政。」因此，直轄市長為直轄市的大家長，地位崇高，經常被認為是通往中央執政的捷徑。市長之權限甚廣，地方自治權所必須具有的自治人事權、組織權、行政權與財政權等皆有之，綜言之，直轄市長職權大約可分為三大類，如下所述：

㈠對於直轄市自治事項之整體指揮監督權

《地方制度法》第 18 條列舉之直轄市自治事項為：有關於組織及行政管理、社會服務、關於教育文化及體育、勞工行政、都市計畫及營建、經濟服務、關於水利、衛生及環境保護、交通及觀光、公共安全事項、事業之經營及管理、其他依法律賦予之事項。市長對於該等自治事項均具有全面性的指揮監督權。

㈡市政團隊領導統御權

市長為了推動市政建設，必須要有一個堅強的市政團隊，故法律賦予相當充分的領導統御權：

1.市政會議的主席：《臺北市政府組織自治條例》第 12 條規定設市政會議，包括：「下列人員：市長、副市長、秘書長、副秘書長、局長、處長、主任委員、市長指定人員等人規模龐大，由市長召集之並擔任主席。市政會議決定之事項包含甚廣，顯見市長為最關鍵的決策者，《臺北市政府組織自治條例》第 13 條：下列事項應經市政會議之決定：一、施政計畫及預算。二、提出市議會之議案及報告。三、市政府及所屬市營事業機構組織自治條例。四、

市政府所屬機關組織規程及任務編組之設置要點。五、涉及各機關共同關係事項。六、市長交辦事項。七、其他有關市政建設之重要事項。」

2.對所屬機關成員的人事任命權：除主計、人事、警察及政風主管外之一級機關首長，必須依專屬人事管理法律任免外，其他人員，包括副市長、秘書長及各機關首長均由市長任免之，報請行政院備查即可，而非核定。換言之，行政院尊重市長之人事任用權，並不予以審查核定。依《臺北市政府組織自治條例》第6、7條，市政府設下列各局、處、委員會約有三十一個一級機關，而該等局長、處長及主任委員，均由市長任免，並承市長之命，分別掌理各該局、處及委員會事務，並指揮監督所屬機關及員工。

㈢對議會的權力

市長依法對議會具有下列權力：

1.向市議會進行施政報告：《地方制度法》直轄市議會定期會開會時，直轄市長應向議會提出施政報告，說明自己之施政理念，以博取市民的認同與支持。直轄市政府各一級單位主管及所屬一級機關首長、縣（市）政府、鄉（鎮、市）公所各一級單位主管及所屬機關首長，均應就主管業務提出報告（第48條）。

2.要求市議會延長會期或召開臨時會：《地方制度法》第34條規定，市議會每年審議總預算之定期會，若會期屆滿而議案尚未議畢或有其他必要時，得應直轄市長之要求，提經大會決議延長會期。延長之會期，直轄市議會不得超過十日。此外，直轄市議會可應直轄市長之請求得召集臨時會。

3.法規提案權與覆議權：市長有自治法規提案權，要求議會審議。此外，若直轄市市長對議會之議決案，認為窒礙難行時，應於該議決案送達直轄市政府三十日內，就窒礙難行部分敘明理由送請直轄市議會覆議。議會通過之議決案，如執行有困難時，應敘明理由函復直轄市議會（第39條）。

4.編制預算與送交議會審議權：《地方制度法》第40條：直轄市總預算案，直轄市政府應於會計年度開始三個月前送達直轄市議會。直轄市議會應

於會計年度開始一個月前審議完成，並於會計年度開始十五日前由直轄市政府發布之。

5.對於區公所有指揮監督權：區公所與市民之關係至為密切，區長由市長任命，承市長之命綜理區政，《臺北市政府組織自治條例》第 8 條：「本市各區設區公所，其組織規程由市政府另定之，並送市議會備查。」

四、區公所之地位、職掌與困境

㈠區公所之地位

區公所是直轄市政府的派出機關，不具自治公法人之資格，同時也是民政局的附屬機關，乃非自治公法人資格，依《臺北市各區公所組織規程》第 2 條：「區公所置區長，承市長之命，臺北市政府民政局局長之指導監督，綜理區政，並指揮監督所屬員工。人口已達二十萬人之區，得置副區長一人，襄助區長處理區務。」

另為滿足鄉（鎮、市）長改制為區長者，特別設置區政諮詢委員之編制，如《地方制度法》第 58-1 條：「鄉（鎮、市）改制為區者，改制日前一日仍在職之鄉（鎮、市）民代表，除依法停止職權者外，由直轄市長聘任為區政諮詢委員；其任期自改制日起，為期四年，期滿不再聘任。區政諮詢委員職權如下：一、關於區政業務之諮詢事項。二、關於區政之興革建議事項。三、關於區行政區劃之諮詢事項。四、其他依法令賦予之事項。」

㈡區公所組織與職掌

區長為了承市長之命處理區政，需要加強區公所組織，第 4 條：區公所設下列各課、室，分別掌理各有關業務及臺北市政府授權事項：

「一、民政課：自治行政、選舉、災害防救、公民會館、區民活動中心經營管理、環境衛生、公共衛生、國民教育、國民體育、民防及其他有關民政事項。

二、社會課：社會福利、社會救助、全民健康保險、社區發展及其他有關社政事項。

三、經建課：公民會館、區民活動中心新建、修繕工程、地政、工商、農政、參與式預算、里鄰減災服務與宣導及其他有關基層建設協助事項。

四、兵役課：兵役行政、國民兵組訓、徵兵處理、兵役勤務、後備軍人管理、替代役業務及其他有關役政事項。

五、文課：人口政策宣導暨移民生活輔導、文化藝術、社區藝文、禮俗宗教、慶典活動、史蹟文獻、觀光宣導及其他有關文化事項。

六、秘書室：文書、檔案、出納、總務、財產之管理與資訊、法制、公關、研考等業務及不屬於其他各單位事項。」

㈢區公所之困境

區公所之地位、組織與職掌已如上述，但運作至今，出現許多困難：

1.市府各局處與區公所之關係模糊：區公所屬於市府的派出機關，故區不具自治公法人之資格，其所有承辦事務均來自市府的授權，此點相當明確；但市府各局處與區公所的關係則模糊不清，在市府各局處中，唯一具有「指導監督」權者為民政局，但該條文並非使用「指揮監督」一詞，顯見民政局對區公所縱有指導監督之權，但並非上下隸屬關係，而民政局以外的其他一級機關則與區公所不相隸屬關係。基此，區公所之功能端賴市長的重視程度，若市長願意授權，則區公所可以擔任市府、各局處與區民之間的橋梁；但實務運作上，一級機關首長經常直接與里長接觸，不需要透過區公所來核轉。

2.區公所業務來自市府授權或各局處委託，導致人力與經費不足：區公所之業務不是來自市府的授權，就是來自市府各局處之委託，但都沒有強制性，導致區公所之業務來源並不穩定，隨之而來的人力編制與經費核撥都嚴重不足，導致區公所無法發揮區域中介的功能。

3.區長擁有的指導與指揮權定義不清：《臺北市各區公所組織規程》第3條：行政區內之警察、消防、戶政與衛生等機關、國民中小學校、區清潔隊、

養護工程分隊、路燈工程分隊及園藝工程分隊，關於協助推行行政區內自治業務、為民服務工作及區公所執行上級交辦事項，應受區長「指導」；但執行區級災害防救時，應受區長之「指揮」監督。惟於市級災害應變中心指揮官或其指派之現場指揮官抵達前進指揮所時，適時移轉指揮權。區長於平時狀態對上述各基層機關有指導權，於危機狀態則為具有指揮權，一旦上級指揮官駐進該行政區，則指揮權必須移轉給更高上級指揮官。依此可知，區長縱有指導權與指揮權，但其具體行使範圍與方式為何？法無明定端賴市長的授權與各局處首長的委託。

4.**區公所執行一制性的市府政策，無法顧及差異性的區民需求**：區公所承市長之命推動區政，通常都有政策的一貫性與一致性，以貫徹公平之目標；但各區之發展程度不一，民眾需求差異甚大，一致性的政策難以滿足多元化的區民需求；特別是那些從具自治公法人地位的鄉鎮市轉型成為非自治公法人的區的各直轄市，除臺北市以外，幾乎都面臨城鄉居民差異甚大的問題，如新北市的板橋區與平溪區、桃園市復興區與桃園區等都面臨政策一致但需求多元的現象，無法顧及市政應該照顧弱勢、以達分配正義的目標。

貳、縣（市）政府

一、組　織

《地方制度法》第56條規定，縣（市）政府之組織為：

㈠**縣（市）長**

縣（市）長對外代表該縣（市），綜理縣（市）政，縣長並指導監督所轄鄉（鎮、市）自治。縣（市）長均由縣（市）民依法選舉之，任期四年，連選得連任一次。

㈡**副縣（市）長**

置副縣（市）長一人，襄助縣（市）長處理縣（市）政，職務比照簡任

第十三職等；人口在一百二十五萬人以上之縣（市），得增置副縣（市）長一人，均由縣（市）長任命，並報請內政部備查。副縣（市）長及職務比照簡任第十二職等之主管或首長，於縣（市）長卸任、辭職、去職或死亡時，隨同離職。

㈢秘書長

縣（市）政府置秘書長一人，由縣（市）長依公務人員任用法任免。

㈣除主計、人事、警察、稅捐及政府以外之一級機關首長

一級單位主管及所屬一級機關首長，除主計、人事、警察、稅捐及政風之主管或首長，依專屬人事管理法律任免，其總數二分之一得列政務職，其職務比照簡任第十二職等，其餘均由縣（市）長依法任免之。

二、縣（市）長的地位與職權

《地方制度法》第 56 條：「縣（市）政府置縣（市）長一人，對外代表該縣（市），綜理縣（市）政，縣（市）長並指導監督所轄鄉（鎮、市）自治。縣（市）長均由縣（市）民依法選舉之，任期四年，連選得連任一次。」依此，縣（市）政府為縣（市）的最高行政機關，採首長制，具民意基礎，故其地位崇高。由於縣（市）為憲法保障之地方自治團體，故縣（市）長擁有縣（市）範圍內之組織權、人事權、行政權與財政權。

依《地方制度法》之規定，縣（市）長之職權如下所述：

㈠對於縣（市）自治事項之指揮監督權

《地方制度法》第 19 條列舉之縣（市）自治事項為：關於組織及行政管理、財政、社會服務、教育文化及體育、勞工行政、都市計畫及營建、經濟服務、水利、交通及觀光、公共安全、事業之經營及管理、其他依法律賦予之事項。縣（市）長對於該等自治事項均具有綜合性的指揮監督權。

㈡對於縣（市）政府人員之領導統御權

副縣（市）長、秘書長、一級機關首長（主計、人事、警察、稅捐及政

風主管以外）、重要局處主管等，均有任免、考核、獎懲、調遣等權力（第56條）。

(三)向縣（市）議會進行施政報告之權

縣（市）議會定期會開會時，縣（市）長應向議會提出施政報告，說明自己之施政理念，以博取市民的認同與支持（第48條）。

(四)要求縣（市）議會延長會期或召開臨時會之權

《地方制度法》第34條規定，縣（市）議會每年審議總預算之定期會，若會期屆滿而議案尚未議畢或有其他必要時，得應縣（市）長之要求，提經大會決議延長會期。延長之會期，縣（市）議會不得超過五日，並不得作為質詢之用。此外，縣（市）議會亦可應縣（市）長之請求得召集臨時會。

(五)法規提案權與覆議權

縣（市）長有法規提案權，要求縣（市）議會審議。此外，縣（市）政府對於議會之議決案，如認為窒礙難行時，應於該議決案送達縣（市）政府三十日內，就窒礙難行部分敘明理由，送請縣（市）議會覆議（第39條）。

(六)編制預算與送交議會審議預算

《地方制度法》第40條：縣（市）總預算案，縣（市）政府應於會計年度開始二個月前送達縣（市）議會。縣（市）議會應於會計年度開始一個月前審議完成，並於會計年度開始十五日前由縣（市）政府發布之。

參、鄉（鎮、市、區）公所

一、組　織

《地方制度法》第57條規定鄉（鎮、市）公所之組織如下所述：

(一)鄉（鎮、市）長

鄉（鎮、市）公所置鄉（鎮、市）長一人，對外代表該鄉（鎮、市），綜

理鄉（鎮、市）政，由鄉（鎮、市）民依法選舉之，任期四年，連選得連任一次。山地鄉鄉長以山地原住民為限。

㈡副市長

其中人口在三十萬人以上之縣轄市，得置副市長一人，襄助市長處理市政，以機要人員方式進用，或以簡任第十職等任用，以機要人員方式進用之副市長，於市長卸任、辭職、去職或死亡時，隨同離職。

㈢主計、人事、政風等主管以外之一級單位主管

鄉（鎮、市）公所除主計、人事、政風之主管，依專屬人事管理法律任免外，其餘一級單位主管均由鄉（鎮、市）長依法任免之。

二、鄉（鎮、市）長的地位與職權

《地方制度法》第 57 條：鄉（鎮、市）公所置鄉（鎮、市）長一人，對外代表該鄉（鎮、市），綜理鄉（鎮、市）政，由鄉（鎮、市）民依法選舉之，任期四年，連選得連任一次。山地鄉鄉長以山地原住民為限。一般而言，鄉（鎮、市）長具有下列職權：

㈠對於鄉（鎮、市）自治事項之指揮監督權

《地方制度法》第 20 條列舉之鄉（鎮、市）自治事項為：關於組織及行政管理、財政、社會服務、教育文化及體育、環境衛生、營建、交通及觀光、公共安全、事業之經營及管理、其他依法律賦予之事項。鄉（鎮、市）長對於該等自治事項具有綜合性的指揮監督權。

㈡對於鄉（鎮、市）公所人員之領導統御權

人口在三十萬人以上之縣轄市，縣轄市長可置副市長一人，襄助市長處

理市政，以機要人員方式進用，於市長卸任、辭職、去職或死亡時，隨同離職。此外，鄉（鎮、市）公所除主計、人事、政風之主管，依專屬人事管理法律任免外，其餘一級單位主管均由鄉（鎮、市）長依法任免之。

㈢向鄉（鎮、市）民代表會進行施政報告之權

鄉（鎮、市）民代表會定期會開會時，鄉（鎮、市）長應提出施政報告，以博取鄉（鎮、市）民的認同與支持（第 48 條）。

㈣要求鄉（鎮、市）民代表會延長會期或召開臨時會之權

鄉（鎮、市）民代表會每年審議總預算之定期會，會期屆滿而議案尚未議畢或有其他必要時，得應鄉（鎮、市）長之要求，提經大會決議延長會期。延長之會期，鄉（鎮、市）民代表會不得超過五日，並不得作為質詢之用。此外，鄉（鎮、市）民代表會得應鄉（鎮、市）長之請求，召集臨時會（第 34 條）。

㈤法規提案權與覆議權

縣（市）長有法規提案權，要求縣（市）議會審議。此外，鄉（鎮、市）公所對代表會之之議決案，如認為窒礙難行時，應於該議決案送達鄉（鎮、市）公所三十日內，就窒礙難行部分敘明理由送請鄉（鎮、市）民代表會覆議。議決案，如執行有困難時，應敘明理由函復鄉（鎮、市）民代表會。

㈥編制預算與送交議會審議預算

第 40 條：鄉（鎮、市）總預算案，鄉（鎮、市）公所應於會計年度開始二個月前送達鄉（鎮、市）民代表會。鄉（鎮、市）民代表會應於會計年度開始一個月前審議完成，並於會計年度開始十五日前由鄉（鎮、市）公所發布之。

三、鄉（鎮、市）長官派或民選問題

　　臺灣鄉鎮市實施地方自治已有數十年之歷史，唯長期以來，由於鄉（鎮、市）長之選風不佳，賄選風氣始終不斷，而有案在身之鄉（鎮、市）長更時有所聞，導致社會各界一直有取消鄉（鎮、市）民選的提案，改以官派任用，此項提議曾於 1996 年 12 月舉行之「國家發展會議」中，達成初步共識，唯至今為止仍未全面落實。鄉（鎮、市）長民選或官派的優缺點分析如下（施嘉明，1998: 166–167）：

㈠**民選說**

　　鄉（鎮、市）長民選的優點： 1.確保人民既有權利，符合國際民主潮流。 2.就現行制度加以改進，不必大幅改制，徒增飽受批評之困擾。 3.維護完整的自治制度，培育人民的民主素養。鄉（鎮、市）長民選的缺點： 1.形成地方派系的對立，妨害地方團結。 2.選舉風氣每況愈下，真正賢能之士無法出頭。 3.鄉（鎮、市）長為爭取選票，無法專心處理公務。

㈡**官派說**

　　鄉（鎮、市）長官派的優點： 1.鄉鎮市級各種選舉同時停止，緩和地方派系的爭執。 2.節省部分人事及行政經費，可充地方建設之用。 3.嚴訂鄉鎮市長資格條件，選派優秀人才主持基層建設。鄉（鎮、市）長官派的缺點： 1.鄉鎮市自治實施已多年，一旦廢止將引起不良反映。 2.民主政治需要慢慢成長，官派不合民主潮流。 3.官治鄉鎮市妨害自治制度的健全發展。

㈢**本書見解**

　　1.綜觀國際民主政治潮流，民主的表現方式主要是根據總統與國會的產生方式來評斷，至於基層首長的產生各國可因地制宜採行最適當的方式，未

必選舉會產生。以目前六都的實際運作經驗而言，不少區長係由鄉（鎮、市）長改制而來，初期雖引起甚大的反彈，但多年後慢慢接受此項改制，在民意反映方面已無落差，可見直轄市既然可以改制為區長，縣轄下的鄉（鎮、市）長改制為非自治公法人的鄉（鎮、市）長，一樣可以行得通。

　　2.臺灣選舉種類與次數已嫌過多，耗費極大之社會成本，應該減少選舉次數與種類，將多餘經費投入福國利民之公共建設與經濟發展事項。

　　3.鄉（鎮、市）長民選所論述之優點實非優點，維護完整的自治制度，培養人民的民主素養，其管道與方法甚多，選舉不過是其中手段之一，仍有其他許多人民參政權可以運用，以提升人民參政的品質。

　　4.鄉（鎮、市）長官派所論述之缺點實非缺點，所謂「官治容易妨害自治制度的健全發展」，此種推論過於武斷；畢竟現行地方自治制度中實施民選的直轄市、縣（市）長已足以反映地方自治。

　　5.鄉（鎮、市）長之選區狹小，賄選與脅迫案件盛行，導致選風不佳；賢能之士無法在目前選制下出頭為民服務，但在官派之下，賢能者較有機會服務鄉梓。

　　6.官派鄉（鎮、市）長對於民意的反映較為遲鈍，此種缺失可以透過民眾參與機制加以改善，以目前鄉（鎮、市）民代表會之素質而言，反而行使自治權限之品質不佳，間或反映個人利益者更多於反映民意。

四、鄉（鎮、市）公所與區公所的比較

　　鄉（鎮、市）公所與區公所之地位與職能有下列幾點不同：

㈠自治地位之不同

　　依現行相關法制規定，鄉（鎮、市）為自治公法人，為縣轄的「自治區域」，鄉（鎮、市）公所則為地方自治行政機關。但區為直轄市下的「行政區域」，為非自治公法人，僅為直轄市政府之派出機關。

㈡**組織建制不同**

鄉（鎮、市）置鄉（鎮、市）長一人，縣轄市人口在三十萬人以上之縣轄市，得置副市長一人，其餘一級單位主管均由鄉（鎮、市）長任免。此外，並設鄉（鎮、市）民代表會，為鄉（鎮、市）之地方自治立法機關。但區公所置區長一人，承市長之命綜理區政，並無代表會之設置，但新改制之四都（新北市、臺中市、臺南市、高雄市）可設區政諮詢委員，召開會議，皆由直轄市長聘任，屬直轄市政府之派出諮詢機關。

㈢**人員產生不同**

鄉（鎮、市）長，由鄉（鎮、市）民依法選舉產生，任期四年，連選得連任一次。區長則由市長依《公務人員任用法》聘用。

㈣**財政權不同**

鄉（鎮、市）依《財政收支劃分法》及《地方制度法》規定，有自治財源收入，並得編列預算，決定財政收支之權。區公所並無獨立之財政權，其財源須仰賴直轄市政府之編列。

肆、村（里）辦公處

一、村（里）長

《地方制度法》第 3 條：「鄉以內之編組為村；鎮、縣轄市及區以內之編組為里。村（里）以內之編組為鄰。」

村（里）長之產生，由村（里）民依法選舉之，任期四年，連選得連任（第 59 條）。若村（里）長選舉，經二次受理候選人登記，無人申請登記時，得由鄉（鎮、市、區）公所就該村（里）具村（里）長候選人資格之村（里）民遴聘之，其任期以本屆任期為限。

二、村（里）長之職掌

村（里）置村（里）長一人，受鄉（鎮、市、區）長之指揮監督，辦理村（里）公務及交辦事項。依《臺北市里鄰長服務要點❷》里長之職掌為：里長受區長之指揮監督，辦理下列里公務及交辦事項：

1.里公務事項：⑴里年度工作之策定及執行。⑵里公文之批閱及處理。⑶里民大會、基層建設座談會及里鄰工作會報之召開。⑷市政宣導及民情反映。⑸里長證明事項。⑹里幹事下里服勤之督導。⑺鄰長工作之指揮監督。⑻里內公共建設之推動。⑼里內緊急災害之反映及應變。

2.交辦事項：⑴里辦公處公告欄之維護。⑵區民活動中心之協助維護。⑶基層藝文活動、區文化特色及體育活動之參與及協助。⑷區、戶政工作站之協助推動。⑸睦鄰互助及守望相助工作之推動。⑹垃圾分類及資源回收之協助推動。⑺滅鼠、滅蟑及防治病媒蚊、登革熱之協助推動。⑻受虐兒童、婦女及里內獨居老人之通報訪視及救助。⑼社會福利及急難救助之協助。⑽鄰里公園之協助維護及發動里民認養。⑾地區環境改造計畫之協助推動。⑿其他區公所交辦事項。

三、村（里）長為無給職

村（里）長，為無給職，由鄉（鎮、市、區）所編列村（里）長事務補助費，其補助項目及標準，以法律定之（第61條）。依《地方民意代表費用支給及村里長事務補助費補助條例❸》第7條：村（里）長由鄉（鎮、市、區）公所編列村（里）長事務補助費，每村（里）每月新臺幣四萬五千元。

前項事務補助費，係指文具費、郵電費、水電費及其他因公支出之費用。

---

❷ 2000年8月31日修正。

❸ 2009年7月8日修正。

村（里）長因職務關係，應由鄉（鎮、市、區）公所編列預算，支應其保險費，並得編列預算，支應其健康檢查費，其標準均比照地方民意代表。鄉（鎮、市、區）公所編列前項保險費預算，應包含投保保險金額新臺幣五百萬元以上傷害保險之保險費金額。村（里）長除有正當理由未能投保或未足額投保傷害保險外，於當年度檢據支領保險費時，其單據應包含投保保險金額新臺幣五百萬元以上傷害保險之保險費。

四、村（里）辦公處

《地方制度法》第 5 條：「村（里）設村（里）辦公處。」依《臺北市里鄰長服務要點》第二點，里辦公處以設置於里長提供之場所為原則，並得設置於該里內之里民活動場所或其他適當之公共場所。里辦公處地點及面積大小應以便利民眾洽公為原則，並配置為民服務設備。

五、鄰　長

鄰長受里長之指揮監督辦理下列事項：1.市政宣導資料之分送。 2.睦鄰互助、守望相助之協助推動。 3.里內環境清潔之協助推動。 4.緊急災害之反映及協助救助。 5.社會福利、急難救助之協助。 6.里民參加里民大會或基層建設座談會之通知及督促。 7.里鄰工作會報之出席。 8.鄰長證明事項。 9.市政宣導及民情之反映。 10.區公所及里辦公處交付之其他為民服務事項。

六、村（里）民大會

村（里）得召集村（里）民大會或基層建設座談會；其實施辦法，由直轄市、縣（市）定之（第 60 條）。

伍、省政府與省諮議會

一、省制地位的變遷

1945 年 9 月 20 日國民政府公佈《臺灣省行政長官公署組織條例》，暫設行政長官公署，隸屬行政院，置行政長官一人，下設秘書處、民政處、教育處、財政處、農林處、工礦處、交通處、警務處、會計處等九處。

1947 年 4 月，依行政院第 784 次院會決議將「臺灣省行政長官公署」改組為臺灣省政府，置省主席一人，下設四廳五處，共計九個一級機關。自此以後，省府組織不斷擴大成長，《省縣自治法》實施前省府組織已設省府委員 23 人，其中委員兼主席一人，委員兼廳長五人，下設五廳、十三處、三局、一團、四委員會，合計 26 個一級機關，規模由早先的 1,523 個機關擴展成為 5,876 個機關，省府公教人員則由 63,000 人增加為 316,000 人（丘昌泰，2007a: 57–59）。

1994 年 7 月 29 日《省縣自治法》公佈實施，省為地方自治團體，為落實地方自治，回應民眾需求及社會變化，調整各級地方行政機關的結構功能、精簡組織與人力乃勢在必行。為配合省縣自治法之實施訂定《臺灣省政府組織規程》，而該組織規程乃延續原合署辦公之組織運作，俾省實施自治得以順利傳承，具有過渡性質，因此省議會在審議省府組織規程時決議：「為尊重首屆民選省長及下屆省議員之意見，本組織規程實施後，應於下屆議會成立半年內提出檢討修訂」；另行政院在備查省府組織規程時亦有「應於本規程實施後半年內提出檢討修訂」之指示，省府遂於 1995 年 1 月至 5 月 13 日召開了 14 次專案小組會議，亦舉辦「臺灣省政府組織調適公聽會」以廣徵各界之意見，修正後之組織規程共設六廳、十九處、四會等 29 個一級機關（丘昌泰，2007a: 57–59）。

從 1947 年 5 月 20 日至 1995 年（精省前的最後一次調整），總共進行了

十八次的省府組織結構的調整，組織規模從 1947 年的四廳五處等九個機關，到精省前的六廳、十九處、四會等 29 個機關，幾呈「正成長」的趨勢，而且是愈調整機構愈多，形成「大政府」的現象。

前述十八次省府組織之改革，都是在「省制」的自治基礎上進行，並未涉及省制的定位問題，因此，無論是透過行政命令或法律的修正，基本上其改革幅度並不太大，對於省府組織架構的衝擊也相對小了很多。不過，自民選省長產生後，中央政府有感於省長民選後所產生的「葉爾欽效應」，對於中央政府推動政務產生阻力，於是開始有了「省虛級化」的企圖。1996 年 12 月 26 日召開國家發展會議，通過三項重要共同意見：

一、調整精簡省府功能業務與組織，並成立委員會完成規畫及執行，同時自下屆起凍結省自治選舉；

二、縣市增設副縣市長，縣市政府職權應予加強；

三、《地方稅法通則》、《財政收支劃分法》應儘速完成立法或修正，以健全地方財政。

1997 年 7 月 18 日國民大會三讀通過憲法增修條文，確立臺灣省議會議員與臺灣省省長之選舉自第十屆臺灣省議會議員及第一屆臺灣省省長任期之屆滿日起停止辦理。憲法增修條文第九條明定「省、縣地方制度，應包括左列各條款，以法定之，不受憲法第一百零八條第一項第一款、第一百零九條，第一百十二條至第一百十五條及第一百二十二條之限制」，又規定「臺灣省議會議員及臺灣省省長之選舉停止辦理後，臺灣省政府之功能、業務與組織型態之調整，得以法律為特別之規定」。除此之外，憲法增修條文第九條第一款規定「省設省政府，置委員九人，其中一人為主席，均由行政院院長提請總統任命之」。第二款規定「省設省諮議會，置省諮議會議員若干人，由行政院院長提請總統任命之」。而有關省府定位問題只有在第六款「中央與省縣之關係」及第七款「省承行政院之命，監督縣自治事項」共二十二個字之表示外，並未進一步闡釋其意，因此，中央與省方甚多的爭議。經過釋字第 467 號解釋，確立省為非自治公法人後，才弭平爭議。

　　為順利推動臺灣省政府的精簡工程，行政院特別設立「臺灣省政府功能業務與組織調整委員會」，下設：㈠省功能業務與組織調整小組；㈡省自治法規小組；㈢省公務人員權益保障小組；㈣省公務人員專長轉換訓練小組；㈤省財產處理小組；及㈥省事業機構民營化小組。影響省政府虛級化的兩項重要法案為：《臺灣省政府功能業務與組織調整暫行條例》、《臺灣省政府暫行組織規程》，均於 1995 年 12 月 31 日廢止，另於 1996 年 9 月 11 日發佈《臺灣省政府組織規程》。1999 年公布施行《地方制度法》，非自治公法人之省政府納入該法規範。又依行政院所定省府業務與人員移撥時程，2019 年起省府預算歸零，業務與員額完成移撥中央部會，並由國家發展委員會率先自 7 月 1 日起承接大部分的省府業務。

二、省政府的地位與職掌

㈠地　位

　　1. 非地方自治團體：明定省政府為行政院之「派出機關」，受行政院之指揮監督，《地方制度法》第 2 條第一項第一款：「省政府為行政院派出機關，省為非地方自治團體。」又《臺灣省政府組織規程》第 2 條：「臺灣省政府為行政院派出機關，受行政院指揮監督。」大法官會議釋字第 467 號亦明確指稱省非地方自治團體。基此，現行省政府已非地方自治團體，殆無疑義，不再辦理自治人員之選舉，亦無自治立法權、財政權、人事權與組織權。

　　2. 省非公法人：所謂法人係指除自然人以外，依法律之規定所創設具有權利義務能力資格之主體，公法人係指依公法設立之法人。大法官會議釋字第 467 號：「一、中央與地方權限劃分係基於憲法或憲法特別授權之法律加以規範，凡憲法上之各級地域團體符合下列條件者：一、享有就自治事項制定規章並執行之權限，二、具有自主組織權，方得為地方自治團體性質之公法人。……惟臺灣省自八十七年十二月二十一日起既不再有憲法規定之自治事項，亦不具備自主組織權，自非地方自治團體性質之公法人。」

3.省為地方層級：雖然省係非地方自治團體之公法人，但省仍為地方層級之一，大法官會議釋字第 467 號：「省為地方制度層級之地位仍未喪失」，《地方制度法》第 3 條：「地方劃分為省、直轄市。省劃分為縣、市。」由此可知，省仍屬於地方層級之一，但由於並非地方自治團體，無自治監督權，故一位未具選票基礎的省主席難以指揮監督具有選票基礎的縣（市）長、鄉（鎮、市）長。

(二)職掌與組織

《地方制度法》第 8 條規範省政府之職掌：「省政府受行政院指揮監督，辦理下列事項：一、監督縣（市）自治事項。二、執行省政府行政事務。三、其他法令授權或行政院交辦事項。」

第 9 條則說明省政府之組織：「省政府置委員九人，組成省政府委員會議，行使職權，其中一人為主席，由其他特任人員兼任，綜理省政業務，其餘委員為無給職，均由行政院院長提請總統任命之。」

以目前實務運作情況而言，省政府形同「虛設」政府，僅具「歷史紀念」的意義而無實際功能，蓋法令或行政院均無交辦事項，又依行政院所定省府業務與人員移撥時程，2019 年起省府預算歸零，業務與員額完成移撥中央部會，並由國家發展委員會率先自 7 月 1 日起承接大部分的省府業務，省府正式邁入臺灣地方自治的歷史過程中。

三、省諮議會的地位與職掌

《地方制度法》第 10 條：「省諮議會對省政府業務提供諮詢及興革意見。」第 11 條：「省諮議會置諮議員，任期三年，為無給職，其人數由行政院參酌轄區幅員大小、人口多寡及省政業務需要定之，至少五人，至多二十九人，並指定其中一人為諮議長，綜理會務，均由行政院院長提請總統任命之。」

第 12 條：「省政府及省諮議會之預算，由行政院納入中央政府總預算，其預算編列、執行及財務收支事項，依預算法、決算法、國庫法及其他相關法令規定辦理。」

以目前實務運作情況而言，省府已如同虛擬政府，省諮議會亦無任何功能可言。

📝 自我評量

1.直轄市政府如何組成？市長之地位與職權為何？

2.直轄市政府的區公所，其地位與職掌為何？目前有何困境？

3.縣市政府如何組成？縣（市）長之地位與職權為何？

4.鄉（鎮、市）公所如何組成？鄉（鎮、市）長之地位與職權為何？

5.鄉（鎮、市）長應否官派或民選？試依己見加以申述。

6.請比較鄉（鎮、市）公所與區公所之法制地位有何不同？

7.村里長之產生方式為何？職掌為何？應如何支給費用？

8.里長與鄰長之權責各為何？

9.精省前後，省制的地位有何不同？請加以分析比較。

10.精省前的省議會與現行的省諮議會有何不同？

👆 歷屆考題

1.村、里長是否為公務人員？請從職掌、薪給、懲戒等相關規定說明村、里長角色及定位。（107 年特種考試地方政府公務人員考試）

2.請依地方行政機關組織準則，比較分析直轄市政府與縣（市）

政府在組織編制、員額及人事任用權上之差異。（107年公務人員高等考試三級考試）

3. 「區」在臺灣地方自治發展歷程上，具有相當的特殊地位。從《地方制度法》與「地方行政機關組織準則」的規定可知，區公所是市政府以下的一級單位。試分別析論區公所的組織特色及區公所與市政府一級單位之間的兩難困境？（106年公務、關務人員升官等考試、交通事業升資考試）

4. 鄉（鎮、市）改制為非自治法人之可行性如何？試析論之。（105年公務人員高等考試三級考試）

5. 地方政府民選首長與地方立法機關互動時，享有什麼權利？又要履行哪些義務？（104年公務人員高等考試三級考試）

6. 依《地方制度法》之規定，直轄市、縣（市）、鄉（鎮、市）制定的法規類別為何？請說明之。（103年公務人員高等考試三級考試）

7. 何謂強市長制？有謂臺北市與東京都均屬強市長制，是否如此？請依二者的職權比較說明其間異同。（103年特種考試地方政府公務人員考試）

8. 桃園縣改制直轄市後，其主要之變遷與發展方向為何？試申論之。（102年公務人員、關務人員升官等、交通事業升資考試）

9. 縣（市）合併改制直轄市後，中央與地方的法律關係有無變動？彼等如何建構具有協力合作的互動政治關係？（102年公務人員高等考試三級考試）

10. 試述《地方制度法》對各級市之設置，其相關規定為何？又試舉一市為例，其未來發展方向為何？（102年公務人員、關務人員升官等、交通事業升資考試）

11. 請分析「區」在我國地方自治體系中的地位與運作特色。又，縣改制或與其他直轄市、縣（市）合併改制為直轄市後，原有

縣境內的鄉（鎮、市）改制為區，這些改制後的區，其運作又與原來的區有何不同？（101 年公務人員高等考試三級考試）

12.民國 99 年 12 月 25 日起，臺北縣改制為「新北市」。請分析此改制過程對原有臺北縣各鄉（鎮、市）產生的影響。（100 年公務人員特種考試身心障礙人員考試）

13.民國 99 年 12 月五直轄市市長選舉過後，由於原臺北縣、臺中縣、臺南縣、高雄縣各鄉鎮市均改為區，各區之間差異極大，區整併成為討論議題，如何整併區以發揮直轄市治理功能？試申述之。（100 年公務人員升官等考試、關務人員升官等考試）

14.依《地方制度法》規定，我國直轄市、市、縣轄市之設置條件為何？是否需做調整？試論述之。（100 年公務人員升官等考試、關務人員升官等考試）

15.地方行政機關對同級立法機關依職權所為之決議，如認為窒礙難行時，可提覆議案要求立法機關重行審議，請依《地方制度法》第 39 條規定，就覆議之期限、效果及限制分別論述之。（100 年公務人員升官等考試、關務人員升官等考試）

16.村（里）在我國地方制度中有何特色？村（里）參與地方公共事務時，可發揮什麼功能？又可能受到什麼限制？（100 年公務人員特種考試身心障礙人員考試）

17.試就產生方式、敘薪職等及職權行使分別說明鄉（鎮、市）長與區長的區別為何。（99 年特種考試地方政府公務人員考試）

18.《地方制度法》對於地方政府組織法制的規定，就直轄市而言，新設直轄市與原直轄市之規定有何不同？現行臺北縣與新北市又有何不同？試述之。（99 年特種考試地方政府公務人員考試）

19.依內政部令，臺中縣（市）、臺南縣（市）、高雄縣市，將分別於民國 99 年 12 月 25 日合併改制為直轄市。請分析縣（市）合併改制後，在實施地方自治或辦理地方自治事項時，與改制前

由縣（市）單獨行使的方式有何差異？（99年公務人員高等考試三級考試）

20.試述已通過之縣（市）改制或與其他直轄市、縣（市）合併改制為直轄市案，基於全國國土合理規劃及區域均衡發展之需要，如何合理調整較屬可行？試申己見。（98年公務人員、關務人員升官等考試）

21.縣（市）改制或與其他直轄市、縣（市）合併改制為直轄市，《地方制度法》對改制後之選舉、自治法規、人員、財政及其他權利義務等，有何相關規定，試加以申論之。（98年公務人員高等考試三級考試）

22.直轄市與縣（市）之區別為何？試依《地方制度法》及其他相關法律之規定比較說明之。（98年公務人員特種考試身心障礙人員考試）

23.我國現行村里與社區組織的角色與定位各為何?在實務運作上，二者互動應如何有效改善？（96年特種考試地方政府公務人員考試）

第二節　地方立法機關組織與功能

壹、直轄市議會

《地方制度法》第 5 條：「直轄市設直轄市議會、直轄市政府，分別為直轄市之立法機關及行政機關。」其中，直轄市議會為地方立法機關。

一、組　織

㈠直轄市議員

《地方制度法》第 33 條：「直轄市議員分別由直轄市民依法選舉之，任期四年，連選得連任。」《地方立法機關組織準則》第 4 條：「直轄市議會議員分別由直轄市民依法選舉之，任期四年，連選得連任。」

又有關議員的名額計算方式，第 33 條規定：直轄市議員、縣（市）議員、鄉（鎮、市）民代表名額，應參酌各該直轄市、縣（市）、鄉（鎮、市）財政、區域狀況，並依下列規定，於地方立法機關組織準則定之。為了保障婦女參政權，各選舉區選出之直轄市議員、縣（市）議員、鄉（鎮、市）民代表名額達四人者，應有婦女當選名額一人；超過四人者，每增加四人增一人。

㈡議長、副議長

《地方立法機關組織準則》第 11 條：「直轄市議會置議長、副議長各一人，由直轄市議員以無記名投票分別互選或罷免之。但就職未滿一年者，不得罷免。」

二、職　權

　　直轄市議會職權如下所述（第 35 條）：一、議決直轄市法規。二、議決直轄市預算。三、議決直轄市特別稅課、臨時稅課及附加稅課。四、議決直轄市財產之處分。五、議決直轄市政府組織自治條例及所屬事業機構組織自治條例。六、議決直轄市政府提案事項。七、審議直轄市決算之審核報告。八、議決直轄市議員提案事項。九、接受人民請願。十、其他依法律賦予之職權。

貳、縣（市）議會

　　《地方制度法》第 5 條：「縣（市）設縣（市）議會、縣（市）政府分別為縣（市）之立法機關及行政機關。」其中，縣（市）議會為地方立法機關。

一、組　織

㈠縣（市）議員
　　《地方制度法》第 33 條：「縣（市）議員分別由縣（市）民依法選舉之，任期四年，連選得連任。」《地方立法機關組織準則》第 4 條：「縣（市）議會議員分別由縣（市）民依法選舉之，任期四年，連選得連任。」縣（市）議員名額，應參酌各該縣（市）財政、區域狀況，並依下列規定，於地方立法機關組織準則定之；其中也有婦女保障名額之規定，縣（市）議員名額達四人者，應有婦女當選名額一人；超過四人者，每增加四人增一人。

㈡議長、副議長
　　《地方立法機關組織準則》第 10 條：「縣（市）議會置議長、副議長各

一人，由縣（市）議員以無記名投票分別互選或罷免之。但就職未滿一年者，不得罷免。」

二、職　權

縣（市）議會之職權如下（第36條）：一、議決縣（市）規章。二、議決縣（市）預算。三、議決縣（市）特別稅課、臨時稅課及附加稅課。四、議決縣（市）財產之處分。五、議決縣（市）政府組織自治條例及所屬事業機構組織自治條例。六、議決縣（市）政府提案事項。七、審議縣（市）決算之審核報告。八、議決縣（市）議員提案事項。九、接受人民請願。十、其他依法律或上級法規賦予之職權。

參、鄉（鎮、市）民代表會

《地方制度法》第5條：「鄉（鎮、市）設鄉（鎮、市）民代表會、鄉（鎮、市）公所，分別為鄉（鎮、市）之立法機關及行政機關。」其中，鄉（鎮、市）民代表會為地方立法機關。

一、組　織

㈠鄉（鎮、市）民代表

《地方制度法》第33條：「鄉（鎮、市）民代表分別由鄉（鎮、市）民依法選舉之，任期四年，連選得連任。」《地方立法機關組織準則》第4條：「鄉（鎮、市）民代表分別由鄉（鎮、市）民依法選舉之，任期四年，連選得連任。」

《地方制度法》第33條規定：鄉（鎮、市）民代表名額，應參酌各該鄉（鎮、市）財政、區域狀況，並依下列規定，於地方立法機關組織準則定之；

其中也有婦女保障名額之規定，鄉（鎮、市）民代表名額達四人者，應有婦女當選名額一人；超過四人者，每增加四人增一人。

㈡主席、副主席

《地方立法機關組織準則》第 10 條：「鄉（鎮、市）民代表會置主席、副主席各一人，由鄉（鎮、市）民代表以無記名投票分別互選或罷免之。但就職未滿一年者，不得罷免。」

二、職　權

鄉（鎮、市）民代表會之職權如下（第 37 條）：一、議決鄉（鎮、市）規約。二、議決鄉（鎮、市）預算。三、議決鄉（鎮、市）臨時稅課。四、議決鄉（鎮、市）財產之處分。五、議決鄉（鎮、市）公所組織自治條例及所屬事業機構組織自治條例。六、議決鄉（鎮、市）公所提案事項。七、審議鄉（鎮、市）決算報告。八、議決鄉（鎮、市）民代表提案事項。九、接受人民請願。十、其他依法律或上級法規、規章賦予之職權。

肆、地方議會職權之行使

一、集　會

地方議會為委員制，決策必須以集會之形式行使之。一般而言，有關地方議會之集會方式可以分為定期會、延長會與臨時會，《地方制度法》分別有其規定：

㈠定期會

第 34 條：直轄市議會、縣（市）議會、鄉（鎮、市）民代表會會議，除

每屆成立大會外，定期會每六個月開會一次，由議長、主席召集之，議長、主席如未依法召集時，由副議長、副主席召集之；副議長、副主席亦不依法召集時，由過半數議員、代表互推一人召集之。每次會期包括例假日或停會在內，依下列規定：1.直轄市議會不得超過七十日。2.縣（市）議會議員總額四十人以下者，不得超過三十日；四十一人以上者不得超過四十日。3.鄉（鎮、市）民代表會代表總額二十人以下者，不得超過十二日；二十一人以上者，不得超過十六日。

(二)延長會

第 34 條：前項每年審議總預算之定期會，會期屆滿而議案尚未議畢或有其他必要時，得應直轄市長、縣（市）長、鄉（鎮、市）長之要求，或由議長、主席或議員、代表三分之一以上連署，提經大會決議延長會期。延長之會期，直轄市議會不得超過十日，縣（市）議會、鄉（鎮、市）民代表會不得超過五日，並不得作為質詢之用。

(三)臨時會

第 34 條：直轄市議會、縣（市）議會、鄉（鎮、市）民代表會遇有下列情事之一者，得召集臨時會：1.直轄市長、縣（市）長、鄉（鎮、市）長之請求。2.議長、主席請求或議員、代表三分之一以上之請求。3.有第三十九條第四項之情事時。前項臨時會之召開，議長、主席應於十日內為之，其會期包括例假日或停會在內，直轄市議會每次不得超過十日，每十二個月不得多於八次；縣（市）議會每次不得超過五日，每十二個月不得多於六次；鄉（鎮、市）民代表會每次不得超過三日，每十二個月不得多於五次。但有第三十九條第四項之情事時，不在此限。

二、議決案之效果

　　原則上，地方行政機關對於地方立法機關所為之議決案必須忠實執行，如延不執行，造成行政怠惰；或執行不當，有損民眾權益，則當如何處理？《地方制度法》第 38 條規定：「直轄市政府、縣（市）政府、鄉（鎮、市）公所，對直轄市議會、縣（市）議會、鄉（鎮、市）民代表會之議決案應予執行，如延不執行或執行不當，直轄市議會、縣（市）議會、鄉（鎮、市）民代表會得請其說明理由，必要時得報請行政院、內政部、縣政府邀集各有關機關協商解決之。」

　　議會除要求其說明理由，必要時得報請上級監督機關協商解決，如此行動勢必引起社會輿論的抨擊，而上級政府或機關自可依第 76 條規定，認為直轄市、縣（市）、鄉（鎮、市）依法應作為而不作為，致嚴重危害公益或妨礙地方政務正常運作，其適於代行處理者，得分別於一定期限內為之；逾時仍不作為者，得代行處理。但情況急迫時，得逕予代行處理。

三、覆議與復議

　　前述所稱地方行政機關對於地方立法機關之議決案採取延不執行或執行不當的情況，很可能並非可歸責於地方行政機關的錯誤，畢竟就公共事務處理的專業性與經驗性而言，地方行政機關畢竟經驗老練，實不可能有延不執行或執行不當之情形發生，而極有可能是地方立法機關的議決案，在議決過程中過份遷就民意或受制於多數黨派的意見，致使地方行政機關認為該議決案窒礙難行。為避免產生此種僵局，《地方制度法》第 39 條設計覆議與復議制度：

(一)覆議事項

直轄市政府對第三十五條第一款至第六款及第十款之議決案，方得送請覆議，依上開規定，可以覆議事項如下：1.議決直轄市法規案。2.議決直轄市預算。3.議決直轄市特別稅課、臨時稅課及附加稅課。4.議決直轄市財產之處分。5.議決直轄市政府組織自治條例及所屬事業機構組織自治條例。6.議決直轄市政府提案事項。7.其他依法律賦予之職權。

縣（市）政府可覆議之事項包括：1.議決縣（市）規章。2.議決縣（市）預算。3.議決縣（市）特別稅課、臨時稅課及附加稅課。4.議決縣（市）財產之處分。5.議決縣（市）政府組織自治條例及所屬事業機構組織自治條例。6.議決縣（市）政府提案事項。7.其他依法律或上級法規賦予之職權。

鄉（鎮、市）公所對第三十七條第一款至第六款及第十款之議決案，方得送請覆議，這些事項包括：1.議決鄉（鎮、市）規約。2.議決鄉（鎮、市）預算。3.議決鄉（鎮、市）臨時稅課。4.議決鄉（鎮、市）財產之處分。5.議決鄉（鎮、市）公所組織自治條例及所屬事業機構組織自治條例。6.議決鄉（鎮、市）公所提案事項。7.其他依法律或上級法規、規章賦予之職權。

(二)覆議程序

直轄市政府、縣（市）政府、鄉（鎮、市）公所如認為窒礙難行時，應於該議決案送達直轄市政府、縣（市）政府、鄉（鎮、市）公所三十日內，就窒礙難行部分敘明理由送請直轄市議會覆議。至於第八款及第九款之議決案❹，如執行有困難時，應敘明理由函復直轄市議會、縣（市）議會、鄉（鎮、市）民代表會（第35, 36, 37條）。

---

❹ 其中第八款是指「議決直轄市議員提案事項」，第九款是「接受人民請願」，這些事項基本上比較傾向於「個人權益」事項，與議決案為重視「公眾權益」事項，迥然不同，故排除於覆議事項以外，以免浪費地方自治團體之資源。

㈢覆議案之決議期限

直轄市議會、縣（市）議會、鄉（鎮、市）民代表會對於直轄市政府、縣（市）政府、鄉（鎮、市）公所移送之覆議案，應於送達十五日內作成決議。如為休會期間，應於七日內召集臨時會，並於開議三日內作成決議。

㈣覆議之效果

覆議案逾期未議決者，原決議失效。覆議時，如有出席議員、代表三分之二維持原議決案，直轄市政府、縣（市）政府、鄉（鎮、市）公所應即接受該決議。但有第四十條第五項❺或第四十三條第一項至第三項❻規定之情事者，不在此限。

㈤復　議

預算案關係地方自治的運作，若預算案的覆議遭到否決，則對於地方自治首長乃是一項嚴重的府會衝突，第 39 條乃設計覆議案復議制度：「直轄市、縣（市）、鄉（鎮、市）預算案之覆議案，如原決議失效，直轄市議會、縣（市）議會、鄉（鎮、市）民代表會應就直轄市政府、縣（市）政府、鄉（鎮、市）公所原提案重行議決，並不得再為相同之決議，各該行政機關亦不得再提覆議。」

依《臺北市議會議事規則》第十一章有專章規範「復議與覆議」，第 58 條規範復議之提出，應符合下列各款規定：「決議案復議之提出，應具備下列各款：一、原決議案尚未著手執行者。二、具有與原決議案相反之理由者。

❺　係指：直轄市、縣（市）、鄉（鎮、市）總預算案在年度開始後三個月內未完成審議，直轄市政府、縣（市）政府、鄉（鎮、市）公所得就原提總預算案未審議完成部分，報請行政院、內政部、縣政府邀集各有關機關協商，於一個月內決定之；逾期未決定者，由邀集協商之機關逕為決定之。

❻　係指：1.直轄市議會議決自治事項與憲法、法律或基於法律授權之法規牴觸者無效；議決委辦事項與憲法、法律、中央法令牴觸者無效。2.縣（市）議會議決自治事項與憲法、法律或基於法律授權之法規牴觸者無效；議決委辦事項與憲法、法律、中央法令牴觸者無效。3.鄉（鎮、市）民代表會議決自治事項與憲法、法律、中央法規、縣規章牴觸者無效；議決委辦事項與憲法、法律、中央法令、縣規章、縣自治規則牴觸者無效。

三、證明動議人確於原案議決時在場，並同意原決議案者；如係無記名表決，須證明動議人未曾發言反對決議案者。四、十人以上附署或附議。復議動議，應於原案議決後之下次會散會前提出；提出於同次會者，須有他事相間；但討論之時間，由主席徵得議員過半數之同意後決定之。」

(六)覆議與復議之比較

復議是指議會內部非常重要的議事規則之一，係指議案經表決通過或未通過，如有議員認為以前所作之決議，考慮未周或基於其他原因而須重新討論議決，以便再做修改或補充，議員可以要求復議。故復議乃是議會為求議事程序的慎重，而特別給予議員要求重行討論決議的機會，以避免草率立法，此為議會內部的議事程序之一，與覆議之概念迥然不同。

綜合前述有關覆議與復議之相關規定，可以比較如下：

1.法制性質不同：覆議涉及地方行政機關與地方立法機關的職權互動關係，影響府會關係甚大；復議則是議會內部的議事程序之一，與地方行政機關本身無涉，不影響府會關係。

2.提出理由不同：覆議提出理由為：地方立法機關所為之議決案窒礙難行，地方行政機關要求重新表決；復議則議員針對議會所作之決議，可能考慮未周或基於其他原因而須重新討論，以便再做修改或補充，俾使議事品質更符合公眾利益。

3.提出時間不同：除人民請願案與議員提案外，覆議應於該議決案送達地方政府三十日內，就窒礙難行部分敘明理由送請議會覆議。復議之動議，應於原案議決後之下次會議散會前提出；提出於同次會者，須有他事相間。

4.提案人不同：覆議僅限於地方行政機關首長提出，復議則限於原決議案之同意者；如係無記名表決，須證明動議人未曾發言反對決議案者。換言之，議決案之勝方較無提出復議之立場與理由，此時提出，必有其特殊之處，必須重新考量。

5.事項範圍不同：覆議之事項限於對窒礙難行之議決案，且非屬人民請

願案與議員提案者；復議則限於原決議案尚未著手執行者，且具有與原決議
案相反之理由者等。

　　6.法律效果不同：覆議時，如有出席議員、代表三分之二維持原議決案，
地方行政機關應即接受該決議。如原決議失效，議會應就地方行政機關原提
案重行議決，並不得再為相同之決議，各該行政機關亦不得再提覆議。復議
只要出席議員二分之一之決議行之。

四、預算與決算之審議

㈠**總預算案之提出**

　　《地方制度法》第 40 條第一項：直轄市總預算案，直轄市政府應於會計
年度開始三個月前送達直轄市議會；縣（市）、鄉（鎮、市）總預算案，縣
（市）政府、鄉（鎮、市）公所應於會計年度開始二個月前送達縣（市）議
會、鄉（鎮、市）民代表會。

㈡**總預算案之審議期限**

　　第 40 條第二項：直轄市議會、縣（市）議會、鄉（鎮、市）民代表會應
於會計年度開始一個月前審議完成，並於會計年度開始十五日前由直轄市政
府、縣（市）政府、鄉（鎮、市）公所發布之。

㈢**不得為增加支出之提議**

　　第 40 條第三項：直轄市議會、縣（市）議會、鄉（鎮、市）民代表會對
於直轄市政府、縣（市）政府、鄉（鎮、市）公所所提預算案不得為增加支
出之提議。

㈣**總預算案未依期限完成時的處理**

　　第 40 條第四項：直轄市、縣（市）、鄉（鎮、市）總預算案，如不能依

第一項規定期限審議完成時，其預算之執行，依下列規定為之：

　　1.收入部分暫依上年度標準及實際發生數，覈實收入。

　　2.支出部分：⑴新興資本支出及新增科目，須俟本年度預算完成審議程序後始得動支。⑵前目以外之科目得依已獲授權之原訂計畫或上年度執行數，覈實動支。

　　3.履行其他法定義務之收支。

　　4.因應前三款收支調度需要之債務舉借，覈實辦理。

㈤年度開始後三個月內未完成時的處理

　　第 40 條第五項：直轄市、縣（市）、鄉（鎮、市）總預算案在年度開始後三個月內未完成審議，直轄市政府、縣（市）政府、鄉（鎮、市）公所得就原提總預算案未審議完成部分，報請行政院、內政部、縣政府邀集各有關機關協商，於一個月內決定之；逾期未決定者，由邀集協商之機關逕為決定之。

㈥有關預算覆議案之復議後的處理

　　第 40 條第六項：直轄市、縣（市）、鄉（鎮、市）總預算案經覆議後，仍維持原決議，或依前條第五項重行議決時，如對歲入、歲出之議決違反相關法律、基於法律授權之法規規定或逾越權限，或對維持政府施政所必須之經費、法律規定應負擔之經費及上年度已確定數額之繼續經費之刪除已造成窒礙難行時，準用前項之規定。地方議會不得再為相同之決議，各該行政機關亦不得再提覆議

㈦改制後之直轄市總預算案之處理

　　由於有四個直轄市經合併後成立新的直轄市政府，包括：新北市、臺中市、臺南市與高雄市，改制後的第一年總預算之接軌非常重要，故《地方制度法》第 40-1 條為此特殊情形作一明確規定：改制後之首年度直轄市總預算

案，應由改制後之直轄市政府於該年度一月三十一日之前送達改制後之直轄市議會，該直轄市議會應於送達後二個月內審議完成，並由該直轄市政府於審議完成日起十五日內發布之，不受前條第一項規定之限制。會計年度開始時，前項總預算案如未送達或審議通過，其預算之執行，依下列規定為之：

1.收入部分依規定標準及實際發生數，覈實收入。

2.支出部分，除新興資本支出外，其維持政府施政所必須之經費得按期分配後覈實動支。

3.履行其他法定及契約義務之收支，覈實辦理。

4.因應前三款收支調度需要之債務舉借，覈實辦理。

前項收支，均應編入該首年度總預算案。

㈧預算審議之原則

第41條：直轄市、縣（市）、鄉（鎮、市）總預算案之審議，應注重歲出規模、預算餘絀、計畫績效，優先順序，其中歲入以擬變更或擬設定之收入為主，審議時應就來源別分別決定之；歲出以擬變更或擬設定之支出為主，審議時應就機關別、政事別及基金別分別決定之。法定預算附加條件或期限者，從其所定。但該條件或期限為法律、自治法規所不許者，不在此限。直轄市議會、縣（市）議會、鄉（鎮、市）民代表會就預算案所為之附帶決議，應由直轄市政府、縣（市）政府、鄉（鎮、市）公所參照法令辦理。

㈨決算案之提出與審核

決算是預算執行結果的顯現，究竟預算之執行成果如何？有無按照年度工作計畫支用預算？應依決算程序為之。第42條：直轄市、縣（市）決算案，應於會計年度結束後四個月內，提出於該管審計機關，審計機關應於決算送達後三個月內完成其審核，編造最終審定數額表，並提出決算審核報告於直轄市議會、縣（市）議會。總決算最終審定數額表，由審計機關送請直轄市、縣（市）政府公告。直轄市議會、縣（市）議會審議直轄市、縣（市）

決算審核報告時，得邀請審計機關首長列席說明。鄉（鎮、市）決算報告應於會計年度結束後六個月內送達鄉（鎮、市）民代表會審議，並由鄉（鎮、市）公所公告。

　　雖然《地方制度法》亦針對決算程序有如此明確規定，顯示本法對於決算程序之重視，唯依我國地方自治經驗顯示：地方立法機關對於預算之重視程度遠遠高於決算，主要理由是審計機關之人手相當不足，難以全面性稽核預算之執行結果。實際上，預算只是公共事務執行前的預核，具有預防型監督的功能；若欲真正達到防弊與興利目標，仍應加強決算的審核，此為抑制性監督，兩相配合，才能檢視地方財政是否撙節開支，節省公帑。

五、自治事項與委辦事項之議決

　　地方立法機關行使立法權，得對自治或委辦事項行使監督權，其監督之原則為何？基本上，地方立法機關議決自治或委辦事項不得抵觸上位之法律規範；上級機關基於法律優越的審查原則，可以函告無效（第 39 條）：

㈠上位法律優越原則

　　直轄市議會議決自治事項與憲法、法律或基於法律授權之法規牴觸者無效；議決委辦事項與憲法、法律、中央法令牴觸者無效。

　　縣（市）議會議決自治事項與憲法、法律或基於法律授權之法規牴觸者無效；議決委辦事項與憲法、法律、中央法令牴觸者無效。

　　鄉（鎮、市）民代表會議決自治事項與憲法、法律、中央法規、縣規章牴觸者無效；議決委辦事項與憲法、法律、中央法令、縣規章、縣自治規則牴觸者無效。

㈡函告無效程序

　　前三項議決事項無效者，除總預算案應依第四十條第五項規定處理外，

直轄市議會議決事項由行政院予以函告；縣（市）議會議決事項由中央各該主管機關予以函告；鄉（鎮、市）民代表會議決事項由縣政府予以函告。

㈢聲請司法院解釋

直轄市議會、縣（市）議會、鄉（鎮、市）民代表會議決自治事項與憲法、法律、中央法規、縣規章有無牴觸發生疑義時，得聲請司法院解釋之。

伍、地方議員之保障與限制

一、言論免責權

《地方制度法》50 條：「直轄市議會、縣（市）議會、鄉（鎮、市）民代表會開會時，直轄市議員、縣（市）議員、鄉（鎮、市）民代表對於有關會議事項所為之言論及表決，對外不負責任。但就無關會議事項所為顯然違法之言論，不在此限。」

由於少數地方議員與立法委員之問政水準低劣，在議場內間或做出人身攻擊之暴力或侮辱行為，影響社會觀感，社會對於議員之言論免責權問題多有疑問。大法官做出釋字第 122 號與 165 號對於地方議員言論免責權之解釋，茲列舉重點如下：

㈠釋字第 122 號就「地方議會議員保障言論之意涵？」指出：

「憲法對於地方議會議員在會議時所為之言論，應如何保障，並未設有規定。省縣市議會議員如無濫用情事，其言論之保障，自不受影響。」

㈡釋字第 165 號就「地方議會議員在會議時，就無關會議事項之言論免責權？」指出：

「地方議會議員在會議時就有關會議事項所為之言論，應受保障，對外不負

責任。但就無關會議事項所為顯然違法之言論，仍難免責。」

　　「地方議會為發揮其功能，在其法定職掌範圍內具有自治、自律之權責，對於議員在會議時所為之言論，並宜在憲法保障中央民意代表言論之精神下，依法予以適當之保障，俾得善盡表達公意及監督地方政府之職責。惟上項保障，既在使地方議會議員順利執行職務，自應以與議案之討論、質詢等有關會議事項所為之言論為限，始有免責之權，如與會議事項無關，而為妨害名譽或其他顯然違法之言論，則係濫用言論免責權；而權利不得濫用，乃法治國家公法與私法之共同原則，即不應再予保障。」

二、地方議員身份之保障

　　《地方制度法》第51條：直轄市議員、縣（市）議員、鄉（鎮、市）民代表除現行犯、通緝犯外，在會期內，非經直轄市議會、縣（市）議會、鄉（鎮、市）民代表會之同意，不得逮捕或拘禁。

三、地方議員費用支給

　　《地方制度法》第52條：「直轄市議員、縣（市）議員、鄉（鎮、市）民代表得支研究費等必要費用；在開會期間並得酌支出席費、交通費及膳食費。違反第三十四條第四項❼規定召開之會議，不得依前項規定支領出席費、交通費及膳食費，或另訂項目名稱、標準支給費用。第一項各費用支給項目及標準，另以法律定之；非依法律不得自行增加其費用。」

　　依《地方民意代表費用支給及村里長事務補助費補助條例》，民意代表費用支給有下列幾項，可謂相當優渥：

---

❼　直轄市議會、縣（市）議會、鄉（鎮、市）民代表會遇有下列情事之一者，得召集臨時會：一、直轄市長、縣（市）長、鄉（鎮、市）長之請求。二、議長、主席請求或議員、代表三分之一以上之請求。三、有第三十九條第四項之情事時。

㈠研究費

第 3 條規定：地方民意代表每月得支給之研究費，不得超過下列標準，如直轄市議會議長，參照直轄市長月俸及公費。直轄市議會副議長參照直轄市副市長本俸、專業加給及主管職務加給。前項所稱專業加給，係指一般公務人員專業加給。

㈡出席費、交通費及膳食費

第 4 條：地方民意代表依法開會期間，得支給之出席費、交通費及膳食費，不得超過下列標準：如 1.出席費：每人每日支給新臺幣一千元。 2.交通費：每人每日支給新臺幣一千元。 3.膳食費：每人每日支給新臺幣四百五十元。

㈢編列預算以支應其健康檢查費、保險費、為民服務費、春節慰勞金及出國考察費

第 5 條：地方民意代表因職務關係，得由各該地方民意機關編列預算，支應其健康檢查費、保險費、為民服務費、春節慰勞金及出國考察費。直轄市議會議長、副議長、縣（市）議會議長、副議長及鄉（鎮、市）民代表會主席、副主席，得由各該地方民意機關編列預算，支應因公支出之特別費。

㈣公費助理補助費用

第 6 條：直轄市議會議員每人得聘用公費助理六人至八人，縣（市）議會議員每人得聘用公費助理二人至四人，公費助理均與議員同進退。前項公費助理補助費用總額，直轄市議會議員每人每月不得超過新臺幣二十四萬元。但公費助理每人每月支領金額，最多不得超過新臺幣八萬元，縣（市）議會議員每人每月不得超過新臺幣八萬元。公費助理適用《勞動基準法》之規定，其相關費用，由議會編列經費支應之，並得比照軍公教人員年終工作獎金酌給春節慰勞金。

四、兼職限制

第 53 條：「直轄市議員、縣（市）議員、鄉（鎮、市）民代表，不得兼任其他公務員、公私立各級學校專任教師或其他民選公職人員，亦不得兼任各該直轄市政府、縣（市）政府、鄉（鎮、市）公所及其所屬機關、事業機構任何職務或名義。但法律、中央法規另有規定者，不在此限。」

直轄市議員、縣（市）議員、鄉（鎮、市）民代表當選人有前項不得任職情事者，應於就職前辭去原職，不辭去原職者，於就職時視同辭去原職，並由行政院、內政部、縣政府通知其服務機關解除其職務、職權或解聘。就職後有前項情事者，亦同。

陸、府會衝突之類型與化解

有關府會衝突之類型，綜合本章第一、二節之內容，概如下述：

一、自治法規之衝突：地方立法機關依法議決地方自治條例，府會衝突的類型之一即是對自治條例內容有不同看法，或是對於特定地方事項，該以自治條例或自治規則規範產生爭議。

二、預算案之衝突：預算審查為地方立法機關重要的監督手段，若審議預算時，對地方行政機關預算刪減導致無法執行，或無法於期限內審議完成，都容易產生府會衝突。

三、議決案之衝突：除自治條例案與預算案，地方立法機關得議決地方各種議案，議決權行使結果，常導致地方行政機關在執行上窒礙難行，因而產生爭議。

四、施政報告與質詢之衝突：此種衝突頗為常見，當民選首長準備進行施政報告時，在野黨議員則予以阻擋，以迫使報告延期；至於議員質詢首長時可能用語過於激情或涉及人身攻擊，導致首長與議員之衝突，此點在臺灣

相當常見，可視為「政治作秀」的手段之一。

五、其他衝突：例如因選舉恩怨、賄選問題、資源分配、政黨利益、意識形態等，產生各種不同爭議。

基於上述各項可能的衝突類型，其化解之策在於雙方必須理性問政，以民眾福祉作為問政的準繩，然此為理想，無論是民選首長或地方議員不理性問政者所在多有，此種情形下，只能訴諸監督制度予以解決：

一、議會自律規則的訂定與落實：《地方制度法》第 31 條：「地方立法機關得訂定自律規則。」自律規則除法律或自治條例另有規定外，由各該立法機關發布，並報各該上級政府備查。如臺北市議會訂定《臺北市議會議員質詢辦法》，第六條規範質詢市政應注意事項：㈠所質詢事項，必須與市政府施政或與被質詢者之職掌有關。㈡與被質詢職務無關之私事，不得提出質詢。㈢非本會職權範圍內之事項，不得質詢；但建議及反映意見不在此限。若其問政行為已明顯涉及人身攻擊與社會風紀，已失議員身份，則送交該議會紀律委員會處置，據《臺北市議會紀律委員會設置辦法》第六條，紀律委員會審議懲戒案件，得按其情節輕重予以懲戒，其方式如下：口頭道歉、書面道歉、申誡、定期停止出席會議。

二、公民監督：最有效的方法是將地方議會所有議事過程，攤在陽光下讓公民發揮監督效果，目前由於社群媒體相當發達，議員相當重視個人形象，以免選舉失利，故議事公開是監督議員理性問政的不二法門。另外民間團體的監督也能發揮敦促效果，公民監督國會聯盟定期公布的立委評鑑報告對於立委的選情影響甚大，唯地方議員的監督團體與草根力量都處於萌芽階段，監督效果還有待觀察。

📝 自我評量

1. 直轄市議會如何組成？有何職權？
2. 直轄市議長、副議長之地位為何？如何選舉產生？

3.縣（市）議會之組織與職權為何？

4.鄉（鎮、市）民代表會之組織與職權為何？

5.地方議會之集會方式有定期會、延長會期與臨時會，各有何規定，請加以論述。

6.地方行政機關對於地方立法機關所為之議決案必須忠實執行，如延不執行，造成行政怠惰，則當如何處理？

7.何謂覆議？又何謂復議？兩者有何不同？

8.試說明覆議程序、期限及效果為何？

9.試說明總預算案之提出與審議期限各為何？

10.總預算案未依期限完成時應如何處理？

11.預算案覆議後，仍維持原決議，試問應如何處理？

12.現行《地方制度法》對於自治事項與委辦事項之議決有何規定？

13.地方議員之言論免責權有何規定？為確保臺灣的民主成果，議場內議員之所有言論是否均享有免責權？

14.地方議員之費用支給有何規定？有何兼職限制？

15.府會衝突的類型為何？有何化解之道？

歷屆考題

1.何謂地方議會自律？請詳述其內涵，並分析其對地方議會議長與副議長產生方式之影響？（108 年公務、關務升官等考試、交通事業升資考試）

2.我國縣市議員選舉制度為何?該制度可能產生的政治影響為何?試說明之。（105 年特種考試地方政府公務人員考試）

3.依《地方制度法》規定，現行地方立法機關與地方行政機關職權行使時所引起的府會衝突類型為何？又存在那些制度化調節

機制？請分述之。（105年公務人員高等考試三級考試）

4. 擔任地方議員或代表擁有什麼權利？又應履行哪些義務或行為規範？（104年公務人員高等考試三級考試）

5. 地方政府民選首長與地方立法機關互動時，享有什麼權利？又要履行哪些義務？（104年公務人員高等考試三級考試）

6. 試述地方公職人員的停職規定，地方行政首長與地方民意代表有何不同？兼述上揭人員申請復職的情況。（102年公務人員高等考試三級考試）

7. 地方立法機關包括：直轄市議會、縣（市）議會、鄉（鎮、市）民代表會，請從規定名額、產生方式、補選制度，三方面說明其組成。（101年特種考試地方政府公務人員考試）

8. 地方行政機關對同級立法機關依職權所為之決議，如認為窒礙難行時，可提覆議案要求立法機關重行審議，請依《地方制度法》第39條規定，就覆議之期限、效果及限制分別論述之。（100年公務人員升官等考試、關務人員升官等考試）

9. 依《地方制度法》規定，我國直轄市、縣市議會對同級行政機關有監督之權，請就覆議案、議決案之執行分別申述之。（100年公務人員升官等考試、關務人員升官等考試）

10. 試就《地方制度法》之規定，縣（市）議會議員之總額產生方式及其職權加以析論，又其如何對縣（市）長之職權加以監督？（98年公務人員、關務人員升官等考試）

11. 試舉例說明地方公職人員停職與解職之規定。（98年公務人員特種考試身心障礙人員考試）

12. 地方制度採用權力分立制後，對府會關係和諧有何不利影響？試回答下列問題：㈠府會關係的理性模式。㈡府會關係惡化對地方發展的可能影響。（97年特種考試地方政府公務人員考試）

13. 《地方制度法》對停職與解職之規定有何不同？試依下列問題

回答之：㈠停職與解職之法律意義。㈡停職後可否經由辭職再參選復職。㈢解職係因法定原因造成的態樣。（97 年特種考試地方政府公務人員考試）

14.試分析地方議員或代表行使職權過程中，可享有哪些權利？又應履行哪些義務？（96 年公務人員、關務人員升官等考試）

第三節　各國地方政府與制度

本節擬從兩個角度探討美英日三個國家的地方自治型態：㈠從地方立法權與地方行政權是否合一分為：權力分立制 (separation of powers) 與權力合一制 (union of powers)；㈡從中央與地方權限劃分分為：聯邦制的美國與單一制的英國與日本。

壹、權力分立制與權力合一制

各國地方自治制度是歷史發展與人文環境的產物，並無一定的優劣利弊，只能說在何種歷史脈絡與政治、經濟、社會環境條件下，究竟產生何種不同型態的地方自治制度？

一般而言，各國地方自治組織型態的劃分必須立基於「地方統治權」的劃分基礎上，這種權力劃分係淵源於「國家統治權」的分立與結合，行政與立法結合者為內閣制，以英國為代表；行政與立法分立而制衡者為總統制，以美國為代表。地方統治權力，正如同國家統治權力的劃分基礎一樣，可以分為：表現人民意志的地方立法機關，以及實現人民意志的地方行政機關，這兩類地方組織型態合稱為地方自治組織。基此，各國地方自治組織可以分為下列兩種型態：

一、權力分立制

這是指地方行政權與立法權分別由地方行政機關與地方議會負責與掌理，分別行使獨立而不相互隸屬的統治權力，形成一個相互制衡的狀態。地方行政機關透過公共政策的制訂與公共事務的管理，負責實現人民的期望與願望；地方議會則負責表達人民意見，監督行政機關的公共政策與公共事務管理，以立法權、預算審查權與監督質詢權作為監督地方行政機關施政作為

的有效方式。

　　此制度之優點為：㈠地方立法與行政的制衡，可使政府不至於濫權，避免地方自治組織權力過於龐大，損害人民權益。㈡立法與行政機關有不同的職能與角色，可以發揮分工合作而又彼此相互監督的效果。㈢立法與行政機關以不同方式產生，可以發揮適才適所的功能，提升地方自治之管理效能。

　　然而，前述權力分立制之優點，完全繫乎理性而健康的權力運作與政黨政治文化，一旦欠缺此項條件，則此制就必然呈現出下列缺點：㈠地方立法與行政的相互牽制、相互杯葛，整個地方政府無法運作順暢，容易導致政策癱瘓、議事停擺；許多的爭議解決機制，由於程序複雜，且耗費時日與資源，很不容易有效化解雙方爭議，最後的苦果仍由人民負擔。㈡由於公共事務項目與人民需求日益繁雜，國際環境因素日益影響地方自治之運作，故地方行政權有日益膨脹趨勢，而地方議事機關則其角色有愈趨消極之趨勢，基此，行政與立法的分工合作其實只是一種理想。許多地方自治運作經驗顯示：地方立法機關每以爭取權益與預算為己任，地方行政機關則基於民意壓力而成為把關者，因而形成相互對立的氣氛，不易合作無間。㈢地方立法與行政產生的民意基礎不同，導致兩者之素質與視野有明顯差異，一般而言，地方行政首長由於民意基礎較地方議員來得大，故較能兼顧不同黨派與立場之民意取向，其政策視野亦較廣，但地方議員之素質則難以掌控，地方仕紳、派系領袖、黑道份子入主地方議會作威作福者時有所聞，而由於地方議員之選區較小，故往往囿於選區的狹隘觀點進行提案與法案的審查，其所反映的往往僅是部分選區的民意。

　　這種制度型態相當常見，各國地方自治組織中幾乎都可以找到此種型態，主要是因為基層地方自治以造福地方與建設基層為主，不需要太複雜的政治組織，臺北市長與日本東京都知事均屬之。以臺北市情況而言，臺北市長與臺北市議員各有其民意基礎，唯個別議員或在野黨議員的整體民意代表性遠不如臺北市長，故市長權力甚大，且其足以調動的市府組織與市政資源相當龐大，而議員的質詢權與法案或預算案審議權則幾乎只能「打嘴砲」而已，

故頗有「強勢市長制」之意味。日本東京府知事過去為官選方式，然而依據 1946 年東京都制之修正案與地方自治法規定，東京都知事改為公選（民選）制，由投票日前滿 18 歲、並在投票日 3 個月前擁有東京都戶籍的民眾選出，任期四年，可以不限次數連任。由於東京為日本首要都市，都會規模太大，市政表現幾乎影響各個層面，故都知事的連任表現往往成為通往中央執政的捷徑。

二、權力合一制

這是指地方行政權與立法權都集中於地方議會，故又稱權力集中制或權力一元制。地方議員均由人民選舉產生，具備相當的民意代表性，為了滿足民意需求，法律同時賦予人民意志的表述權與執行權，不再分別交由不同機關來掌理。一般而言，權力合一制可能將行政權與立法權完全交由地方議會負責，單一制的英國與聯邦制的美國地方政府最常出現此種型態；英國的地方制度採權力合一制，議會即是政府，政府即是議會，沒有地方自治行政機關，各級地方議會選舉市長或主席，以其為形式上的行政首長，所有權力來源均由議會決行之。因此，議會為地方自治的最高權力機關。美國的有些城市主張「專家行政」的「市經理制」，也有些城市主張「賢人共治」的委員會制，無論何種體制，立法權高於行政權則是共同特徵。

權力合一制的優點為：㈠立法與行政的結合，使得地方自治組織能夠充分反映民眾意見，地方政府的施政不至於與民意脫節。㈡立法與行政均由民意決定，因而不會發生地方立法與行政機關相互杯葛與牽制的問題，只會發生地方自治組織能否反映民意的問題，而其解決方法就是重新改選議會與重組新的執政團隊。㈢地方議會完全負責民意反映，執行機關則在議會指揮下，專心推動地方政務，不必過份理會其所不專長的政治，故兼具專業主義與專家政治的精神。

然而，此制度並非沒有缺點：㈠立法與行政的結合必須搭配健康理性與

以民為本的成熟政治文化，否則容易造成地方自治組織的濫權，地方政府官員利用立法權與行政權圖謀個人或團體私利，形成齷齪的地方分贓政治，損害人民權利。㈡權力合一制實施成功條件之一為必須具備高素質的地方議員，若當地議員之素質良莠不齊，議事能力低落，公共管理能力甚差，又以操弄地方政治與派系為樂，則不可能實現選賢與能的理想。㈢權力合一制下的行政權，究應如何建制與運作？各國之作法不同，差異頗大，實際上很難建構出比較理想的自治組織模式。許多地方自治學者頗為推崇的「市經理制」，若其如此成功，何以世界各國採用此制者並不多見？何以仍然僅限於美國若干地方政府？可見權力合一制足以呈現專家政治的理想，恐怕是言過其實的說法。

貳、美國地方自治組織

一、聯邦主義下的地方自治

聯邦制的美國係聯合各州而成立的聯邦政府，美國原為英屬北美洲各殖民地，至 1778 年獨立戰爭，十三個殖民地共同簽署邦聯協約 (Articles of Confederation)，在該協約中，各殖民地就改稱為州，並擁有州主權，故美國聯邦制的權力核心為州。1989 年美國憲法公佈施行後，由各州結合而成的邦聯，將屬於全國性的、跨州性事權交給一個高於各州的上級政府，進而形成聯邦政府 (federal government)，美國憲法中明確規定聯邦與州政府之間的分權關係，聯邦政府之權力來自州政府的授權，故美國憲法對於聯邦政府之權限採列舉方式；凡未列舉者，都由州政府保留行使。各州政府於憲法所規定之權力範圍內，對於行政機構的增設與裁減、公共政策的制定與執行，都有自主權限，故各州之權力甚大。

當我們研讀美國地方制度時，經常看到的字眼是州與地方政府 (state and local government)，顯然是將州政府與地方政府區隔出來，其實，各州政府對

其所屬地方政府擁有生殺大權，其存廢皆由各州憲所決定。雖然各州對於地方政府擁有如此龐大權力，但地方政府之設立係根據美憲第十次修正案 ❽ (Tenth Amendment to the United States Constitution)，故其具備公法人地位，不可等同視之，至於地方政府之實際運作權力則是由州議會依據州憲所授與的；地方政府之權力採列舉方式，在列舉事權範圍內，可以自行處理，州政府不予干涉，但未經列舉之事項，則無權處理，屬於州政府所有。

基此，美國政府制度分為三級：聯邦政府、州政府與地方政府，權力核心為州政府，但地方政府之下究竟分為幾級，並無一定的建制：㈠絕大多數的州都設有郡 (county)，50 州當中至少有 48 州採用這個地方政府名稱，除了路易斯安納州 (Louisiana) 稱為教區 (parishes) 與阿拉斯加州稱為市邑 (borough)。㈡在郡之下設置鎮邑 (township) 與自治市 (municipalities)：鎮邑政府主要是基於歷史傳統而從殖民時代一直流傳至今的政府層級，如米尼蘇達州 (Minnesota)、紐約州 (New York) 與威斯康辛州 (Wisconsin) 等，最具代表性的是：新英格蘭各州地區 ❾ (New England states)，當初是由於該州的郡政府太過弱勢，無法保障當地居民的財產與生命安全，遂組成凝聚力甚強的地方自治政府，所有地方事務均由民選的鎮民大會 (town meetings) 決定。

自治市政府主要是指人口集中的都會地區設立的地方自治組織，依人口密度多寡，包括市 (city)、鎮 (town)、市邑 (borough) 與村 (village)，人口多寡不一，差異甚大。

此外，還有基於特殊目的而成立的準地方自治團體，如村邑 (township)，或者為了提供消防、污水處理、交通或水資源服務等而成立的特別區 (special districts)；在許多州，校區 (school districts) 專門負責管轄該區公立國民小學、中學與高中之事，具有相當獨立的行政與財政權限。

極少數的州則僅有一個層級的地方政府，如夏威夷僅設郡；康乃狄克州

❽　此修正條文係屬美國人權法案的一部份，生效於 1791 年 12 月 15 日，主要說明美國憲法的聯邦主義的原則，凡未授權聯邦政府或未禁止州政府之權力，都由州政府或人民保留行使。

❾　這是指當初最早移民美國的東北角地方，目前包括六州：Maine, New Hampshire, Vermont, Massachusetts, Rhode Island, and Connecticut。

(Connecticut) 與羅德島 (Rhode Island) 的郡政府並沒有法定權力，而由市政府與鎮政府所取代。此外，不像聯邦與州政府之間的法定關係，自治市政府並沒有任何統治權力，除非是來自於各州的授權，這個法制傳統係由 1872 年狄倫 (J. F. Dillon) 法官，並於 1907 年最高法院所支持的歷史傳統，俗稱狄倫法則 (Dillon's Rule)，基此，各州政府可以根據州憲，選擇性地針對任何自治市政府設定任何限制，只要不違反州憲規定。

美國州政府由於轄區遼闊、人口眾多，實難與我國所稱的地方政府（直轄市、縣市政府）相比擬，故本章將不介紹州政府與州議會，而將重點放在地方政府中最重要的兩種組織型態：郡 (county) 與市 (city)，前者是鄉村地區的地方政府，後者則是出現於都會地區。

二、美國郡制概觀

美國地方自治頗富創造精神，在地方自治組織具有不少獨特的開創精神，故學者有謂美國地方自治組織像個地方自治制度的「實驗室」；在不同的地方生態考慮下，產生了不同的自治組織型態，頗難一概而論。

根據統計，美國至少有 3,142 郡，平均每州有 62 個郡，平均每郡人口為十萬人，人口最多的郡是加州的洛杉磯郡 (Los Angeles County, California)，約千萬人左右，人口最少的郡則可能少於百人。

郡的治理模式係採權力合一制，將行政、立法與司法集中於由人民選出來的郡政委員會 (county commission) 或郡議會 (county council or county legislature)，或稱監督委員會 (board of supervisors)；許多州的郡議會甚至還保留某種程度的司法權，稱為郡法院 (county court)，但這是歷史的產物，且目前司法職權已有回歸聯邦或州法院的趨勢 （薄慶玖，2006: 159–160）。某些郡，設有郡長 (county mayor)，多數州的郡長權力通常都是虛位的，也有少數州例外，其權力大於郡政委員會與監督委員會。

郡政委員會委員由民選產生，大部份皆為無給職，少數大郡則設置有給

職。郡政委員會的職權甚廣，依據州憲法及該會授權決定，可以決定郡內之公共事務，也有賦稅徵收權。各郡大多設置教育委員會主管該郡之教育事項；財政局局長通常兼代徵收州稅，並且撥付各種款項。郡政府的日常行政事務大都由郡經理 (county manager) 或行政長 (chief administrative officer) 督導執行，但必須向郡政委員會與郡長報告。

　　總之，美國郡制的特質為：

　　㈠**反映多元主義精神：**美國號稱是民族大熔爐的多元社會，這樣的多元社會特質充分反映在地方政府的制度設計上，郡制的複雜性與多元性，不免令人眼花撩亂，但深入其中，又覺得清晰脈絡可見；基本上，確定郡制地位是各州的共識，但有共識，必有例外，而此例外大都是受到殖民或立國初期等歷史傳統的文化影響。

　　㈡**地方政府的重心是郡制：**除了康州與羅德島以外，絕大多數的郡仍擁有實權，州政府對於郡制的設置雖有控制權，但必須依據美憲與州憲規定，且在法律規範內，郡仍具有相當之自主權；至於郡之下的自治市，必須經由法律授權，並沒有任何獨立的自治權力，而可能由市政府與鎮政府所取代。

　　㈢**治理機構大多採用委員會制：**首長制並沒有受到美國地方民眾的青睞，幾乎都採取委員會制度，郡政委員都由選舉產生，美國立國初期曾發生嚴重的「分贓制度」；但目前經由大眾傳播媒體的報導與輿論界的制衡已有大幅改善，雖仍不可免。為了處理日常複雜的行政事務，在郡政委員會之下大都設置郡經理或行政長，但須向郡政委員會負責。

　　㈣**立法與行政密切結合的權力合一制：**郡政委員會為合議制機構，雖然同時擁有行政、立法與司法權，但司法權受到相當限制，絕大部分權力都集中於行政權與立法權的整合上，這個權力合一制顯然是受到英國傳統制度的影響，與聯邦政府實施的立法與行政分立而制衡之運作機制可謂大相逕庭。郡政委員會擁有規則制訂權，但權力並不大，大都來自於州憲與州議會的合法授權，地方施政重點幾乎放在如何找尋適當的經理人，在委員會監督下，以專業主義精神透過公共政策，實踐民意需求與民眾福祉。

　　就此點來觀察我國縣制的運作，係採「權力分立制」，縣市長與議員分屬兩個不同的民意基礎，前者重視行政權的發揮，後者重視立法權的行使，各不相讓，加上臺灣黨派意識型態尖銳對立，地方行政權與立法權的衝突情況似有愈演愈烈之趨勢。從美國郡制運作經驗而言，居民最關心的是地方政府的運作是否能夠造福利民，立法機關可以充分反映民意趨向，行政機關則根據地方立法機關的民意趨向研擬政策方案並予以落實，故地方自治組織乃能全心全意以滿足民眾需求為志向，此與臺灣地方議員過度膨脹立法權的功能，聽從政黨的服從態度，以強化其政黨監督立場實有天壤之別，基此，臺灣地方在野黨扮演「牽制者」的制衡角色多於「輔助者」的造福角色，這是臺灣地方自治的弊病。

三、美國市制概觀

　　美國地方政府中的「市」是最經常被學者所提出討論的地方政府單元。市是擁有廣大人口的集中區域，具有特別行政、法律與歷史的自治團體地位。市的人口密度與規模通常都高於平均值，且人民謀生之土地與其居住之地點未必相鄰。由於人群聚集在一起，故產生許多交錯縱橫的公共事務，如衛生下水道、公用事業、土地利用、住宅與交通系統等，故通常市的公共設施都相當完善，當然市民必須繳高額的稅賦，以維持這些基礎設施的運作。

　　美國的市型態有非常多種，反映多元主義的色彩，號稱為全球化城市 (global city) 的紐約，乃是世界金融與商貿的重心，全世界各色人種的集中地，國際商業活動極其發達，市長必須以國際化觀點管理市政問題。在美國很多州的鎮與市的區別相當不易，某些州，任何被併入鎮內的區域都稱為市；在加州，鎮與市甚至被視為同義名詞。基此，當我們提到美國市制時，不能完全以我國的市制觀念加以對比，其型態相當多元而繁複，重點應該不是去瞭解不同市制型態為何，而是去瞭解有關市政治理組織模式究竟為何。

　　大約有八成以上的美國人居住在都市中或都市的郊區，都市居民的生活，

從警政到衛生、從教育到消防、從住宅到交通,都必須由地方政府所治理,可見一個有效率的市政府是非常重要的 ❿。美國的市大都由民選市長與市議會所治理,但市長與與議會之關係為何,可以分成下列幾種組織型態(Raymond, 1992: 708-709):

㈠市長制

這是指市的統治機關由民選的市長與議會分別治理,市議會負責地方法案與預決算的審議,市長則為行政首長,彼此權力分立而不相統屬,類似我國的縣(市)制,故係採權力分立制。市長制,乃是最古老,也是最普遍的一種組織型態;市議會由若干市議員所組成,可能民選產生,有時從選區加以遴選;至於市長則是民選產生,故其民意基礎甚強。市長為行政部門的最高領導者,主持市政會議,任命各局處首長,有時需要議會同意,絕大部分預算都需要經過議會審核通過。市長對於議會所通過的任何法案,若有覺得窒礙難行之處,可以行使覆議權。根據市長權力的大小又可分為下列兩種型態:

1.弱勢市長制

弱勢市長制的市長,其任命與撤銷官員職位的權限、覆議權受到議會相當的牽制,不少市府官員是民選產生,且委員會組織相當之多,市長幾乎無法控制,此外,議會具有更為廣泛的法定權力。弱勢市長制的組織架構中,選民為最高的決策者,負責選出稱職的議會與市長,議會為最高決策機關,內設警政消防、公園、公共工程、人事與計畫委員會,市長室設副市長,負責執行議會決議,下設書記、財政、審計、警察與財產評鑑等行政官員。總言之,弱勢市長制主要特徵在於:(1)選民直接選出多位的議員監督市政,換言之,係採用長票制 ⓫(long ballot);(2)議員必須充分回應選民需求;(3)議會

---

❿ Citymayor government, 2010/2/24, http://www.citymayors.com/usa/usa_locgov.html.

⓫ 某選區中,將所有政黨所提出的候選人與競選職位全部都印在同一張選票上的,稱為長票制;若僅列出主要政黨所提出的主要候選人與少數重要職位,則稱為短票制,我國選舉係採長票制。

制定政策；(4)民眾知悉誰應該為政策成敗負責；(5)強調政黨取向的投票；(6)議會控制行政。

弱勢市長制的優點在於：(1)市府的政策充分反應民眾的需求；(2)直接民主的充分體現；(3)類似英國地方政府的「小內閣制」的走向，強調議會的至高權力；(4)如果選民是成熟而理性的，則容易培養民主與負責的政治文化。

弱勢市長制的缺點為：(1)長票制中，有太多的候選人等著被選民圈選，選民不易知道哪一位議員才是最值得託付的；(2)強調政黨投票，政黨容易控制政府機關；(3)政黨控制，容易導致機器政治 (machine politics) 的弊病；(4)機器政治易被政黨幹部所控制；(5)機器政治可能產生賄選；(6)市長易受議會中多數議員之牽制；(7)市長如果兼任政黨領袖，可能擁有實質的權力。

2.強勢市長制

強勢市長制是美國最普遍的一種建制型態，市議會議員人數不等，每週開會一次，有立法權與預算審議權，但市長則擁有行政權與之對抗，兩者形成相互制衡的關係，由於市長的民意基礎較單一議員雄厚，故市長權力較議員為大，類似美國聯邦政府的總統制，故號稱為「小總統制」，也是與我國現制最為接近的制度設計。

強勢市長制可以任命與撤銷市府各局處首長，他是市政預算的籌備者，具有覆議權；也是最重要的政策制定者，甚至賦予處理日常市政業務的權力，市議會則擁有預算與一般政策的審核權、議案的同意權或市政績效的監督權。其特徵在於：(1)小型議會；(2)議會由各選區選舉產生；(3)市長亦由選舉產生；(4)市長有行政預算權；(5)市長有行政否決權；(6)市長任命各局處一級首長；(7)政黨政治的投票。

強勢市長制的組織架構，基本上係最符合我國各縣（市）政府的現況，由選民分別選出議員與市長，分別擁有各自的權力，相互對抗與制衡；市長綜理市政，為市府的首長，為有給職，設副市長、市政顧問委員會以備市長諮詢，另有市長辦公室，協助處理市長個人事務。市長之下通常設置公共工程、消防、財政、行政計畫、健康與社會福利、公園休閒、警政等。

強勢市長制的優點為：(1)如同聯邦政府，採取三權分立制；(2)強勢的行政領導制；(3)市長為政策領導者；(4)市長為政治領導者；(5)民眾知悉誰是負責提供市政服務的人；(6)民眾選出政務官、而非事務官，採短票制 (short ballot)。

強勢市長制的缺點為：(1)選民僅能在有限的候選人中進行選擇；(2)議會對於行政機關僅具有限的控制權；(3)市長對於市政的控制可能受到政治因素的影響。

(二)市委員會制

委員制是由至少三位，通常是五至七位的委員所組成的委員會治理整個市政，1901 年首創於德州，所有委員都是民選的，每位委員至少負責一個市政部門，委員互選產生一位委員長，通常就是市長，但他（她）並無其他多餘權力。委員會制盛行於南部各州，其主要特徵在於：㈠市政權力操在人數不多、規模較小之委員會，委員人數為三至七人，任期則為一至六年不等，由各委員分別掌理市政；㈡委員會由若干委員所組成，每位委員擔任某項市政功能，如公共安全、公共工程、財務、經濟與社區、健康福利等；㈢以大選區 ⑫ 選舉方式產生委員；㈣委員會必須以跨黨派的方式組成；㈤具有預算編制與執行權，但沒有行政上的否決權。

委員會制的組織架構中，最上層為選民，決定委員的人選；地方事務的最高決策機關為市政委員會，下設主任委員一人，由民眾直接選舉產生或由市政委員會相互推選產生，擔任市長之角色，另有四位委員分別負責社會福利、政策計畫、廢水處理、健康衛生與公共安全等，組織架構規模不算太大。

委員會制的優點為：㈠選民直接選舉專家負責市政的管理，可以落實選

---

⑫ 某個選區可以選出一位以上的議員稱為「大選區制」，若每個選區僅能選出一位議員者，則稱為「小選區制」，故大、小選區之差別不在於選區地理範圍，而是指議員產生的數目。我國立法委員過去採「大選區制」，後來發現弊端甚多，因為有些立委為求勝選，經常走極端的言論，俾集中選票達到勝選的門檻，從 2004 年第六屆立法委員選舉開始，已改為「小選區制」，每個選區僅選出一位最高票的候選人，如此一來，候選人必須吸引中間選民，就不容易出現極端型的候選人。

賢與能的精神；㈡黨派政治通常不會成為重要的政治議題；㈢選民可以根據每一委員之不同專長，進行全市性的投票。

委員會制的缺點為：㈠沒有行政與立法的分權概念，其實施要有歷史背景；㈡委員關切的議題為其自身專長的部門業務，而非整體市政業務，容易陷入專業盲點；㈢欠缺有效的制衡體系；㈣市長與其他委員的職權與任期無異，並沒有特別保障；㈤市長僅是該市的代表，沒有任何實質的政治權力。

㈢市經理制

市經理制 (city manager) 或議會經理制 (council-manager form) 乃是自治市政府中非常特別的組織型態。市議員由民選產生，雖然代表的選區利益不同，但卻擁有相同的權力，為了讓行政事務能夠推動順利，聘請市經理掌理市政的管理。市經理制大多由規模較小的市所採用，其主要特徵在於：㈠議會規模甚小；㈡市經理可以任命各局處一級首長；㈢強調跨黨派投票；㈣由市經理任命行政專家處理市政；㈤議會任命市經理；㈥市經理沒有行政否決權。

市經理制的組織架構規模相當類似於委員會制，組織架構的最上層仍為選民，選民直接選出議員，然後由議會推選出市長，市長之權力甚小，僅為市議會之主席及舉行典禮之代表；緊急狀況時可以指揮警察，維持治安。議會任命市經理，由他以企業管理精神經營市政，對議會負責。

市經理為推動市政勢必要選任自己信任的局處首長，通常有下列部門首長，包括：計畫、財務採購、公共工程與衛生、公共安全、公園休閒、社會福利等；這些局處首長不一定要設籍本市，且無固定任期，可以隨時依政績好壞與市經理之需要而撤換。

市經理制的優點為：㈠行政與政治的分離，故不易受到政治因素的影響；㈡市政由專家執行；㈢市經理的甄補標準為「能力」，而非「政治因素」；㈣議會制定政策，市經理執行政策。

市經理制的缺點：㈠選民不能親自選任市經理，僅能由議會選任；㈡選

民不能罷免市經理，僅能由議會罷免；㈢選民僅能選出少數的幾位議員；㈣市長與其他官員無異，沒有特殊地位；㈤市長僅擁有少數的權力，甚至是沒有任何權力。

四、結　語

從美國地方政府的組織架構來觀察，下列幾點是很有意義的：

㈠實施聯邦制的美國地方政府呈現出的多元化與異質性，頗多值得我國縣（市）政府參考之處；因此，撇開中央與地方權限的劃分不說，純就地方政府所扮演的角色與功能而言，美國確實堪稱地方自治的「實驗室」，其開創精神值得學習。

㈡美國地方政府的組織型態甚為多元，其組織型態與政治制度的運作有相當密切的關係；有些城市特別強調「議會至上」的弱勢市長制，有些城市特別強調「行政獨大」的強勢市長制，更有些城市主張「專家行政」的市經理制，也有些城市主張「賢人共治」的委員會制，究竟何種體制適合我國地方政府？應該撇開中央與地方分權不同的事實，從不同角度切入，吸收其建制優點，才能深得其中奧妙。

㈢美國地方政府的自治組織型態中，與臺灣比較接近者為「強勢市長制」，但我國由於政黨立場尖銳對立，從中央到地方，各黨議員意識型態的對峙成為地方公共事務管理過程中的重大障礙。由於黨派立場不同，容易導致市長與議會的僵持，但美國地方政府事務中，政黨力量相對式微，「建設地方」與「服務選民」反而成為重要決定因素，故市長之強勢與否主要是基於提升市政效率的考量，不太容易造成兩黨的對立。因此，我國的強勢市長制若能削弱政黨的牽制力量，讓市政建設與政策均回歸民意，則較容易產生此制度的正面效益。

參、英國地方政府之組織架構

一、權力合一制

　　英國政治情況相當複雜，一般我們所說的英國，其法制稱謂應該是：不列顛聯合王國 (United Kingdom of Great Britain)，該王國有其獨特的歷史發展過程，原先是英格蘭 (England) 與威爾斯 (Wales) 的結盟，1707 年蘇格蘭 (Scotland) 加入，形成實力更強大的聯合王國，1801 年愛爾蘭亦經國會同意加入聯合王國，但部分異議人士則主張其自治領地位，形成特殊的北愛爾蘭共和國 (Northern Ireland)。

　　英國是單一制的國家 (unitary state)，中央政府具有至高無上的權力，地方政府的任何權力都必須得到國會（巴力門）的授權，此與實施聯邦制的美國是不相同的 (McNaughton, 1998)。英國的地方制度採權力合一制，即行政權與立法權合一的制度，議會即是政府，政府即是議會，沒有地方自治行政機關，各級地方議會選舉市長或主席，以其為形式上的行政首長，所有權力來源均由議會決行之。因此，議會為地方自治的最高權力機關。正因如此，英國地方議會的功能不在於消極的權力制衡，而在於積極的興利建設，故議員之素質遠非我國的地方議員所可比擬。各級地方議會，每年舉行會議四次，僅討論政策性的議案，實際行政工作則由其所設置的各種委員會來執行。

二、地方自治層級

　　英國現行的地方自治，雖然淵源甚早，大約是中古世紀，但長期以來變化甚少，一直到十九世紀。英格蘭與威爾斯地方政府分為縣 (counties)、市 (boroughs) 與鄉 (parishes)，大部分的功能都表現在市與鄉，市與鄉彼此不相統屬，歷史上其內部組織結構少有變化，一直到工業革命之後，為因應社會

變化，公共事務日趨繁複，組織結構亦相應調整。

　　英國的縣可以分為都會縣與非都會縣 (metropolitan and non-metropolitan counties)，在英格蘭，這兩種縣乃是大倫敦地區以外的地方政府層級，均包括許多的行政區、縣議會負責當地的教育、緊急服務、計畫、交通、環境保護或其他社會福利服務。1980s and 1990s 後，取消縣議會的建制，每一行政區擁有單一權力 (unitary authority)。1974 年後，該兩縣都被行政縣 (administrative counties) 與縣轄市 (county boroughs) 所取代。

　　英國的縣，其人口多寡與境域的大小差異甚大，有一百平方英里以下者，亦有多達二千五百平方英里者；人口之差距亦復如此。縣統治權大都操在縣議會之手，並未另外設置縣政府的機關，換言之，縣議會就是縣的地方自治之主體；因此，它是立法與行政權合一的縣制，其權力之大可以想見。

　　縣議會之職責主要是決定自治行政的方針與政策，決定預算，立法等；此外，可以監督縣級以下之行政組織的工作。縣議會主管警政、消防、消費者保護、國家公園、教育等都是重要的事項。為執行這些功能，縣議會聘任常任文官，負責執行日常業務，但所聘人員注重其能力、操守與資格，而不問其政治背景，這是值得肯定之處。

　　區為縣以下的轄區，計分為兩種：一為城區 (urban district)，一為鄉區 (rural district)，兩者之人口與面積多寡不一，均設區議會 (district council)。區議會設主席一人，議員由選民直接選舉產生，任期三年，每年改選三分之一，不設參議員。區主要是負責國宅之提供與管理，另尚有建築物之管理、空氣污染防治、排水道之鋪設、興建公廁與市場、海岸防衛以及教育。

　　鄉為地方自治的最基層組織，每鄉設鄉民大會，但人口如超過三百人以上者得設鄉議會，鄉議員之人數五至十五人不等，任期為三年，任滿全部改選。鄉議會之職權為管理人行道、村財產、草地、飲水供給、墓地、休憩場所等。

　　英國的市可分為兩種：一為縣轄市 (county borough)，另一為自治市 (municipal borough)；自治市的最高權力機構為市議會，由市長一人及市議

員、參議員若干人組成，市議員由民眾直接選舉，參議員則間接選舉產生。市議會有行政權與立法權，得制定單行法規、議定地方賦稅、表決地方預算；並得任命行政官吏，其功能大抵與縣議會相同。市長為榮譽職，在職權上與議員無異，只有議決權，並無美國市長制的實權。

在實際公共事務的執行上，英國地方政府的公共事務相當重視「公共衛生」，包括溝渠的建設、廢物的處理、醫院、公園等事項，故其組織功能最為健全。教育方面也是一個重點，市議會辦理初等教育，縣議會則辦理高等教育，均設置教育委員會，聘請專家主其事，此外應聽從中央教育單位的指示。社會安全業務也是重要業務，大都由保護局 (board of guardians) 負責，進行貧困事業的管理。道路的建設，經費來源大都是中央政府，約佔 75%，但地方性道路則由地方稅抵補。警察業務，各地均設有警察局負責該地區的治安業務，其經費部份由地方稅籌抵，另一部份則由中央政府撥款補助。

三、縣議會

英國的地方議會中，最重要的自治議事機關為縣議會 (county council)，英格蘭與威爾斯的縣議會，具有治理該縣事務之功能，英格蘭縣議會係於 1889 年 9 月 22 日，依據 1888 年地方政府法 (Local Government Act 1888) 而設立，後來 1889 年蘇格蘭地方政府法、1898 年愛爾蘭地方政府法都相繼制定，縣議會遂成為英國最普遍的地方自治制度單元。縣議會管轄的區域大都涵蓋行政縣 (administrative counties)，下設較小的城區議會 (urban district councils) 與鄉區議會 (rural district councils) 之城鄉事務，各司其職，故其管轄職能較為寬廣，需以策略眼光處理當地事務。隨著地方事務的日益發達，特別是 1902 年縣議會被賦予教育事務的管理，縣議會之地位已經是英國地方自治的重要基石。

其實縣議會並非無所不在，縣轄市 (county boroughs) 是獨立於縣議會的地方政府單元，同時負責縣轄市議會與城鄉議會的事務。1974 年，英格蘭與

威爾斯進行改革，縣轄市層級被取消，除了大倫敦地區外，大都改為二級制的地方政府單元：縣議會與城鄉區議會。1986 年大倫敦地區議會 (the Greater London Council) 與六個都會縣議會相繼被裁撤，其職能轉由都會市所掌理 (metropolitan boroughs)。1996 年，威爾斯亦從事另外一項有關地方政府的改革，將前述二級制政府改為單一制政府，由中央政府行使完整的統合權 (unitary authority)。1990 年代，英格蘭重新進行政府再造，改為由市或區行使統合權。

英國的縣議會議員，由人民直接選舉，任期四年，任期屆滿後，可能全部改選，亦可能先改選四分之三，或者改選其中的三分之一，最近則採半數制 (by halves system)，每兩年改選一半。

英國地方選舉，在縣議會可劃分為若干大選區，在城鄉區議會則稱為中選區，中選區可選出若干議員，議員數目並未有一定標準，故若干中選區可能僅有一位議員，成為小選區，直到 2003 年地方政府法的修正，才禁止多席次選區的出現。地方議員之選舉，候選人以得票數多者當選，換言之，採行多席次多元系統 (multi-member plurality system)，並不實施比例代表制，這樣的選舉制度對於小黨顯然不利，但短期間內似無修正之可能。

縣議會負責執行繁複的公共事務功能，從教育、社會福利、高速公路、消防、圖書、垃圾處理、消費者保護與城鄉規劃等，故須龐大的行政幕僚。直至 1990 年代尚有餘力經營進修教育大學 (Colleges of Further Education) 與生涯服務 (the Careers Services)，後來亦將高速公路、學校午餐與清潔等外包給民間處理。

地方議會由於同時具備行政與立法功能，故在議會內部必須設置委員會或小組委員會 (committees or subcommittees)，議員的重要地位通常由他所主持的委員會而決定。2000 年，英國國會通過地方政府法修正條款 (Local Government Act 2000)，要求議會必須朝向以執行長為基礎的系統 (executive-based system)，一則由議會議長及其內閣代表行政權，或者從議員中直接選出一位市長，並組成內閣；或者直接選出市長與市經理，但人口少

於 85,000 人的較小之城鄉區議會約 52 個，可以採取修正的委員會制度。目前有十二位直接選舉產生的市長，多數市長都是獨立的，扮演監督與指揮市政功能。 為了處理日常行政事務， 議會都設置執行長 (Chief Executive Officer) 負責所有公共事務的決策與執行，執行長之權責相對於美國的市經理制，權力削弱甚多。

鑒於多層級政府的弊病，縣議會亦著手縮短地方政府層級，改為單一制，由一個層級政府負擔所有地方事務功能，希望未來能將「縣」這個字在英國地方政府層級中消逝，但並不適用於所有的縣，例如人口稠密的英格蘭東南地區，就不可能輕易改變。蘇格蘭的地方政府改革始於 1975 年，亦與英格蘭與威爾斯相似，設置類似縣議會的組織，稱為區域議會 (regional councils)，下設城鄉議會，1996 年進一步從事組織重組，將區域議會與城鄉議會整合成為 32 個單一議會。愛爾蘭共和國仍維持縣議會的名稱，但其職能已較其他地區更大，已吸納鄉區議會的功能。

英國中央政府對地方政府的監督主要是立法監督，特別是 1972 年地方政府法 (Local Government Act 1972) 的訂頒更具重要意義 ; 大倫敦地區則適用 1963 年的倫敦政府法 (London Government Act 1963)。此外，中央政府亦多以普通法 (general act) 的方式控制地方政府之權力，例如，公共衛生法、教育法、救貧法 (the Poor Act) 都載明中央對於地方的授權範圍與事項。如果地方政府為因地制宜， 希望增加某些事項的權限， 則可要求國會通過私法案 (private act)，國會相當尊重行政機關之意見，如果行政機關審查之後認為沒有問題，國會通常都會照案通過。

四、縣議會的資深議員制

議會特殊之處在於議員除一般民選外， 亦可以由聲譽卓著的公正人士 (freemen) 或資深孚望人士 (aldermen) 出任，資深孚望人士本來是指地方資深法官而言，後來是指議會所屬轄區中比較資深且具威望者。根據 1835 年都會

改革法 (Municipal Reform Act 1835)，在英格蘭、威爾斯與愛爾蘭的都會市中，可由議員與資深者共同組成都會議會，該資深人士並非由選民直接選舉產生，而係由議員間接選舉，任期六年，該制度最後於 1974 年，依 1972 年地方政府法而裁撤。目前僅有北愛爾蘭仍維持該制度，且其名額多達四分之一，但大都是一種榮譽職；大倫敦市議會亦有資深人士，但由人民直接選舉產生。

若干學者曾從該資深議員係由間接選舉產生而視為「參議員」，因而誤將英國地方議會視為與美國國會一樣的「兩院制」，實則從權力結構而言，實不能視為兩院制，一方面資深議員候選人並不限定為民選議員，社會各界賢才亦能透過議員遴選成為資深議員，故能廣納各界菁英，服務公職。其次，英國地方議會並無參議院之設計，故並非是地方議會的第二院。

五、結　語

從前述的分析可以得到下列幾點結論：

㈠英國地方自治與臺灣相距甚遠，「小內閣制」的走向，議會是最高的權力機關，充分反映出英國民眾成熟的政黨政治與政治文化，這與我國政黨政治的現況是大相逕庭的。

㈡英國的議會素質甚高，充分反應民眾需求，負責積極的「興利事業」，但我國的議會則執行消極的「制衡功能」，兩者在公共事務表現上的差距豈止是天淵之別？

㈢英國地方政府的層級曾經是三級制、兩級制，但目前則有走向一級制的趨勢，特別是最近的地方政府改革經驗顯示，簡化政府層級似乎是一種發展趨勢。不過，實際的改革行動上，又不見得成功。

㈣英國地方政府經常從事水平式的整合，凡是行政區域劃分不適當的層級，往往透過行政部門的評估、國會的立法予以整併，以減少地方政府彼此之間的差異。

㈤英國是單一制的國家，中央政府擁有至高無上的權力，地方政府所有的權力都來自於中央的授權，儘管如此，近年來的改革趨勢為加強地方政府的自主功能，提高地方政府的自主性。

肆、日本地方自治組織

一、地方自治制度的演進

當代日本地方自治制度之淵源甚早，早於 1889 年明治天皇所頒行的明治憲法，又名大日本帝國憲法，就力行明治維新，改革行政體制和國家機關，確認市町村制為基層地方自治單位，並且分別舉行直接選舉，組成市町村議會、市町村長，此為日本地方自治制度的濫觴。

二次戰後，通過《日本國憲法》，第 92 條規定：「關於地方公共團體的組織和運營，須根據地方自治的宗旨由法律規定之」，1947 年 4 月 17 日，通過《地方自治法》，確立地方公共團體為獨立於中央政府的公法人地位。雖然通過《地方自治法》，但日本採行的中央集權制度，使得地方公共團體的自主權小，處處受制於中央政府的控制；以行政業務的負擔而論，中央與地方業務比例約為三比七，但以稅收分配制度而言，卻為七比三，地方財源始終不足，造成地方政府的反彈。而地方自治團體經過多年來的實際運作，逐漸形成地方特色，地方自主意識遂逐漸高漲，因而加強地方分權的改革聲浪甚囂塵上。

為推動地方制度改革，日本中央政府遂於 1995 年制定「地方分權推進法」，並於總理府下設置「地方分權推進委員會」，作為推動地方分權計畫的專責機構；其主要改革要點為：㈠廢止中央政府機關對地方之委任事務制度；㈡建立中央與地方新關係的調整機制，設置仲裁糾紛的「第三者機關」；㈢檢討財政補助制度與地方自主財源；㈣檢討地方事務官制度與中央派出機關之設置；㈤檢討地方交付稅制及地方債許可制（行政院研考會，1997: 19）。

二、地方公共團體類型

1947 年 4 月 17 日，日本政府通過的《地方自治法》第 1 條規定：地方公共團體係以謀求增進居民福利為基礎，以廣泛擔負自主性、綜合性、地域性行政為任務。一般而言，日本地方自治可分為「普通地方公共團體」和「特別地方公共團體」：

㈠普通地方公共團體

日本政府制度分為中央——都道府縣——市町村特別區三級。故所謂普通地方自治團體係指由都道府縣和市町村等地方自治體所構成的地方自治型態。都道府縣對市町村特別區具有補充、支援及發揮跨市町村界限的廣域功能，故為一種廣域的地方自治體。都道府縣介於中央與市町村特別區之間，屬於廣域的地域團體，負責廣域的公共事務、有關市町村的聯絡調整事項，以及不適合於市町村處理的事項。目前共有一都（東京都），一道（北海道），二府（京都與大阪），43 縣，總計四十七個（行政院研考會，1997: 9）。都道府縣與市町村分別作為廣域的和最基礎的地方公共團體，各自扮演不同的功能，它們之間並不存在上下隸屬關係，乃是對等的權利主體。

日本的一級行政區劃單位固然為都道府縣，但因部份市人口較多，在當地影響力較大，故被指定為政令指定都市、中核市、特例市。政令指定都市是依《地方自治法》第 252 條第 19 款，由政府行政命令指定人口超過 50 萬以上的城市。2007 年（平成 19 年）4 月 1 日至今，全日本共有 17 個政令指定都市。中核市自 1996 年開始實施，可擁有較一般城市及特例市更多原本屬於都道府縣的權限，但權限少於政令指定都市。當城市人口超過 30 萬人，並經市議會及所屬都道府縣議會之議決，可被指定為中核市；2006 年以前，原本還有規定城市面積須大於 100 平方公里，但現已刪去此要件。特例市為日本的一種城市行政制度，自 2000 年開始實施。可擁有較一般城市更多原本屬

於都道府縣的權限，但權限少於中核市。當城市人口超過 20 萬人，並經市議會及所屬都道府縣議會之議決，可被指定為特例市。

都道府縣下的二級行政區劃為市町村，此外還有縣、支廳、區、特別區等行政單位。市町村為最基層的地方公共團體，從有關居民登記、戶籍處理，到公共設施與道路興建的建設，皆係其權限範圍內，實為地方自治的基石。

都道府縣與市町村之間，具有下列制度上之差異：

1.前者包括市町村之廣大區域之地方公共團體負責處理所謂的廣域行政、統一行政、調整行政與補充行政事務；至於市町村乃是最基層的地方公共團體，處理的乃是都道府縣以外的公共事務。

2.市町村不得違反都道府縣條例而處理其事務，故有關市町村行政事務條例若違反都道府縣者無效。

3.由於都道府縣與市町村之地位與功能不同，故自治議事機關之組成，如議員人數、選區大小、選舉管理委員會委員人數等都有所差異。

㈡特別地方公共團體

日本自治法中規定特別區、財產區、地方公共團體組合、地方開發事業團體四種團體，它們具有專門性、限定性的特徵。依據日本自治法第 238 條規定：四者皆是都之下的地方自治團體，東京都區部為日本東京都東部一個由 23 個特別區所構成的地域，一般習稱東京特別區，相當於歷史上東京市這行政區的涵蓋地區，總面積為 621.97 平方公里。

財產區依據自治法第 294 條規定，主要職責是對於市町村及特別區的廢置分合或變更時，對其原有的財產或公共設施進行管理、處置。財產區主要是傳統的（或新形成的）因共同擁有山林、溫泉等自然村落所在的區域，一般無常設機構。

地方公共團體組合通常由數個普通地方公共團體設立，具有法人資格，有議事機構和執行機構，根據所涉及事務的數量、區域、性質等，通常分為一部事務組合、廣域聯合、全部事務組合和市町村政府事務組合等四種。

地方開發事業團通常是兩個以上的普通地方公共團體，為了在更廣泛的區域內著手開發事業，如建住宅、港灣、道路等而聯手設立的團體是具有法人資格的組織，一般設理事會。由上可知，特別區和財產區均為普通地方公共團體的一部分，具有普通地方公共團體的性質。地方公共團體組合和地方開發事業團則是由若干個普通地方公共團體所設立的（行政院研考會，1997）。

日本特別地方公共團體中，最值得注意者為地方公共團體組合中的一部事務組合（目前共有 2,830 個）或廣域聯合（目前僅有一個）的設置，對於各市町村難以單獨處理的公共事務，或必須以聯合處理效率更高的業務，例如，污水處理、垃圾處理、消防安全、中小學校、農業互助等，這些行政業務對於我國地方政府推動公共事務動輒遭到民眾抗爭而停擺，頗具參考價值（行政院研考會，1997: 18-20）。事實上，所謂一部事務組合，即若干普通地方公共團體（如市町村）透過建立組合的方式，共同辦理一件由單個市町村所難以辦好的公共事務。廣域聯合、全部事務組合和市町村政府事務組合除涉及市町村數、事務數量及性質不同外，組合形式大致相同。在現實生活中，日本地方公共團體組合基本上都是一部事務組合，主要存在於市町村。

三、日本自治行政機關的組織與功能

地方自治團體的行政機關首長為都道府縣知事、市町村長，負責執行議會所通過的決議；首長係由民選產生，任期四年；為處理首長權限範圍內的公共事務，府內必須要有輔助機構，於是設置副知事一至三人，助役（相當於秘書）、出納長、收入役及其他職員，其他尚有總務、民生、教育、經濟、土木、農林及警察等，所有職責均由知事提請議會同意任命之。

作為地方自治團體的行政首長，統轄所屬行政事務，具有提案權、預算編列與執行權、規則制定權、行政不服審查的決定權；並且指揮所屬，具有廣泛的人事權與指揮監督權，以確保行政業務的安定與統一。

　　日本都道府縣的行政特色在於：地方自治權力甚大，在法令範圍內可以完全自行決定地方自治事務；而上級主管機關僅能進行審查核定，選任臨時議員決定訴願或許人民申請異議。日本都道府縣以下的行政組織為市町村，各設市町村議會，議員人數各依人口多寡決定，行政權限大體與都道府縣知事相同。

　　日本東京都之下設特別區，原則上適用市的規定，自 1974 年區長民選制復活之後，與市幾乎已無任何差異，目前共有 23 個特別區。區政府之組織架構為何？除區長之外，另設助役為副區長、收入役，其所屬機構包括：企畫部、總務部、區民部、產業部、福祉部、高齡福祉部、環境保健部、土木部、建築部、都市整備部等，另設教育、選舉管理、監察委員會。部之下設課，每一部至少包括三課以上，如產業部下設產業計畫課、產業振興課、觀光課等，組織架構的規模較小。日本的特別區採三層決行：區長──部長──課長，少了局長這一層級，頗與我國縣（市）政府類似。

　　市町村的建制，主要係基於人口規模、住宅密集度、產業結構、基礎設施的完善度來劃分；因此，彼此之間的差異甚大，有人口多達三百萬的橫濱市到人口不滿二百人的東京都青島村，面積的差異亦然。以日本橫濱市政府的組織架構而言，其規模相當龐大，市長之下設助役（副市長）、收入役（財務負責人），所屬機關包括：總務局、企畫局、財政局、市民局、福祉局、衛生局、環境保全局、環境事業局、經濟局、綠政局、都市計畫局、道路局、下水道局、港灣局、建築局、橫濱市立大學事務局、區役所、消防局、水道局、交通局等機關，另設獨立的教育、選舉管理、人事、監察、農業與固定資產評估審查委員會等。

四、結　語

　　日本地方自治團體的運作係建立在民主性、責任明確化、效率化與公正四個原則之上；一般而言，日本地方自治團體具有下列特徵（許宗力等，

1995)：

㈠**組織劃一**：地方自治團體的人口不一，有多達一千萬者，亦有少至數千人者；團體型態不一，有都市型者，也有農村型者，儘管如此，其基本結構皆由 1947 年地方自治法統一規定，在法律授權範圍內，可以享有地方自主權，確立地方自治的法制基礎。

㈡**首長制**：行政首長負責綜理地方事務，由地區民眾直接選舉產生，直接對民眾負責；採權力分立制，議會可對首長提出不信任決議，但首長可藉議會解散權，以資因應。

㈢**兼採行政委員會制**：為使若干公共事務保持獨立性與公正性，特別成立獨立於首長之外的教育委員會、選舉委員會及人事委員會；都道府縣教育委員會的委員長，其任命須經文部大臣同意，而市町村教育委員會的委員長，其任命須經都道府縣教育委員會同意。如教育、選舉、人事、監察、農業與固定資產評估審查委員會等都是常設的行政委員會，這種組織型態的最大優點在於確實可以保持行政中立性，避免成為政治的犧牲品。

㈣**跨域治理機制**：日本地方公共團體中，最值得注意者為「一部事務組合」或「廣域聯合」的設置，主要係負責各市町村難以單獨處理，或必須以聯合處理效率更高的業務，例如，污水處理、垃圾處理、消防安全、中小學校、農業互助等，該制度對於我國縣（市）政府推動公共事務動輒遭到民眾抗爭而停擺，頗具參考價值。

✎ 自我評量

1. 何謂權力合一制與權力分立制，各有何優缺點？我國縣（市）政府是屬於那一種制度？

2. 臺北市長與臺北市議會之關係究竟是屬於「權力合一制」或「權力分立制」？

3. 請說明美國郡制的特徵，其與臺灣的縣制有何不同？

4.美國郡制的治理組織與運作模式為何？請說明之。

5.請解釋市長制、市經理制、市委員制的特徵及其優缺點。

6.何謂強勢市長制與弱勢市長制？高雄市長是屬於哪一種制度？

7.或謂市經理制是值得學習之地方制度，您認為如何？究竟此制度有何優點值得我們學習？運用在我國可能的限制為何？

8.英國的政府制度是屬於何種制度？其地方自治有何特徵？

9.英國地方自治係以議會為主體，請說明其特徵。

10.日本的地方自治制度之演進過程為何？有何特徵？

11.日本地方公共團體可分為哪些類型？可否舉例說明之。

12.何謂特殊地方公共團體？何謂部分事務合作社？後者對於我國處理跨縣市的公共事務問題，如焚化爐有何啟示？

13.日本自治行政機關的組織與功能為何？

歷屆考題

1.英、法兩國之地方分權型態各有不同，如何加以區分？請舉例說明之。（106年公務人員高等考試三級考試）

2.何謂強市長制？有謂臺北市與東京都均屬強市長制，是否如此？請依二者的職權比較說明其間異同。（103年特種考試地方政府公務人員考試）

3.何謂美國市憲章制 (City Charter)？並說明市憲章制可分為哪些類型及內容。（100年公務人員高等考試三級考試）

4.何謂市長議會制？市委員制？市經理制？我國現行地方政府採行何制？引進市經理制的可行性如何？試分別論述之。（100年公務人員升官等考試、關務人員升官等考試）

第四章

地方政府管理與治理

第一節　地方治理與地方自治

壹、地方治理的崛起

　　近年來，在地方政府研究領域中，地方治理概念的應用相當普遍，幾乎等同於地方政府的代名詞，誠如 Richards and Smith (2002: 15) 指出的：當代中央與地方關係的研究必須反映從「政府時代」到「治理時代」的趨勢。英國學者 Laffin (2009: 1–2) 指出：英國中央與地方政府關係雖曾是一個普遍被輕忽的研究課題，且多數的地方政府研究幾乎集中於地方層次的政治與制度變革，但近年來隨著治理概念的崛起，已經改變了地方政府的研究重點，學者期盼透過地方治理的研究，以掌握非地方政府因素與政府行動者彼此互動下的地方決策過程與後果。他並指出：戰後英國福利國家體制的社會福利政策係立基於中央政府與大官僚機構 (large bureaucracies) 的角色，目前由於金融危機與經濟蕭條而逐漸重視非國家機構的影響力與多元行動者的互動關係，以至於形成多層次的組織關係。如此類似的看法，在西方相關學者的研究中可謂俯拾即是，如 Twining (1998: 138) 指陳的，目前地方政府的經營模式已經走上以非國家機關行動者 (non-state actors) 為主體的新多邊主義 (new multilateralism)，以取代以傳統國家機關行動者為中心的舊多邊主義 (old multilateralism)。Peou (1998: 439) 認為過去是國家中心主義 (state-centrism)，但在充滿不確性的環境中，近年來則重視多元中心主義 (multicentrism)；

Woods (1999: 39-61) 認為過去強調以國家為中心的組織 (state-centered organizations) 作為實踐善政的工具，目前則以多邊性組織 (multilateral organizations) 追求善政目標。

長期以來，西方福利國家體制就一直反映強中心 (strong center) 的觀點，中央政府透過分而治之的策略 (divide-and-rule strategy)，透過地方政府制度的分殊化安排，中央政府對於地方政府擁有支配性的統治權，從而更加強了中央政府的強中心地位。然而，地方治理研究的出現卻正好反映出弱中心 (weak center) 時代的來臨，中央政府已經無法掌控地方民主與地方民眾的需求，形成一個弱中心的現象，甚至成為一個空洞國家 (hollow government)，Rhodes (1986: 667) 的看法正好是這項命題的典型代表，他認為：英國政府制度的分殊化與多元化已經侵蝕了中央政府的統治權，目前英國的中央政府機關不過是由政府與社會行動者所構成的組織間網絡之集合體，並未具備傳統主權權威，足以操控或管制網絡行動者及該網絡的進行。中央政府面對自我組成、對抗中央的地方政策網絡終於失去其控制權，究其原因乃是地方治理概念的崛起，徹底轉變了中央與地方的垂直關係。不過，若干學者，如 Marsh, Richards & Smith (2001, 2003) 雖然同意地方治理的崛起確實造成中央政府失去若干直接控制權 (direct control)，但中央政府卻以不同形式嘗試爭取更有效的控制力量 (effective control)，俾使其在府際網絡中擁有不對稱的權力 (asymmetric power)，維持優勢支配權，多層次治理 (multi-level governance) 就成為其重要主張，在不同的地域範疇中，各種不同層級的政府，宛如蜂巢式政府組織進行連續性的協商與互動，甚至形成一個多元中心 (polycentrism) 的組織體。後來 Capano, Rayner and Zito (2012) 就從英國、德國與加拿大的跨國比較觀點，針對環境、教育與森林政策之多層次治理嘗試建立一個宏觀的地方治理架構。

在歐盟發展過程中，歐盟理事會一直苦惱於歐盟與各會員國之間如何維持適當而無爭議的權能劃分?為了有效協調各成員國與歐盟之間的權能配置，輔助性原則 (principle of subsidiarity) 成為關鍵的憲法性基本原則。就法律意

涵而言，係指基於協助 (subsidiary or auxiliary) 的地位，補充或加強主要行動或責任，並非是採取強制性的地位，亦非侷限於財政補助的狹隘概念。

輔助原則是指在一個社會中直接影響人民生活之決定，原則上應由最接近個人的小單位來做，只有在他們做得不夠好時，才由大單位接手加以協助，輔助性原則之目的是：在維持效率前提下，確保由最低層級、最能貼近民意的單位來推行政策。輔助原則的精神以個人為主體，尊重個體之自主與責任，用以保障個人自由（王玉葉，2000: 6）

貳、地方治理的意義

關於地方治理的意義，乃是一個非常廣泛的概念，學者定義浩如煙海，各云其是，它是指地方政府層級的集體行動之形成與執行。本文從兩個國際組織——聯合國環境規劃署 (UNEP) 與世界銀行 (WB) 對於地方治理的定義，澄清地方治理的核心概念。

一、聯合國環境規劃署的定義

聯合國環境規劃署 (UNEP) OSLO 治理研究中心 (OSLO Governance Centre) 指出：過去十年間，民主地方治理 (democratic local governance) 成為地方發展途徑的一部份，並為分權化改革與地方政府能力的建立提供一個合理化的論證依據。良好地方治理意味著地方施政與地方公共服務的提供具備高品質、高效果與高效率的水準；也意味著地方公共決策制定程序具備高品質、包容性、透明度與課責性。地方治理通常係指地方政府在地方治理結構中是構成制度建立的基礎，此外，尚包括政府的與非政府的制度、機制與過程，使得公共財或勞務得以順利地提供給民眾，以滿足其需求。基本上，聯合國環境規劃署對於地方治理的核心概念比較重視分權化 (decentralization) 的觀點，有時候甚至將之視為地方治理的同義名詞，並且被該署視為放諸四

海而皆準的普世原則 (universal principles)，因而特別強調必須建立一個友善
發展的分權化治理 (development-friendly decentralized governance)，以確保貧
民、女性等弱勢團體的聲音能在地方政府決策過程中被重視與被關心（丘昌
泰，2014）。

　　分權化的原則必須整合治理與民主、代議士民主與參與式民主的觀念，
要求地方權威機關、民選官員與民意代表均應秉持有效的分權原則，將治理
課責、政策管理、決策權威與充分資源之權力分散於各地方政府，才能創造
永續的地方治理發展，該分權化原則之內涵如下：㈠分權化過程必須加強能
力建立與制度改革，以提升地方權威機關的執行能力。㈡透過公民包容與授
能所建立的民眾參與，必須成為決策制訂、執行與追蹤的潛在規則。㈢地方
權威機關必須確保公民社會中不同的選民團體應能參與其社區的發展。㈣無
歧視原則 (The principle of non-discrimination) 應適用於中央與區域政府、地方
權威機關與公民社會組織之間所有的夥伴。㈤管理公共事務的公民代表應該
被不同政策過程中不同程度之民眾參與予以強化。㈥為了加強公民涉入
(civil engagement)，地方權威機關應該採取新的參與形式，如社區委員會、電
子化民主、參與式預算 (participatory budgeting)、公民創制與複決等。㈦資訊
與文件必須公開，且公民必須擁有完整的權力參與這些文件與資訊的決策過
程（丘昌泰，2014）。

　　聯合國環境規劃署為了評鑑各國地方治理能力，其所設計的評鑑指標包
括四個構面：㈠分權化指標：主要係衡量地方政府在財政、立法與行政的分
權化程度。㈡地方治理評鑑指標：係指政治體系是否採取選舉、重視人權程
度、法治、公民社會、資訊自由度等、地方制度運作議題（如貪腐、採購、
公共行政、財務管理）、社會互動議題（如政策過程、預算過程、性別主流
化、服務提供等）與環境經營環境。㈢地方民主指標：地方民主必須展現參
與民主與代議民主的雙重特質，是否舉行定期的選舉？多數決、少數與反對
團體影響公共政策的權力、民權與政治權利為何？㈣地方政府與地方政府績
效指標：地方政府在服務提供、收支方面的產出與結果，衡量地方政府績效

指標，應該包括：能量、品質、效率與結果。

　　在該署的附錄中列出了二十二種評鑑地方治理能力的指標來源，其中南非民主研究所 (The Institute for Democracy in Southern Africa, IDASA) 與荷蘭發展組織 (Netherlands Development Organization, SNV) 協力組成的衝擊聯盟 (Impact Alliance)，曾提出著名的地方治理氣壓計 (Local Governance Barometer, LGB) ❶，包括：㈠效果 (Effectiveness)：如領導力、財務資源的管理效果等。㈡透明與法治 (Transparency and Rule of Law)：如腐化程度、資訊公開與接近程度等。㈢課責性 (Accountability)：係指政府回應性程度、權力制衡等。㈣參與和公民涉入 (Participation and civic engagement)：包括民主參與的制度安排、公民參與管道等。㈤公平 (Equity)：係指平等機會可以分享基本服務、權力、資源等。

　　綜合上述，聯合國環境規劃署對於地方治理核心概念的界定可歸納如下：㈠分權化：強調中央政府對於地方政府的行政權、立法權與財政權予以制度上的尊重與保障。㈡參與性：該署非常重視地方民眾參與地方治理決策過程，亦強調地方治理的民主性質，地方民主成為衡量地方治理指標關鍵的參考指標。㈢課責性：強調政府對於公民必須負起政治、行政與法律責任，以回應民意需求。㈣透明性：強調資訊公開與透明，民眾查閱資訊能力的尊重等。

---

❶　衡量地方治理指標的國際機構非常之多，其他如 International IDEA Democracy at the Local Level 的衡量指標包括：1. Representative Democracy (equality, equity)；2. Participatory Democracy (openness, fairness, transparency, responsiveness, accountability)。Good Governance for Local Development — GOFORGOLD，包括下列七項指標：1. Representation 2. Participation 3. Accountability 4. Transparency 5. Effectiveness 6. Security. 7. Equity。UN-HABITAT Urban Governance Index 的指標如下：1. Effectiveness 2. Equity 3. Participation 4. Accountability。詳情請參見：www.undp.org/oslocentre, Summary matrix: Main features of tools profiled in the Source Guide, pp. 49–149. 有關衝擊聯盟的網站資料，請參閱：http://www.impactalliance.org/ev_en.php. 2013/6/23.

二、世界銀行的定義

　　根據世界銀行對於全球地方政府創設來源的分析,可以分成幾大類:地方政府係經由全國性憲法(如臺灣、巴西、丹麥、法國、印度、義大利、日本、瑞典等)、州憲(澳洲、美國等)、較高層級中央政府所頒佈的法令(紐西蘭、英國或多數其他國家等)、省或地區立法(加拿大或巴基斯坦等)或行政命令(如中國大陸或威權時期的臺灣)而創設的特定政治機構或政治實體,目的是為相對狹小的行政區域民眾提供特定的公共服務。

　　根據世界銀行的定義,地方治理是為了追求公民/公民與公民/國家互動的集體行動、集體決策與地方公共服務的提供,包括地方政府與政府層級節制體系中正式組織所扮演的直接與間接之角色,以及非正式規範、網絡、社區組織與鄰居協會的角色。依此,地方治理的核心概念是:㈠地方治理由政府正式組織與非政府組織或規範所共同構築的角色系統,此與過去地方自治所強調的地方政府組織層級節制體系是迥然不同的;㈡地方治理目的在於追求集體行動、決策或提供地方公共服務;㈢該集體行動、決策或地方公共服務的提供可能包含公民對公民、公民對國家的互動關係。換言之,地方治理通常包括多元的、生動的、活絡的與生態保育的多元自治社區。良好的地方治理不僅提供一系列地方公共服務,而且也必須保障居民生活與自由的權利,創造民主參與和公民對話的空間,支持市場導向的地方環境永續發展,以提升居民的生活品質。

　　根據世界銀行為工業化國家與開發中國家地方治理的定義指出,雖然地方治理與人權歷史同樣悠久,但直至最近才在實務界與學術界引起廣泛的對話,地方治理的崛起乃是因為全球化與資訊革命迫使全球人類重新思考公民對國家的互動關係、政府與政府以外的實體所呈現的各種不同形式關係及其角色,在這種情況下,地方治理議題自然更加受到重視。

　　根據世界銀行的分析, 地方治理原本是屬於發展經濟學 (development

economics) 的研究範疇，但由於過去太過著重於地方政府如何提出發展社區的補助或協助計畫，並不關心整體制度環境以及地方政府與各種公私組織的合作、競爭與關聯，以至於並未建立完整的地方治理架構。若干學者就曾批判：地方治理應該包含官方與非官方的行動實體，必須建立超越地方政府組織以外的整體性分析架構，若欠缺該架構，則作為一個促進地方民眾生活品質，提供地方公共服務的地方政府就沒有實際的意義。有鑒於此，世界銀行建立一個廣泛的地方治理概念架構，涵蓋下列三大構面（丘昌泰，2014）：

㈠回應性的地方治理

服務地方民眾必須作對的事情——提供符合地方公民需求偏好的地方公共服務；Stigler (1957) 曾提出兩個重要的回應性原則是：第一、愈接近民心的代表性政府，則其運作愈好；第二、人民應有權利為其所希望的公共服務種類進行投票與選擇。同時，回應性的地方政府必然是一個負責任的地方治理，能以正確的方式作對的事情——做得更好、成本更少，且以最佳實務為標竿；且能有效地管理財務資源，應該要贏得民眾的信任，俾能做得更好、成本更少，並為社區民眾有效地管理財務與社會風險。地方治理者要為改進公共服務的質與量而奮鬥，為了達成該任務，必須尋找值得學習的最佳實務標竿。

㈡課責性的地方治理

地方治理的核心議題是課責性。傳統地方自治研究重視的是行政責任 (responsibility)，主要是指行政組織內部的內控機制 (internal control mechanism)，以解決地方治理者的責任，課責的標準是公務員是否符合效率、效果與經濟的準則，至於課責的機構則是層級節制系統。主要是以行政組織以外的外控機制 (external control mechanism) 解決公共管理者的課責問題，課責的標準是績效 (performance) 與成果 (results)。地方治理研究則反對傳統以內控機制達成課責的方法，認為這是無效的作法，容易形成「官官相衛」的

弊病。他們主張，有效的課責機制應該是由民意機構代表民眾來發動，為了
促使此項課責機制能夠受到社會輿論的支持，此項課責機制主張應該藉由權
利基礎的途徑，民選人物向公民與民意機構負責；必須忠誠地捍衛公共利益。
為實踐課責性，有時必須從事法律與制度的改革，諸如公民憲章或罷免機制
的建立等。

㈢分權化的地方治理

Oates (1972: 55) 指出：每一項公共服務應該由具有管轄權的機關提供，
該機關對於其管轄區域應採行最低的控制，內化其利益與成本。地方決策制
定必須充分回應服務對象的需求，因而鼓勵財務責任性與效率。此外，非必
要的管轄權層級應儘量予以刪減，管轄權之間的競爭與創新必須要加強。理
想的分權化體系是確保公共服務的水準與組合，俾符合選民的偏好；當為這
種服務的效率而提供誘因時，某種程度的中央控制或補償性的補助可能是需
要的；面臨外部性、規模經濟與行政與服從成本必須要納入地方治理過程中
予以考慮。當兩個行政區域相互重疊時，管轄權之劃分應依據行政功能而劃
分，個人與社區可以依其自由意志選擇其所支持的管轄權。個人與社區並可
直接透過創制與複決權的行使表達其偏好，管轄權為完成其使命，對其成員
有統治權威性，亦有權提高稅賦（丘昌泰，2014）。基此，Oates (1972: 55) 並
指出在分權化地方治理中，必須貫徹兩項原則：第一、補助原則 (The
subsidiarity principle)：根據該原則，課稅、支出與管制功能都應由最基層的
政府來執行，除非有絕對充分的理由必須交由上級政府去處理。第二、一致
性原則 (The correspondence principle)：決定公共財水準的管轄權應該要包括
公共財的消費者，消費者需求必須與公共財支出水準保持一致性。

世界銀行指出：凡是符合上述三項原則的地方政府就可稱為公民中心的
地方治理 (citizen-centered governance)，這種地方治理通常奉行下列準則：㈠
透過權利基礎途徑 (rights-based approach)，授能公民；㈡對於施政成果採取
由下而上的課責機制；㈢將政府績效的評估視為生產者網絡與公共服務消費

者之間的促進者 (Andrews and Shah, 2005: 153-182)。

　　綜合世界銀行對於地方治理的核心概念與聯合國環境規劃署的定義相當類似，前者包括：回應性、課責性與分權化，後者則包括：分權化、參與性、課責性與透明性；由於「參與性」強調民眾介入政府決策過程的必要性，而政府的回應態度至關重要，故相關文獻中經常將「參與性」視為與「回應性」為一體之兩面，息息相關；「透明性」則通常要求政府決策過程不能黑箱作業，必須公開透明接受檢驗，這是「課責性」的另一種負責任表現。總結本節敘述，國際組織對於地方治理的核心概念應該包括三個構面：分權化、課責性與回應性。

參、地方自治與地方治理

　　在上述地方治理概念下，以地方政府相關法制為規範，推動地方治理的方式甚多如：㈠地方治理的型態非常多元，可以包括中央、地方政府、市場、學校、非營利部門等進行多層次的治理組合，營造夥伴合作關係。㈡地方治理的法制化程度不一，可以根據地方制度相關法制規定，採行完全法制化的方式，亦可採任務編組方式，以行政機能方式推動；亦可以採取自動自發的方式推動，運作方式非常多元。㈢跨域治理是高度政治性的課題，涉及地方自主權，故需密切的政治協商與雙贏談判。㈣地方治理往往涉及跨部門、跨行政區域、跨產業領域等的合作，需以民意為基礎，故應博采周諮，凝聚共識。㈤應該建立地方治理的公民課責機制，要求政府必須達到資訊公開的原則，讓全民監督地方行政與立法機關的適當而正確的互動合作。

　　以地方治理推動地方自治，必須注意下列幾點（丘昌泰，2014）：

　　一、過去地方治理研究中充斥著概念性的基礎研究，缺乏實質內涵，其與西方地方治理的核心概念漸行漸遠，產生明顯的落差，此對於我國發展地方治理成為一門獨立研究專業，勢必造成學術發展上的障礙。地方治理概念包含課責性、分權化與回應性；對照臺灣地方治理的歷史，經常出現民選首

長與民意代表欠缺明確的課責機制、公務採購資訊誨暗不明以至於弊端叢生、公共服務無法滿足人民需求等弊端；基此，應如何課以民選地方治理者之政治、行政與法律責任？如何建立廉能的地方政治？如何提供滿足人民需求的公共服務？上述議題皆是值得繼續深入研究的主題。

二、國內學者習慣將地方治理視為中性概念而引用，以至於失去應用的價值，實際上，地方治理是民主價值取向的研究，不宜脫離民主本質；地方治理所標榜的良好治理，良好政府 (Good governance, better government) 之高遠目標，是指一個人民主權、參與民主的地方治理模式。基此，若欲援引該概念，應特別注意民主、參與等概要素。

三、臺灣地方治理研究者習慣於將地方治理視為一般性概念的解析，對於具體的治理方式興趣不高，且甚少涉入《地方制度法》等相關法律專業的探究。實際上，在依法行政的地方政府實務中，必須發展出法制規範下的地方治理，若無法律規範為基礎，則所提出的地方治理工具都將成為空言，毫無實益。例如，國內學者相當感興趣的地方特色產業發展問題，涉及不少中央部會的主管法規，更何況《地方制度法》已賦予明確的跨域治理法源，地方治理研究者應加強行政法學的素養，在法制基礎下發展地方治理模式，才能對地方政府治理能力的提升有所助益。

四、當前地方治理研究中，進行個案研究者僅佔三分之一，仍不夠普及，而該等個案研究又欠缺系統而深入的探討，有待我輩學者共同努力將地方治理理論應用於地方事務個案，以加強理論與個案的結合。例如，地方政府面對繁複而多元的民眾需求，所面臨的不僅是人力不足與經費欠缺問題，而是重重法規制約，難以突破施政瓶頸。就以建築物招牌管理而論，乃是極其繁複而又容易得罪的工作，涉及法規相當繁複，但地方政府之建管人員，動輒得咎，以至於流動率甚高，如此怎能管好招牌管理工作？因此，本研究建議地方治理研究者應掌握地方治理的核心內涵，結合《地方制度法》或其他相關實務，選擇更具體的地方政府公共事務個案，從地方治理觀點提出更具體之研究意見，以提升地方治理能力。

五、地方政府工作不外乎是道路要平、水溝要通、電燈要亮、食物要安全、環境要整潔、交通要順暢等，這些公共事務的執行樣樣需要充分的執行人力與預算，但在人力日益精簡、預算規模日益縮小的狀況下，唯有提升地方治理能力一途。因此，地方政府必須充分結合企業、社區、非營利組織等一起推動與居民息息相關的公共事務，以提升地方政府回應地方居民需求的能力。

至於如何提升地方治理能力？建構良好的地方治理 (good local governance) 為當前世界各國追求的願景，建議採取下列幾項：

一、**必須貫徹「四化」原則：**地方公共事務繁複，且民眾需求日益多元高漲，地方政府所應負擔的任務亦有日益膨脹之趨勢，故良好的地方治理能力，首先必須要掌握臺灣政府再造工程的精神：凡是民間社會可以做的，政府不要去做；凡是地方政府能夠做的，中央政府不需要去做；基此，地方治理必須貫徹四化原則：「去任務化、行政法人化、委外化、地方化」，以作為強化地方政府治理能力的根本要件。

二、**必須營造地方治理網絡中官方行動者之間的夥伴關係：**地方治理網絡中涉及的官方行動者甚多，大體上而言，不外乎是中央政府與地方政府，過去由於政黨立場不同，中央與地方經常產生步調不同的弊病，政府的行動都無法協調一致，又如何奢望非官方行動者能夠採取協調的參與行動呢？傳統地方自治下的中央與地方關係係立基於權限劃分的原則上，形成「上令下行」的領導統御關係，但如今中央與地方政府已經形成「上下一體」的協力夥伴關係，中央與地方政府必須從積極興利角度從事各種公共建設的規劃與執行，若不如此，國家就無法提升其競爭力。

三、**地方治理網絡中地方民選首長的衷心支持：**地方治理能力若要運作成功，地方政府首長的衷心支持成為關鍵性的要素。地方首長為地方的父母官，其一言一行影響府內所有公務員之取向與民間社會與團體之觀感，故地方首長個人之理念必須正確，必須時時以促進民眾福祉為優先考量，若以連任與否作為施政的唯一考量，則地方治理能力難以期望能夠提高。

四、地方治理網絡的非官方行動者的積極參與：良好的地方治理網絡，政府必須與民間參與者形塑正向的協力夥伴關係，如此才能在稀少資源下，仍能透過非官方行動者的參與力量，推動良好的施政建設。非官方參與者之類別甚多，最重要的莫過於企業組織與非營利組織，若政府為第一部門，則該兩類參與者就成為第二部門與第三部門，唯有三大部門的彼此協調合作，推動地方治理才容易成功。

肆、社區治理

一、解析社區治理

　　社區是居民生於斯、長於斯的地方，其經營成敗影響居民的生活品質，故社區經營者必須整合各種利害關係人及其所擁有的社會資源，建立社區共同體的共識，以夥伴關係推動社區特色的營造，政府機關則僅以「參與者」姿態加入社區治理機制，並不控制社區作為，以發揮社區自主精神。基此，社區治理意指基層政府機關、社區組織、地方公益組織、企業、學校或其他法人組織等基於社區利益及社區認同，進行多方協調合作，俾解決社區問題，提升社區品質　，以建構生活秩序的基層運作機制 (Marshall, Wray, Epstein, & Grifel, 2000)。事實上，社區是基層民眾生活的命運共同體，乃是實踐公民社會的制度型態，政府官員有感於政府功能有限，無法深入到社區服務，乃授權社區民眾自行管理社區事務，讓社區居民以其切身需求，賦予其對社區事務的發言權與決策權，故 Mattson (1997) 認為社區是最能實踐草根民主的地方。

　　社區治理機制愈來愈為學術界與政府界重視，Gates (1999) 指出：目前由選舉產生的領導者來管理社區事務的模式，由於權力過度集中與官員漸趨腐化　，導致該模式已無法運作　，因而出現一種社區治理新模式 (new model community governance)　，以取代傳統社區政府模式 (old model community government)，它是一個以非政府行動者為主體的基層運作模式，讓政府、企業、社區團體與公民大家工作在一起，社區領導者共同分享權力，以解決爭議性的社區問題。澳洲的發展經驗指出：澳洲省與聯邦政府為農村發展出社區治理模式，將決策制定權賦予各鄉村社區，賦予某種程度的自主權與裁量權，發現對於提升農村生產力與創生力頗有助益 (O'Toole & Burdess, 2004)。

基上，社區治理機制的興起乃是有鑑於傳統的公共決策模式係以政府機關為中心的單邊化決策模式 (unilateral decision-making)，而社區治理則轉變為以社區為中心的多邊化決策模式 (bilateral decision-making)。為了實現多邊化的決策模式，Box (1998: 164) 主張應該要成立下列重要機構：協調委員會 (The Coordinating Council)、公民委員會 (The Citizen's Board) 與支援者 (The Helper)。

總之，社區治理是將「社區管理國家化」的行政控制機制逐漸轉變為「社區管理社會化」的民主協商機制，社區治理組織從「上令下行的層級節制體系 (hierarchy)」轉變為「交互依賴的網絡組織 (network organizations)」，它強調的是政府與民間、公部門與私部門之間的合作與互動（丘昌泰與薛宇航，2007）。

二、臺灣社區營造的發展

臺灣的社區營造具悠久歷史，大約可分四個階段，茲說明如下：

㈠社區發展工作時期 (1965–1992)

此時期的重點工作是成立推動社區事務的公共組織及興建社區發展所需要的硬體建設為主，後來根據在臺灣各地成立社區發展協會❷，做為推動社區事務的基層組織；主要依據是《社區發展工作綱要》第 2 條：「本綱要所稱社區，係指經鄉（鎮、市、區）社區發展主管機關劃定，供為依法設立社區

---

❷　請參閱：《社區發展工作綱要》，2014 年 9 月 18 日修正。

發展協會，推動社區發展工作之組織與活動區域。」社區發展係社區居民基於共同需要，循自動與互助精神，配合政府行政支援、技術指導，有效運用各種資源，從事綜合建設，以改進社區居民生活品質。社區居民係指設戶籍並居住本社區之居民。此時期的推動重點是社區的硬體建設，特別是興建社區活動中心，成為日常社區民眾活動的場地。

㈡社區總體營造時期 (1993–2001)

1993 年，臺灣各地盛行社區營造運動，居民透過社區營造的舉行，尋找社區文化的共同記憶與地方文化特色，聯繫社區居民的情感，凝聚以公共利益為基礎的社區意識，創造活躍的社區文化產業或優質美好的社區生活環境。1994 年，臺灣政府機關首推「社區總體營造計畫」，包括充實鄉鎮展演設施計畫、輔導美化地方傳統文化建築空間計畫、輔導縣市主題展示館之設立及文物館藏充實計畫、社區文化活動發展計畫等。1996 年，透過《社區總體營造獎助辦法》，開放社區團體申請社區營造。1997–1998 年，臺灣經建會推動「城鄉景觀新風貌改造運動實施計畫」，持續推動「美化公共環境計畫」。

㈢健康社區六星計畫時期 (2002–2007)

2005 年，政府機關提出《臺灣健康社區六星計畫》，對於社區營造提出更具體的分工，除文化建設部門外，更包括教育、內政、農業、經濟、原住民及客家事務等 11 個政府機關，分為人文教育、產業發展、社福醫療、社區治安、環保生態及環境景觀六大面向，故稱「六星」，促成各個政府部門全面重視「社區營造」，並從政府部門各自的業務權責角度規劃社區營造事務，鼓勵民眾共同參與，以落實「總體」營造的精神，帶動政府與民眾協力合作的社會風潮（黃源協、蕭文高與劉素珍，2009）。

㈣村落文化發展時期 (2008–2017)

2012 年，政府將社區營造的方向轉型，更積極關注鄉村或在地文化發

展，在社區營造既有的基礎上，拓展村落文化藝術，故提出《村落文化發展暨推廣計畫》，同時藉著社區營造，進一步關懷弱勢無能力或尚無社區共識的村落，結合各機關資源及民間團體活力，提供文化參與的多元機會及管道，為這些村落注入文化活力，提升在地文化及藝術活動的參與意願。更鼓勵青年進入村落運用創意，改善村落文化及經濟的發展環境。

三、社區營造的困境

臺灣社區特色營造困境為何？具有下列問題：

㈠社區居民參與感低落問題，難以形成自主的草根性公民社會力

建立健康社區的先決條件為社區居民的參與，但許多社區居民的參與感仍然低落，以致無法形成強而有力、綿綿不絕的參與力量。社區居民參與感低落原因甚多，諸如社區住戶成員多為受薪階級，受限於工作時間忙碌，參與社區公共事務時間及意願均甚低落。此外，若干社區漸趨老化，人才凋零，導致各項活動的辦理不易。城市型社區，若為公寓大廈，則居民容易變成自我封閉，與外部社區完全脫勾，無法形成草根性的公民社會力量。

㈡社區組織功能不盡周全，無力推動社區營造

推動健康社區的關鍵力量在於堅強的社區組織，但許多社區組織功能並不健全，社區經營的經驗未被累積與傳承。例如，若干大廈管理委員會功能不彰，僅能處理日常瑣碎事務，如收取管理費、例行維修、垃圾處理、保全業務等，根本無法進行積極的社區規劃。管委會的推手為主委，但主委所需之專業知識門檻甚高，無論是行政法規、機電管理、財務會計、組織經營、糾紛處理等都需要專業知識，但由於是無給職，任務瑣碎而繁重，吃力不討好，且社區糾紛案件多、多數公寓大廈的主委都沒人願意擔任。更何況主委一年一任，且僅能連任一次，任期短，組織穩定性不足。

㈢經費不足問題

經費不足一直是健康社區治理的重要問題，有些政府機關辦理社區活動經費申請者眾，故具相當競爭性，造成若干社區計劃因短缺經費而擱淺。某些社區發展協會因政府無法提供人事經費補助及相關工作器材設備，如電腦、列表機、傳真機、影印機等，造成協會活動停擺。若干社區發展協會，其日常經費主要來源為會費收入、政府專案計劃收入及小額個人捐款收入等；由於政府專案補助時有時無，個人捐款中若無企業捐輸，則金額有限，因此經費籌措是健康社區普遍遭遇的最大困難。此外，不少社區都缺少固定活動場所，故需租用公共空間，但經常性的租金來源成為最大的財務負擔。

㈣社區營造青年人才的欠缺

不少社區營造成員之年齡偏高，業務推展往往心有餘而力不足，特別是農村地區更是如此。某些社區缺乏撰寫計劃書及文書處理之人才，無法申請政府機關的經費補助。社區營造需要創新的計劃，故需要有能力、有構想的青年人才，但許多社區營造人才逐漸老化，甚至缺乏有效整合社區資源及計劃推行之人才。其次，很多社區難以徵募熱心的志工與義務幹部，無法以一己之力推動社區事務；例如，某社區發展協會會員來自於各界之專業及熱心人士，具有綠美化推廣之共識與使命感。然而，會員另有其他職業，對於會務皆為義務與兼辦性質，缺乏長期投入的承諾感，因而計劃延續性較為不足。

㈤社區活動空間受限，欠缺凝聚社區意識之場所

不少社區欠缺公共活動空間，甚至若干社區竟無學校、公園等公共場所可以租用，故戶外活動甚難尋覓，發展空間受到相當限制。不少社區由於長期以來沒有屬於自己的活動中心，故只能利用室外的活動空間來維持，不僅增加經費支出，也造成人力的負擔。由於欠缺大型活動中心，社區居民常苦於無法成立常態性社團，造成社區營造活動空有計劃而無法落實。

四、鞏固社區治理機制

　　綜上分析可知：推動社區營造的成功關鍵在於建立功能性的社區治理機制，該機制必須包括社區發展協會、物業管理單位、企業、學校、公益團體或熱心居民代表等，經常聚會討論社區議題與各項需求，並研議解決方案。臺灣社區營造過程中出現不少問題亟待克服，包括：㈠社區居民參與感低落問題，難以形成自主的草根性公民社會力。㈡社區組織功能不盡周全，無法全力推動社區營造。㈢社區營造青年人才的欠缺。㈣社區活動空間受限，欠缺凝聚社區意識之場所。

　　解決之道，唯有鞏固社區治理機制，才能活化社區營造，社區內往往擁有豐沛的社區資源，但很多社區經營者並不清楚，故必須進行廣泛的盤點，然後以誠懇態度爭取其支持與認同，包括企業界、學術界、學校、NPO 等，需要他們協助時，可能會提供難以想像的社會資源。至於都市的社區治理機制，應由「住戶」、「管理委員會」、「物業管理公司」三方共同合作，其中作為社區最基本構成單位的「住戶」更是不可缺席的一角，不僅是未來管理委員會的潛在成員，若住戶長期的漠不關心，只會讓社區事務遭少數委員、物管公司把持而無法正常運作。此外，社區營造青年人才的培育也非常重要，若社區無法產生該青年生力軍，建議將學校課程與社區實踐密切結合，長期培養社造青年人才，如目前臺灣推動的「大學社會責任計畫」，修習的課程可磨練其社區營造的技巧與能力，如此儲備人才將可源源不絕。

　　至於社區營造人才介入社區的方式也關係著社區治理的成敗，筆者建議下列幾點：

　　㈠投入社區營造，要有傻勁，要以「傻子精神」推動吃力不討好的社造工作，若參與者太過聰明，斤斤計較，則必然無法持續推動下去。因此，如何尋找具有理念、無怨無悔的「社造傻子」乃是根本要務。

　　㈡尋找一群志同道合的「道友」投入社造，千萬不要單打獨鬥。推動社

區營造相當繁雜，從社區企劃、社區服務、社區管理、社區經費核銷等無一不需要各種人才的參與，故如何在社區裡尋找一群志同道合的道友非常重要。

(三)尋覓可以合作的社區，誠懇商討社區需求與可接受的社區服務方案。合作對象的選擇可說是重要關鍵，若被服務的社區領導人，觀念保守或態度消極，縱有心服務社區，也無法做下去。因此，一定要設法尋找可以合作的對象，隨著社造觀念的普及，很多社區都希望尋找適當的 NPO 駐進社區，問題在於如何協商兩方都能接受的服務方式。

(四)以「不擾民、不添亂」為原則，為社區解決疑難雜症。進入社區從事社區營造，必須以「不擾民、不添亂」為原則，將任務焦點放在社區特色的營造與社區需求問題的解決。

(五)社區營造活動有常態性與非常態性，前者強調持續性，後者則主張「重質不重量」，凝聚口碑，由小做大；社區常態性活動，如社區學生課後輔導、老人日常養生運動等，這些例行性活動強調的是堅持做下去，不能間斷，日久見人心，自然慢慢吸收到參與學員。至於非常態性活動主要是配合節慶舉辦，如中秋節、端午節、春節等，此類活動的舉辦耗費相當資源，故舉辦時必須重質不重量，不辦則已，一辦就是一鳴驚人，引起社區民眾熱議，甚至積極參與。

(六)以 SWOT 分析找出社區優勢，然後透過一連串的長期活動形成其特色。每個社區基本上都有優勢、弱勢，最好的辦法是由社區經理人先以 SWOT 分析進行優勢判斷，然後交給社區發展協會成員討論判斷，決定社區營造的特色與方向為何？必要時可以邀請學者參與，說明 SWOT 分析的意義以及如何操作？

伍、臺灣地方治理的困境

綜合上述，雖然當代地方自治已逐漸轉變為地方治理趨勢，然該發展趨勢足以反映出傳統法制途徑的地方自治研究，不足以解決性質日益複雜、範

疇日益廣闊、政黨對立日益嚴重的地方統治問題；當前的地方權威機關若欲達到善治目標，必須整合政府、非營利組織、社區與企業之多元觀點，並且善用跨域治理的技巧加以落實，以提升地方治理能力。

但此種新地方自治模式，在臺灣社會中的運作仍有若干困境，必須加以關注：

一、地方民選首長普遍具有高度的政治技巧，卻無宏觀專業的地方治理能力

臺灣地方選舉實施多年，培養出非常出色的政客與政治遊說家，善於以政治語言組織群眾，鞏固政治勢力，以取得執政權。一旦執政後，民選首長基於政黨立場與派系利益任用屬於自己的人馬，形成自己的執政團隊，這些執政團隊由於係基於政治利益，而非專業主義而任用，故普遍欠缺宏觀治理能力。由於欠缺治理能力，故浪費公帑的蚊子館建設所在多有，一日行情的節慶活動時時可見，真正值得稱道的公共建設與政績實不多見。

二、地方派系影響地方治理績效

臺灣地方治理的障礙因素之一是地方派系，臺灣地方派系問題由來已久，地方派系勢力之強大已超越政黨勢力而成為主宰地方政治發展的關鍵勢力，故不少地方政府的首長特別是鄉（鎮、市）層級，基本上是由地方派系領袖輪流執政，其中農業縣，情況尤其嚴重。民選首長一旦依靠地方派系而勝選，執政後自然必須論功行賞，以分封派系利益為己任，遑論客觀的治理能力。

三、地方公務員的策略規劃與執行能力有待提升

地方政府公務員為地方治理運作績效良好的根本要件，若公務員欠缺策略規劃與執行之能力，以實踐民選首長的政見，則如何能夠產生卓越的治理

績效？過去地方政府的組織結構不全、公務員職等偏低、財源不足、人力不足等，但如今相關配套已逐漸完成，縣（市）政府組織漸趨健全、地方公務員職等逐步提高、有關地方財政法令相繼出爐（如地方稅法通則）、至於人力不足的問題則可藉由志工或夥伴關係加以解決。基此，公務員必須加強政策規劃與執行能力，必須要將民眾、社區與非營利組織視為執行公共事務的重要治理者之一，將其意見與力量納入公共行政流程中以提升治理績效。

四、泛民意化的政治環境，不少民眾醉心於政黨政治，忽略地方公共事務

選舉已成為臺灣地方民主常態，許多熱情民眾醉心於政治活動，宣揚政黨理念，期望自己所鍾愛的政黨能夠全面執政，然而，政黨所代表的利益都是片面的，僅代表臺灣社會中部分公民的意思，若過份強調政黨的屬性與立場，則如何推動福國利民的公共事務？臺灣各個角落不乏關懷公共事務治理的積極公民，但為數甚少，甚至不受地方政府的重視，基此，嚴格來說，當前臺灣的公民社會基本上是一個政治性公民社會，而不是一個具有治理能力、超越政黨立場的公義性公民社會。

五、鄉（鎮、市）長選舉產生的民選首長，形成「小諸侯」割據的局面，有礙地方自治績效的實踐

臺灣縣市的幅員相當遼闊，必須設置鄉（鎮、市）公所實踐民選首長的施政政見，但由於鄉（鎮、市）長民選，有其各自的選民基礎，誰都不服誰，故形成「國中有國」，「大諸侯之內又有小諸侯」的群雄割據的局面，此對於縣（市）境內資源的整合與政策的統合自然有所障礙。在此情形下，許多民選首長往往以是否同黨作為施政的最高指導原則，無法從全縣（市）民利益去治理縣（市）政者，自然難以產生治理績效。

六、地方型企業與地方政府形成水乳交融的政商關係，容易產生政商掛鉤的弊端

不少地方型企業都是地方首長的選舉樁腳，選舉時出錢出力，一旦執政，民選首長必須償還選舉人情，因而許多金額龐大的政府採購案件表面上都是公正合法，但實際上都是以合法掩飾非法，設法鑽個法律漏洞，讓支持的企業取得政府標案的採購權，此種情況所在多有，毋庸贅述。

陸、臺灣地方治理的強化之道

我國自頒行專屬於地方政府的《地方制度法》以來，顯示中央政府相當的企圖心，期盼賦予地方政府處理公共事務的自主權，以提升地方治理能力，使地方政府得與社區民眾、非營利組織、企業等多元治理參與者形成協力夥伴關係，提供高品質、講效率、負責任的地方公共服務。

地方政府執行的公共事務種類繁多，如交通運輸、產業經營、休閒觀光、環境保護、疾病預防、社會服務、河川整治、垃圾處理等，無不需要地方政府展現靈活而快速的地方治理能力。然而，在推動這些繁複的公共事務過程中，必須改善上述所提到的種種困境，才足以提升地方治理能力，改進之道不外乎是下列幾點：

一、選民必須進行公民教育，選出具備地方治理能力的首長

民主政治就是民意政治，與其期盼地方政府出現卓越的地方治理者，還不如針對選民進行公民教育，讓公民認真體會到選出一位具有地方治理能力的首長，才能真正造福民眾。公民必須擺脫政黨的意識型態，從公共利益的立場選拔具有整合地方利益、社區組織、產業型態以及各民間團體的能力，俾能在地方環境系絡中或是在不同政府層級間與其他行動者協力互助，型塑

出優秀的地方治理績效。

二、強化社區治理途徑，終結地方派系

　　地方派系是臺灣民主政治發展的毒瘤，地方派系所代表的地方利益絕對有害於縣（市）民的整體利益；若干學者動輒肯定地方派系在維持地方政治穩定上所扮演的功能，這是錯誤看法。維持地方政治穩定的方式甚多，讓更多民眾享受良好地方治理所創造的施政成果就是最理想的方式，何必非要透過地方派系？為了要終結地方派系，故縣（市）首長應該要積極推動社區治理運動，進一步培養社區意識，以形塑地方治理的草根性基礎。例如，過去數十年來臺灣在各地所推動的社區總體營造運動就是成功的案例，社區民眾可藉由社區環境的營造而凝聚社區居民參與社區事務的意識，從而社區成為地方意識的凝聚者，為地方治理搭建穩定的發展基礎。

三、強化公務員的策略規劃與執行能力

　　公務員負責規劃與執行公共政策與公共建設，故須加強策略規劃與執行能力，目前有關此類的公務人員訓練機構甚多，如行政院公務人力發展中心，相關課程亦不少，公務員應該利用在職訓練的機會，加強此方面的專業知識與能力。目前為終身學習的時代，公務員應該吸收策略規劃與執行能力，以協助落實民選首長的施政藍圖，強化地方治理的能力。

四、研擬社區參與治理的計畫，賦予民眾參與治理結構的能力

　　強化社區治理途徑最有效的方法之一是研擬社區參與治理的公共計畫，如親水計畫、防災計畫、綠化計畫、彩繪計畫等，都是容易引起民眾共鳴的公共計畫，在此類計畫中，政府主管機關應該放棄主導者的角色，盡量交由

民眾自行推動相關計畫之內容與執行方式，如此必然能夠出現特殊的成果。

五、鄉（鎮、市）長改為官派，並由具有鄉土情懷的事務官或機要人員擔任

鄉（鎮、市）長民選固然使得地方基層政府有了民意基礎，但民意基礎的取得未必非要經過選舉一途，從地方治理計畫中取得民意需求與意見的投入，亦是其中辦法之一。若每一鄉（鎮、市）長都能改為官派，由出身於當地、並與當地具有濃厚鄉土情懷的事務官或機要人員擔任，則血濃於水的感情，亦必然能夠得到民眾支持。鄉（鎮、市）長的官派最大的好處是可以避免「小諸侯割據」的現象，讓資源能夠加以整合，政策得以統一，地方首長的施政理念得以實踐。

六、建立第三部門參與地方治理事務之機制

地方公共事務的治理需要開放第三部門的熱情參與，參與管道必須暢通，適當的外部多元行動者若能投入公共治理過程中，則公共利益就比較容易被照顧到，而公共事務得以在公私合夥基礎下，資源得以整合，容易發揮良好的治理績效。基此，政府主管機關應該研擬第三部門參與地方治理機制的辦法，並且提供若干誘因與監督辦法，使得第三部門參與地方治理得以展現正面效果，避免負面影響。

七、強化地方廉政肅貪機制

地方政府的政商掛鉤現象所在多有，某些縣（市）長，無論哪一黨的人擔任，最終總是幾乎無可避免地遭遇牢獄之災，可見貪腐問題之嚴重。解決辦法為加強廉政肅貪功能的運作，目前臺灣相關法制與組織均已堪稱完善，然相關個案仍然出現，關鍵就在於執行不力，故應該強化廉政肅貪的執行力，

一方面提高執行者之待遇與福利保障，另一方面則對於執行者的廉潔操守更應加強。

自我評量

1. 試從國際趨勢說明臺灣地方自治如何從傳統的地方自治模式轉變為地方治理模式？
2. 何謂地方治理？何以有此轉變？形成的主要因素為何？可否舉例說明地方治理的個案。
3. 地方治理方式有哪些？請扼要說明之。
4. 地方治理方式中有所謂的社區治理途徑，意義為何？有何問題？應如何改善？請扼要敘述之。
5. 臺灣當前地方治理的困境為何？應如何加以改善？

歷屆考題

1. 近年來，基層治理與民主深化的關係日益受到重視。請分別說明村（里）辦公室、社區發展協會，以及公寓大廈管理組織的制度設計，並比較分析這三者在事務執行、訂定規範、組織運作、財務管理，以及居民參與等面向之異同，從而提出我國落實基層民主治理的發展方向？（108 年公務、關務升官等考試、交通事業升資考試）
2. 何謂透明政府？我國應如何落實地方議會與政府透明化，以達成開放政府與廉能治理的目標？（108 年公務、關務升官等考試、交通事業升資考試）
3. 何謂「輔助性原則」(principle of subsidiarity)？其與多層次治理

(multi-level governance) 有何相關性？請詳述。（108 年公務、關務升官等考試、交通事業升資考試）

4. 試分別從管理模式 (managerial model)、統合模式 (corporatist model)、支持成長模式 (progrowth model) 及福利模式 (welfare model) 等四種最具代表性觀點論析城市治理的內涵，並比較說明之。（108 年公務人員高等考試三級考試）

5. 為因應全球化的效應，全球許多城市積極以提升城市競爭力為布局經緯，希望能在全球城市競爭下嶄露頭角，取得一席之地。試析論某一城市欲提升其城市競爭力，可採行哪些策略作為？（108 年公務人員高等考試三級考試）

6. 永續發展政策目前已成為都會治理研究的重要議題。試析論其對都會區治理帶來哪些衝擊或影響？（108 年公務人員高等考試三級考試）

7. 當代公共行政的主流思想，是建立一套以公民治理為中心的新公共服務理念。其中，社區又占據重要的公民治理地位。請說明新公共服務理念的社區觀有哪些？並論述我國社區公共服務圖像的特點與治理課題。（107 年公務人員高等考試三級考試）

8. 1985 年代以來，相關國際組織陸續通過「歐洲地方自治憲章」、「世界地方自治宣言」，以及提出「世界地方自治憲章草案」等作為反應全球化對地方自治的衝擊。請說明 30 餘年來全球地方自治發展之趨勢。（107 年公務人員高等考試三級考試）

9. 試依行政院「前瞻基礎建設計畫」之版本，說明城鄉建設 10 大工程重點，並整體評論之。（106 年公務人員高等考試三級考試）

10. 我國地方政府面臨食品安全問題，如何進行有效之治理管制？（104 年特種考試地方政府公務人員考試）

11. 若某地方政府希望經由制度化的途徑，並透過公權力介入，來

管制轄區內食品業者的製造與經營方式，以維護民眾食品安全權益。請問根據《地方制度法》及現行地方政府法制，該地方政府應考量哪些規定？同時又應如何落實此目標？（104 年公務人員高等考試三級考試）

12.地方治理的原則為何？中央與地方如何善用地方治理，以發展地方產業？試述之。（102 年公務人員高等考試三級考試）

13.地方民眾參與或影響地方政府運作的途徑有哪些？請分別從地方制度法規定及「地方治理」(local governance) 觀點比較說明之。（101 年公務人員高等考試三級考試）

14.地方治理 (local governance) 為地方自治研究的新興觀念，請說明地方治理與地方政府管理意義有何不同？並探討地方治理的新模式能為臺灣地方自治問題提供哪些新的解決之道？（96 年公務人員高等考試三級考試試）

15.地方治理比較強調地方民眾的直接參與，請問現在強調地方治理的國家，在地方民眾參與公共事務上，有哪些管道？（98 年特種考試地方政府公務人員考試）

第二節　自治區域與行政區劃

壹、地方自治區域的意義與劃分原則

一、意　義

　　地方自治區域是指實施地方自治的地理轄區或行政範疇，通常這種範疇必須透過立法程序，在國家統治的領土範圍內，劃分出一定的區域作為人民從事地方自治活動的範圍。由此可知，地方自治區域一定不能大於國家統治範疇，否則自治區域凌駕於國家領土，對於國家統治權之行使自然有所妨礙。例如，在臺灣實施地方自治歷史過程中，廢止省長民選乃是一項重要的改革工程，其主要理由之一就是臺灣省管轄的面積竟然高達全國的 98.3%，一個臺灣省等於中華民國，於是乃出現「葉爾欽效應」的說法：葉爾欽當選為蘇聯最大的加盟國——俄羅斯蘇維埃聯邦社會主義共和國之總統，該共和國佔蘇聯人口的三分之二與七成的土地。

　　一般而言，確定自治區域之目的在於確定地方自治事權的行使範疇，且能確定地方人民之身分與地方資源的利用範圍，由此可知自治區域之重要性。

二、劃分原則

　　地方自治區域固然為地方自治成立之要件之一，然其劃分之原則卻是人言言殊，殊不能一概而論。薄慶玖 (2006: 40–42) 認為地方政府區域劃分的原則包括：歷史傳統、天然形勢、人口分佈、經濟狀況、政治目的、國防需要、建設計畫。董翔飛 (1982: 59–61) 則認為可分為歷史傳統、地理環境、人口分佈、經濟狀況。

　　基此，地方自治區域之劃分原則概可分下列幾種：

㈠**歷史傳統：**地方自治區域之劃分應尊重歷史傳統與歷史文化，使得歷史因素成為劃分該區域的立論理由，畢竟地方居民對於其所居住之地域歷史記憶具有血濃於水的歷史情感，若輕易地予以割裂，對於居民凝聚力的培育必然有所妨礙。例如，臺中縣與臺中市合併名稱為「臺中市」，臺南市與臺南縣的合併名稱為「臺南市」、高雄市與高雄縣合併名稱為「高雄市」，均保留升格為直轄市前的名稱，少有爭議，這是基於歷史傳統而更動自治區域範疇，但名稱未變。

㈡**地理環境：**地方自治區域之劃分係基於地形地貌、地理位置上的同質性而劃分。畢竟不同地理環境的居民，其生活習慣與互動方式均有所不同，此在中國大陸的情形尤其明顯。目前學術界與實務界討論臺灣行政區劃的構想時，經常將澎湖、金門與馬祖視為「離島地區」；而東部特殊景觀的花東地區又是另外一個特殊生態地區，並未基於人口數而與其他各行政區域合併之說法。

㈢**人口分佈：**地方自治之主體為人，客體也是人，故人口因素可說是自治區域劃分的根本理由。事實上，地方自治係以居民自己之意思，對其一定地域與職權範圍內，從事地方公共事務的管理以增進地方人民之福祉，故人口一方面是地方自治被治理的客體，同時亦是當地的治理主體。基此，人口素質與數量的分佈對於區域的劃分均有重要理由。例如，臺北市南港區過去隸屬於臺北縣汐止鎮，但人口分佈於兩端——現在的汐止鎮區與南港行政區。南港自劃歸為臺北市後，近年來由於南港經貿園區的開發，又成為捷運、高鐵與臺鐵三鐵共構的地點，加上臺灣最高學術研究機構中央研究院又座落於此，使得南港與臺北市的關係日益密切，並且有望成為臺北市未來的明星行政區。

㈣**經濟狀況：**地方自治的實施需要考慮地方經濟資源，以發展出地方特色產業，這是非常現實而又根本的行政區劃原則。因此，地方自治區域的劃分不能不考慮經濟狀況；例如，縣、市的基本劃分原則是：前者是農業縣、後者是服務市或科技市；又如臺北市與臺北縣的劃分、前者以服務業為主，

後者則以工商製造業為主，兩者明顯加以區別；桃園市朝向「國際航空城」、「亞洲矽谷」的產業特色發展等。

貳、地方自治區域的劃分標準與程序

一、劃分標準

㈠政治上的標準：

關於臺灣地區各縣市如何進行區域重劃的問題，每逢總統大選期間，為凸顯候選人的治國理念，都曾提出各種行政區劃的構想，其劃分理由大都是基於政治上的考慮，區劃模式不外乎下列幾種不同的版本（丘昌泰，2007a：14–16）：

1.一省多市模式：這個模式的基本考慮是：第一、強調省的重要地位；第二、以漸進調整為原則，以省轄市與縣的合併為主軸。在國家發展會議召開期間，曾出現許多不同的一省多市版本，包括：⑴一省二市：臺灣省及大臺北市（臺北縣與臺北市的整合）與大高雄市（高雄縣與高雄市的整合）；⑵一省三市：臺灣省及大臺北市、大高雄市、大臺中市；⑶一省四市或五市：分別加上大新竹市與大臺南市。

2.六省二市模式：根據日據時代五州三廳的建制，將臺灣劃分為六省二市：北基宜、桃竹苗、中彰投、雲嘉南、高屏澎、花東六省以及臺北市、高雄市。這個模式主要是基於地理區域上的考量，以日據時代自然地理之測量資料為準據；變動雖較一省多市模式為大，但基本上並不違背憲法有關省制的規定。

3.多縣市模式：主要係依循「廢省」主張所提出的「多縣市制」的構想，使臺灣成為徹底的中央與縣（市）的兩級制政府。多縣市模式雖然主張將省這個層級予以精簡或廢除，但縣（市）區域究應如何重新調整，截至目前為止，並未提出具體的主張，基本上應與前述兩個模式的看法相差不多，唯一

不同的是完全廢除「省」的這個政府層級。

　　4.**三都十五縣**：馬英九於競選總統期間，主張將臺灣二十五縣市重劃為「三都十五縣」，換言之，所謂三都是指臺北縣、臺北市與基隆市合併為「臺北都」，中市縣合併成為「臺中都」，高雄市縣合併為「高雄都」；至於所謂十五縣是指縣市合併為桃園縣、新竹縣（新竹縣市合併）、苗栗縣、彰化縣、南投縣、雲林縣、嘉義縣（嘉義縣市合併）、臺南縣（臺南縣市合併）、屏東縣、宜蘭縣、花蓮縣、臺東縣、澎湖縣、金門縣、馬祖縣（即連江縣）等。依其規劃，整併後的「三都」，就是大臺北市（臺北縣、基隆市）、臺中市與高雄市三大直轄市，每個直轄都會中，不但有海、空港及工、農業，還可進行區內的地方重劃，同時考慮賦予財稅的權力。三都下設區，以三十萬人為基準，區長將採民選方式產生。

　　上述諸項行政區劃構想，均非理想的劃分標準，主要原因是：太過強調行政區域相連歸併的便宜性，或者太強調財政收入的豐窘程度，欠缺永續發展的行政區劃理念；最大的問題是行政區劃隱含著濃厚的統獨意識之鬥爭，行政區劃往往成為政治的角立場，很容易被挑起，形成一場「不問事實，只問立場」的「假性」行政區劃，自非全民之福。如今的「6都13縣3市」之區劃，有誰認為是適當的呢？既然是扭曲的劃分，何以能夠強行通過？主要原因仍是《地方制度法》的「法制標準」，根本抵擋不了實務運作的「政治標準」，導致：凡是申請者都予以直接升格，開了一條升格為直轄市的方便之門，筆者深切盼望，未來將會出現有遠見的領導人，能為臺灣擘劃出永續的、成長的行政區劃。

　　㈡**法制上的標準：**
　　依《地方制度法》與其他相關法制之規定，行政區劃必須遵從下列規定：
　　1.**《省（市）縣（市）勘界辦法》第1條：**

「省（市）縣（市）行政區域之界線，應就左列情形勘定之。一、地理之天

然形勢。二、行政管理之便利。三、產業狀況。四、人口分布。五、交通狀
況。六、建設計畫。七、其他特殊情形。」

2. 《地方制度法》第 7-1 條第一項：

「內政部基於全國國土合理規劃及區域均衡發展之需要，……」，此為原
則性的法律條文，相當彈性的表述方式，不再拘泥於何種具體的標準，而委
由內政部考量產官學民之意見，依國土合理規劃與區域均衡發展之需要而進
行縝密之行政區劃，賦予中央主管機關更大的專業自主權限。

3. 三種不同型態的「市」之設置標準：

依《地方制度法》第 4 條規定：

「人口聚居達一百二十五萬人以上，且在政治、經濟、文化及都會區域發展
上，有特殊需要之地區得設直轄市。縣人口聚居達二百萬人以上，未改制為
直轄市前，於第三十四條、第五十四條、第五十五條、第六十二條、第六十
六條、第六十七條及其他法律關於直轄市之規定，準用之。人口聚居達五十
萬人以上未滿一百二十五萬人，且在政治、經濟及文化上地位重要之地區，
得設市。人口聚居達十萬人以上未滿五十萬人，且工商發達、自治財源充裕、
交通便利及公共設施完全之地區，得設縣轄市。」

依此，地方制度法所稱的「市」有三種型態：直轄市、市與縣轄市，其
設置之條件顯有不同。

⑴直轄市

直轄市為行政區域的一種，即「直接由中央政府管轄的城市」。依《地方
制度法》第 4 條第一項規定：「人口聚居達一百二十五萬人以上，且在政治、
經濟、文化及都會區域發展上，有特殊需要之地區得設直轄市。」憲法第
118 條：「直轄市之自治，以法律定之。」，故於 1994 年 7 月 8 日制定《直轄

市自治法》56 條，後因精省工程的發動，另於 1999 年 1 月 25 日另訂《地方制度法》，以規範所有地方政府之事宜，故《直轄市自治法》亦於 1999 年 3 月 30 日廢止。

目前我國的六個直轄市其升格過程，略如下述：㈠符合第 4 條第一項規定者，如臺中市、高雄市、臺南市以及稍後升格的桃園市。㈡符合第 4 條第二項規定者——「縣人口聚居達二百萬人以上，未改制為直轄市前，於第三十四條、第五十四條、第五十五條、第六十二條、第六十六條、第六十七條及其他法律關於直轄市之規定，準用之。」如臺北縣升格為直轄市前，先以「准直轄市」名稱定位其過渡階段。

⑵市

依《地方制度法》第 4 條第 3 項規定：「人口聚居達五十萬人以上未滿一百二十五萬人，且在政治、經濟及文化上地位重要之地區，得設市。」在「精省」前，此處所謂的市是指「省轄市」而言，包括基隆市、新竹市、臺中市、嘉義市、臺南市。唯「精省」後，省承行政院之命監督縣市之自治，省非自治公法人，自不宜隸屬省管轄之市，但地方制度法仍以「市」稱之。臺南市與臺南縣、臺中市與臺中縣升格為直轄市後，目前臺灣的省轄市包括：基隆市、新竹市與嘉義市。

⑶縣轄市

憲法第 11 章與市組織法並未有縣轄市之規定，可見我國原來並無縣轄市之設置，主要係承襲日治時代之舊制而來，如板橋市、中壢市、彰化市等。1994 年 7 月 29 日制定，1999 年 4 月 14 日遭到廢止於之《省縣自治法》第 2 條：「省為法人，省以下設縣、市，縣以下設鄉、鎮、縣轄市，均為法人，各依本法辦理自治事項，並執行上級政府委辦事項。」依《地方制度法》第 4 條第 3 項：「人口聚居達十萬人以上未滿五十萬人，且工商發達、自治財源充裕、交通便利及公共設施完全之地區，得設縣轄市」。

二、劃分程序

依《地方制度法》有下列劃分程序規定：

㈠第 6 條：省、直轄市、縣（市）、鄉（鎮、市）、區及村（里）名稱，依原有之名稱。前項名稱之變更，依下列規定辦理之：

一、省：由內政部報行政院核定。

二、直轄市：由直轄市政府提請直轄市議會通過，報行政院核定。

三、縣（市）：由縣（市）政府提請縣（市）議會通過，由內政部轉報行政院核定。

四、鄉（鎮、市）及村（里）：由鄉（鎮、市）公所提請鄉（鎮、市）民代表會通過，報縣政府核定。

五、直轄市、市之區、里：由各該市政府提請市議會通過後辦理。

鄉（鎮）符合第四條第三項規定，改制為縣轄市者，準用前項之規定。

㈡第 7-1 條：「內政部基於全國國土合理規劃及區域均衡發展之需要，擬將縣（市）改制或與其他直轄市、縣（市）合併改制為直轄市者，應擬訂改制計畫，徵詢相關直轄市政府、縣（市）政府意見後，報請行政院核定之。

縣（市）擬改制為直轄市者，縣（市）政府得擬訂改制計畫，經縣（市）議會同意後，由內政部報請行政院核定之。

縣（市）擬與其他直轄市、縣（市）合併改制為直轄市者，相關直轄市政府、縣（市）政府得共同擬訂改制計畫，經各該直轄市議會、縣（市）議會同意後，由內政部報請行政院核定之。

行政院收到內政部陳報改制計畫，應於六個月內決定之。內政部應於收到行政院核定公文之次日起三十日內，將改制計畫發布，並公告改制日期。」又稱前條改制計畫應載明下列事項，如改制後之名稱。歷史沿革。改制前、後行政區域範圍、人口及面積。改制後對於地方政治、財政、經濟、文化、都會發展、交通之影響分析。或其他有關改制之事項。

參、現行地方自治區劃的問題

一、地方行政區域現況

　　我國依據憲法、憲法增修條文、《地方制度法》規定，地方劃分為省及直轄市，省劃分為縣及市，縣之下又劃分為鄉、鎮及縣轄市，直轄市及市之下均劃分為區。其中省為非地方自治團體，直轄市、縣（市）、鄉（鎮、縣轄市）、直轄市山地原住民區均為地方自治團體之公法人。鄉、鎮、縣轄市、區以內之編組為村、里；村、里以內之編組為鄰。

　　目前我國有臺北市、新北市、桃園市、臺中市、臺南市及高雄市六個直轄市。縣（市）則有臺灣省宜蘭縣、新竹縣、苗栗縣、彰化縣、南投縣、雲林縣、嘉義縣、屏東縣、花蓮縣、臺東縣、澎湖縣、基隆市、新竹市、嘉義市 11 縣 3 市，及福建省金門縣、連江縣 2 縣，合計有 13 縣 3 市。鄉（鎮、市、區）合計有 146 鄉、38 鎮、14 縣轄市及 170 區。

二、現行行政區劃發展失衡問題的檢討

　　平心而論，目前的行政區劃並不理想，其所造成的失衡現象相當明顯，臺灣目前的行政區域就是「六都」與「非六都」而已，前者竟然擁有近 7 成的人口卻擠入 3 成管轄土地內，人口過渡的「都市化」情形相當嚴重，以至於形成「一個臺灣，兩個世界」的偏差發展。前立法委員潘孟安於立法院曾呼籲各界應正視「非六都」的邊緣化危機，由於行政區劃失當，政府資源及產業分配不均，造成工商發展條件落差，導致人才、資源與資金往北部區域移動，中、南部縣（市）在人才與資源的競爭上被邊緣化相當嚴重，六都升格後所形成的六都地方治理格局更強化人口、產業與經濟活動的「磁吸效應」，不僅是向六都傾斜，更嚴重的是向北部嚴重傾斜，立法政策上當有一併

通盤考量的必要。就現實面而論，已單獨或合併升格的直轄市很難再走回頭路，潘孟安主張應齊力推動制定「非六都」的「縣市振興發展條例」，以藉此舒緩「非六都」、「六都」間區域發展日益失衡的迫切危機❸。

內政部提交立法院審查的《行政區劃法草案總說明》亦明確指出：「目前臺灣行政區域計有六直轄市、十六縣（市）、三百六十八鄉（鎮、市、區），行政區域間之規模差距甚大，且直轄市無法擔任『領頭羊』角色帶動區域發展，對於周邊區域之人口、資源、產業及建設具有強大磁吸效應，致使周邊區域產生留才不易、財政狀況欠佳及整體施政效能無法有效提升等地方治理困境。依憲法第一百零八條第一項第二款規定，行政區劃事項，應由中央立法並執行之，或交由省縣執行之。鑑於以往臺灣地區之行政區劃未有法制規範，為建立公平合理之行政區劃程序，以應未來推動行政區劃之迫切需求，爰擬具《行政區劃法》草案❹」。

平心而論，臺灣六都的升格都是基於政治權謀與選舉算計的惡果，任何稍有常識的公民都清楚，臺灣這麼一個面積狹小的地方竟然有高達六個直轄市，相對所帶來的財富、人口、就業機會、娛樂休閒等機會就相對的集中於六都。臺灣行政區劃的失衡現象，與日本或其他國家都會城市的發展趨勢相當符合，日本首相安倍晉三相當憂心 49% 的人口集中「三大城市圈」（東京、名古屋、大阪三都市市中心 50 公里範圍），而造成「地方滅絕」，因而提出著名的「地方創生計畫」，而前行政院長賴清德亦定調 2019 年為「地方創生元年」。基此，內政部必須整合各界智慧，針對區域失衡的現象進行整體的檢討並提出永續發展的區域劃分。謹提供下列意見：

㈠優先解決最單純的縣市合併問題，包括：基隆市、新竹市、嘉義市，由於行政轄區過於狹窄，高度限制其發展格局，已到了不得不解決的地步，是否應考慮併入附近的縣市或直轄市？

---

❸　立法院潘孟安委員：「正視『非六都』邊緣化危機」
　　https://www.ly.gov.tw/Pages/Detail.aspx?nodeid=12232&pid=151926.

❹　《內政部行政區劃法草案》總說明，2018/05/23，https://www.moi.gov.tw/chi/chi_act/Act_detail.aspx?pages=0&sd=2&sn=599.

㈡正視非六都行政區域的均衡發展,前述所提出的《縣市振興發展條例》不失為一項值得參考的作法。

㈢無論如何調整行政區域,離島地區的澎湖、金馬,由於地理位置與資源相對貧瘠,始終無法蒙受其利,故應有另外的政策考量,明確其發展定位,以公私夥伴精神推動離島地區的生計、生產與生態的「三生」目標。

㈣目前行政區劃已難「打掉重練」,因已付出的行政與社會成本太高,不易改變,但行政區劃仍宜朝向單純化、效率化與永續化的目標來推動,對於明顯失衡的區域應有相對應的配套措施。

㈤以目前六都的都會治理 (metropolitan governance) 水準而言,雖然治理能力有進步,在某公共事務項目上,某些特定城市或有亮麗表現,但以都會治理績效評估角度而言,除了臺北市,其他五都都還未具國際城市的競爭實力,故應加強都會治理機制的評比,透過競爭以加強公民的監督力量、提升這些直轄市的應有水準。

三、鄉(鎮、市)應採派出制或法人制的問題

㈠派出制與法人制的意義

目前我國地方基層機關可以分成下列兩種型態:

1.派出制地方政府:意指國家高權並未授與地方政府有完整之法律人格,非但不能依其自治權限,保有、分配與管理自有財產,亦不能自行依民主選舉程序選出自治事務之管理者。派出制地方政府之首長係由上級政府或主權者所派任,自不能依其民主選舉之共同意思選出首長;依此而論,派出制地方政府等同於上級政府之下級派出機關,辦理上級交辦事務,不須向當地區域人民負責。如各直轄市所管轄的「區」屬之。

2.法人制地方政府:意指國家高權授與地方自治團體,在法律上享有完整之法律人格,可為權利義務之主體,以作為負擔國家部分之總體行政權。地方政府既係依國家高權所設立,一方面固然必須承辦國家高權所委辦之公

共事務，另一方面則可在其自治區域範圍內，依其所被賦予之自治權限，依區域居民之共同意思，以民主選舉程序選出自治事務的管理者，自行管理地方自治事務。如鄉（鎮、市）皆屬之。

㈡法人制地方政府的優缺點

鄉（鎮、市）為法人制之制度，實施至今可謂毀譽參半，各有其優缺點（施嘉明，1998: 195-196）：

1.優點：⑴實施地方自治，訓練住民行使政權，增加自治意識，加強人民對於地方政府的信心與信賴。⑵鄉（鎮、市）長與代表會皆為民選，代表會有審查預算決算之權，使行政與立法發生制衡作用。⑶符合國際地方民主之潮流，確保地方自治人民的參政權，有助於培養地方民眾的民主素養。⑷優秀基層人才由於參加地方政治活動，有機會施展政治抱負，培植基層人才。

2.缺點：⑴社會結構多年來已發生相當變化，但鄉（鎮、市）公所的組織編制多年來未曾修訂、不符合目前社會需要。⑵自治財政不夠充裕，目前鄉（鎮、市）課稅收入多數不敷人事費用，事事仰賴上級政府補助，地方自治名不副實。⑶鄉（鎮、市）長為爭取選票，無法專心公正處理公務，又受地方派系影響，不能充分發揮地方自治功能。⑷選舉風氣每況愈下，鄉（鎮、市）長與代表會選舉均須投下一筆可觀的競選資金，真正廉能人士不願參與鄉（鎮、市）長的選舉。

㈢未來改革方向：派出制地方政府

1996 年 12 月，國內朝野政黨為凝聚改革共識，特舉辦國家發展會議，達成臺灣省虛級化、廢除地方基層選舉、市選舉改以縣長派任地方自治人員方式統轄的重大決議。唯有關鄉（鎮、市）制之改革則因各黨派基於選舉考量而未列入修憲條文當中，僅在國家發展會議中以共識決議方式規定：「為求根本盡絕地方之黑金政治與派系政治之惡質化現象，廢除鄉（鎮、市）之選舉，可使地方自治中賄選之現象不致繼續擴大；此外，廢除鄉（鎮、市）級

政府有助於縣政之推動。」然而，此一共識，經過了數十年來的政黨輪替，各執政黨嚐到了鄉（鎮、市）長在總統或其他各種選舉中的好處，廢除鄉（鎮、市）的法人地位之主張幾乎已如同天方夜譚。

為求國家長治久安，提升地方自治素質，派出制鄉（鎮、市）應是最佳的地方制度之選擇，其理由不外乎是：

1.鄉（鎮、市）選風不佳，雖檢調機關大力掃蕩有所改善，但仍嫌不足，主因是：鄉（鎮、市）之選區太小，選民人數太少，候選人為求勝選，進行金錢投資以獲取選票回報，賄選之風仍未根絕。臺灣民主政治之美名，得之不易，不能讓基層惡質之選風影響臺灣民主政治之發展。

2.選舉之目標為「選賢與能」，然在小選區的鄉（鎮、市）選舉中並不適用，清貧而有志服務的好人不易出頭，反而不少是具特殊財團或其他背景出身者，君不見因賄選或貪污案被起訴之基層鄉（鎮、市）長與民意代表比例甚高，處處可見？

3.由於選舉靠花錢，不靠施政績效；一旦選勝，就透過行政權與立法權的行使，藉著法令漏洞，進行桌底下的政商掛鉤之不法勾當，此類民代或首長因案羈押者為數不少。監察院曾調查散佈於臺灣各地的蚊子建設，不少是出自於鄉（鎮、市）階層所推動的公共建設，於此可見鄉（鎮、市）施政品質之低落。依此而論，法人論者動輒肯定鄉（鎮、市）自治選舉具有相當歷史，符合民主政治潮流，足堪西方基層草根政治之楷模者，實只見到基層選舉之優點，其缺失部分則視為不見，此弊端實為臺灣實施地方自治之恥，必須加以改革。

4.現行憲法與修憲均未有任何有關鄉（鎮、市）實施地方自治之法源依據，可見鄉（鎮、市）並非制憲者與修憲者心目中實施地方自治的基本價值，支持鄉（鎮、市）長民選者動輒以過時老舊的法制概念為擋箭牌，如今時代不同，應有不同思考格局。推動地方自治不應下放到最基層的鄉（鎮、市），做為縣市長而言，面對有民意基礎的法人制鄉鎮市公所，難以整合社會資源，以宏觀思維興建地方建設。

5.從救災能力而言，鄉（鎮、市）無法形成有力的救災層級，若連區域內人民的生命都欠缺自救能力，試問實施地方自治的自主意義為何？發生於2009年8月8日的莫拉克風災，重創臺灣屏東、臺南縣、高雄縣等地，當各界指責行政院救災不力時，難道地方政府就無責任嗎？依《災害防救法》建制：我國災害防救體系採中央、縣市與鄉（鎮、市）三級制，但過去經驗顯示，最基層的鄉（鎮、市）根本無法發揮第一時間啟動防救災體制的功能，以至於事事請求縣市或中央政府的救助，可見最基層的地方政府，若能改為中央或縣市的派出機關，則對於公共建設的興建與營運、天然災害的防制都有正面助益。

6.地方自治最重要的是財政的自主性，如今縣市財政自主性不足乃是臺灣實施地方自治之一大難題，若加上鄉（鎮、市）的財政問題，則如同雪上加霜，更形嚴重，無疑惡化臺灣地方自治之良法美意（丘昌泰，2007a: 179–181），試想：一個動輒伸手要錢的基層地方自治，究竟其保留意義為何？

四、村里與社區的政治衝突問題

㈠村里制度的功能與問題

村里制度在臺灣地方自治史上扮演十分重要的角色，從歷史源流來看，古代的保甲制度係淵源於封建皇權時代，為監控地方、傳達政令，授與地方仕紳族長為里正保甲等職，其中保是指大村（里），甲是指小村（里），乃是朝廷用來管理地方治安、地方文化、地方經濟活動的基層行政組織，這樣的保甲制度甚少地方自治精神。

日治初期，日本人為鎮壓抗日勢力，1898年8月公布《保甲條例》，保甲乃是總督府警察機關用來控制臺灣社會的一種地方制度。保甲則成為執行上級政令、推動地方建設、聯繫住民感情與監視住民活動的基層組織。1945年，國民黨政府接收臺灣後，將它作為地方政府轄區內，最草根性的基礎單位。後來隨著民主化推進過程的演變，這個原本僅扮演地方自衛組織的保甲

制，透過選舉產生方式，轉化為具有草根民主精神的「民選」基層公職人員，顯見地方自治中對於村（里）代表草根力量的關鍵地位。

觀諸臺灣近十年來之村（里）長選舉，其激情之程度不亞於其他各項選舉，主要原因是地方民選首長與民意代表仍非常重視村（里）長在其推動地方政務上與選舉上的影響力。正因如此，村（里）長成為選舉時兵家必爭之地，從而衍生出政治衝突。

在村（里）制度中，一直為大家所關切者為村（里）長待遇問題，地方制度法第61條遂規定：「村（里）長，為無給職，由鄉（鎮、市、區）公所編列村（里）長事務補助費，其補助項目及標準，以法律定之。」《地方民意代表費用支給及村里長事務補助費補助條例》第7條稱：「村（里）長由鄉（鎮、市、區）公所編列村（里）長事務補助費，每村（里）每月新臺幣四萬五千元。前項事務補助費，係指文具費、郵電費、水電費及其他因公支出之費用。村（里）長因職務關係，得由鄉（鎮、市、區）公所編列預算，支應其健康檢查費、保險費，其最高標準比照鄉（鎮、市）民代表會代表。第一項及第三項自中華民國九十九年一月一日起施行。」日後就依此規定支付村（里）長之事務補助費。

總結上述規定，我國村（里）之特徵如下所述（呂育誠，2007: 60）：

一、村里組織不是自治公法人，亦非行政機關，由於不是地方自治團體，故不能保有財產，不能視為具有地方自治權的地方自治組單位；村（里）為服務村（里）民雖設置村（里）長辦公處，但該處並非法制處所，且無編制員額，沒有基本公務人力執行公共事務。

二、村里長有其固有事務需要處理，但同時亦接受鄉（鎮、市、區）長的監督指揮，承辦交辦事務，經辦事務相當繁瑣。

三、村（里）長民選產生，必須適時回應民意需求，但在職務上卻又必須接受鄉（鎮、市、區）長的指揮監督，形成相當矛盾的現象。以臺北市政府各區長之經驗而言，區長實際上無法指揮里長，有時候里長直接與市長、市議員、市府機關首長對話，如果黨派立場一致，彼此之間形成更密切之水

乳交融關係,里長之影響力往往不容小覷,該里之建設經費當然就非常豐厚。反之,如果黨派立場不同,則區長、市府均無法指揮得動里長,乃成為麻煩製造者。例如,垃圾焚化廠、醫療廢棄物處置廠等鄰避型設施 (NIMBY facilities) 的興建,村里長經常成為帶頭抗議的地方領袖,讓上級政府相當頭疼(丘昌泰,2007b)。

呂育誠 (2007: 198) 指出:村(里)制度功能與運作內涵的不穩定是值得檢討的問題之一。村(里)長由民選產生,理當力求表現,以爭取連任,積極回應民眾需求;然而在職權設計上,法律又規定村(里)長直接受鄉(鎮、市、區)長的直接指揮監督,加上沒有給予足夠的彈藥(預算與人力),故兩類不同性質的監督力量相互制衡,乃造成當前村(里)長的運作出現前所未有的困境。對於勇於任事、希望履行其競選承諾的村里長而言,可能因為與上級政府互動不良,或是彼此見解不同,而難以施展抱負;同理,對於尸位素餐、投機取巧的當選人而言,卻也同樣能以上級政府的限制太多,作為卸責理由。基此,村(里)長事務推動之良窳高度依賴「人治」,因此,多年來就有村(里)制度存廢之爭議。主張廢除村(里)制者認為只要取消村(里)長選舉,即可解決所有問題;但主張保存者則提出許多改革方案,如充裕村(里)長的行政功能,故應編列適當預算與配置人力,但應加強監督考核機制等,內政部曾多次草擬的地方制度法修正草案中,期盼解決村里問題,但礙於政治現實壓力,至今問題依然如故。

(二)社區發展協會的角色與功能

何謂社區?根據《社區發展工作綱要》第 2 條規定:「所稱社區係指經鄉(鎮、市、區)社區發展主管機關劃定,供為依法設立社區發展協會,推動社區發展工作之組織與活動區域。」依此,社區成立之要件有下列幾點:

一、社區發展成立之目的係社區居民基於共同需要,循自動與互助精神,配合政府行政支援、技術指導,有效運用各種資源,從事綜合建設,以改進社區居民生活品質。

二、社區居民係指設戶籍、並居住本社區之居民。

三、社區發展主管機關，在中央為內政部；在直轄市為直轄市政府；在縣（市）為縣（市）政府；在鄉（鎮、市、區）為鄉（鎮、市、區）公所。主管機關辦理社區發展業務單位，應加強與警政、民政、工務、國宅、教育、農業、衛生及環境保護等相關單位協調聯繫、分工合作及相互配合支援，以使社區發展業務順利有效執行（第 3 條）。

為了推動社區事務，有必要成立常設性的組織，該綱要第 6 條：鄉（鎮、市、區）主管機關應輔導社區居民依法設立社區發展協會，依章程推動社區發展工作；社區發展協會章程範本由中央主管機關定之。社區發展工作之推動，應循調查、研究、諮詢、協調、計畫、推行及評估等方式辦理。主管機關對於前項工作應遴派專業人員指導之。

㈢村（里）與社區發展協會的政治衝突問題

早於 1991 年 5 月 1 日《社區發展工作綱要》頒佈後，不少村（里）長為擴大爭取資源，乃自行申請成立社區發展協會，此舉不僅可以彌補前述所稱村（里）在實務運作過程中出現的種種缺失，而且亦符合自 1994 年行政院文建會仿效日本社區營造制度推出社區總體營造運動之本旨。在原先任務分工上，村（里）是地方政府的基層任務編組，主要負責村（里）各項「硬體」公共設施建設，以及各項政令的宣導；然社區發展協會則是一純粹的民間團體，負責辦理村（里）社區中的各項文康育樂、教育休閒等「軟體」活動，如此不僅可以對村（里）與社區的職能作一明確劃分，而且亦可發揮資源共享，互補合作之效果。

然而，前述係假定村（里）長與社區發展協會理事長之關係甚為和諧，且村（里）長又兼任社區發展協會理事長時，兩者確實可以發揮互補分工、相互支援的正面效果。然而目前事情的演變則是：當村（里）長落選後，轉而投入社區發展協會的選舉，並順利當選理事長，於是村（里）長與協會理事長之間的選舉恩怨，繼續延伸到村（里）與社區的鬥爭，乃衍生為不可化

解的政治衝突，甚至村（里）或社區活動中心場地的租借都往往成為政治衝突的導火線，一發不可收拾。若干社區發展協會活動辦得好的，民眾多所肯定，民眾自然對於村（里）長有所怨言，村（里）長又如何能夠心甘情願地與社區組織進行合作？如此一來，「一個區域，兩種制度」，隨時都可能爆發不可收拾的衝突。

進一步分析其衝突原因主要有下列幾點：

1.村里與社區發展協會的職掌有所重疊，難以清楚分割

《臺北市里鄰長服務要點》第三點規定：里長受區長之指揮監督，辦理下列里公務及交辦事項，如里年度工作之策定及執行、里公文之批閱及處理、里民大會、基層建設座談會及里鄰工作會報之召開、市政宣導及民情反映、區民活動中心之協助維護、基層藝文活動、區文化特色及體育活動之參與及協助等。

根據《社區發展工作綱要》第 12 條：社區發展協會之工作項目包括：

一、公共設施建設：㈠新（修）建社區活動中心。㈡社區環境衛生及垃圾之改善與處理。㈢社區道路、水溝之維修。㈣停車設施之整理與添設。㈤社區綠化與美化。㈥其他。

二、生產福利建設：㈠社區生產建設基金之設置。㈡社會福利之推動。㈢社區托兒所之設置。㈣其他。

三、精神倫理建設：㈠加強改善社會風氣重要措施及國民禮儀範例之倡導與推行。㈡鄉土文化、民俗技藝之維護與發揚。㈢社區交通秩序之建立。㈣社區公約之制訂。㈤社區守望相助之推動。㈥社區藝文康樂團隊之設立。㈦社區長壽俱樂部之設置。㈧社區媽媽教室之設置。㈨社區志願服務團隊之成立。㈩社區圖書室之設置。㈠社區全民運動之提倡。㈡其他。

依上開規定可知：原本希望村（里）負責「硬體」建設，社區負責「軟體」建設，實際上這是不可能劃分清楚的，甚至政府機關本身亦未遵守此一規定，由於村（里）與社區的劃分標準過於含糊，引起爭議，於是出現「課責」問題，此類爭議對於期望爭取連任的村（里）長與理事長而言，都是不

可承受之重。

2.村（里）長與社區發展協會理事長本身的政黨立場亦經常左右兩個組織的走向，形成無法妥協的政治難題

由於目前臺灣各政黨都非常重視選舉的勝敗，而是村（里）長與社區發展協會經常成為民選首長的籠絡對象，當然條件之一是作為選舉的樁腳，若村（里）與社區組織的黨派不同，則明顯看出兩個組織的財力與活動力明顯不同，兩者幾乎互不往來，少有互動，私底下亦經常撞出衝突火花，對於地方和諧與村里或社區事務的推展至為不利。

3.村（里）長與社區發展協會之中央主管機關並不一致，前者是內政部民政司，後者則是內政部社會司

主管法規亦不同，前者是《地方制度法》，後者則是《社區發展工作綱要》，基此，解決之道除非修改主管法規；或者村（里）長與社區發展協會為同一人，否則此種衝突情況將繼續延續。

✍ 自我評量

1. 地方自治區域為地方自治之要素之一，試說明其意義。
2. 地方自治區域之劃分原則為何？
3. 如何劃分適當之自治區域，其標準為何？試從政治與法制角度加以剖析。
4. 從李登輝、陳水扁至馬英九總統任內，對於臺灣地方行政區劃都有許多不同的版本，可否敘述各版本之主張？您的主張為何？
5. 現行法制規定中對於行政區域的劃分有何標準？請以《地方制度法》加以說明。
6. 試說明我國「市」有三種不同型態，其設置條件各為何？
7. 您對於現行行政區劃中的「六都」與「非六都」區域有何評論，應如何改進？

8. 有關鄉（鎮、市）的定位問題，國人經常有所爭論，有人主張應為法人制，有人主張應為派出制，可否敘述其主張內涵？您的主張為何？

9. 試說明村（里）制度之角色與功能？目前有何問題需要解決？

10. 村（里）組織是自治公法人嗎？何以故？有何特徵？其與社區有何相似與相異之處？

11. 何謂社區？社區發展協會如何成立？其與村（里）之衝突根源為何？如何解決其與村（里）長之間的政治衝突？

歷屆考題

1. 何謂區域治理 (regional governance)？試分別從傳統改革主義者觀點、公共選擇觀點及新區域主義觀點一一論述其對區域治理改革的主張。（108 年公務人員高等考試三級考試）

2. 永續發展政策目前已成為都會治理研究的重要議題。試析論其對都會區治理帶來哪些衝擊或影響？（108 年公務人員高等考試三級考試）

3. 世界各國有哪些遷都之例，主要用來帶動特定區域之發展？我國如遷都，有哪些可能之模式？請分別舉例說明之。（106 年特種考試地方政府公務人員考試）

4. 我政府近年來所倡導推動之「國土空間發展策略計畫」為何？該計畫中之「7 個區域生活圈」又為何？請分別說明之。（106 年特種考試地方政府公務人員考試）

5. 我國的國土規劃係以城市區域為區域發展策略，請說明臺灣北、中、南部城市區域規劃的主要內容，並分析直轄市在各該城市區域中所能扮演的角色種類。（103 年特種考試地方政府公務人

員考試）

6.考量國土資源之空間規劃及區域治理機制與發展，試擬一我國未來在全球化風潮下地方區域發展之可行性藍圖。（98 年公務人員高等考試三級考試）

7.行政區劃的法制依據為何？試依下列問題回答之：㈠行政區域調整的原因。㈡行政區域重劃與國土空間規劃的關係。（97 年特種考試地方政府公務人員考試）

第三節　地方財政

壹、地方財政的重要

一、前　言

　　地方自治團體，依中央與地方自治法令或政策之規範，興建各種地方性的公共建設，為地方民眾提供各種公共服務設施，都需要充足的財政來源支應，以滿足地方民眾需要，而其支用程序亦須依中央政府主計法令規定，以確保財政秩序。俗諺云：「財政為庶政之母」，就地方自治團體而言，地方財政為地方自治實務成功之基石，若無健全之地方財政制度，則地方自治之目標將無實現之可能。

　　任何已開發、開發中或未開發國家中的地方財政通常與該國中央與地方權限劃分有密切的連動關係。聯邦制的國家，中央政府賦予州與地方政府的財政收支權，既有權徵稅，亦需負擔支出，故偏向「財政分權制」。單一制國家，由於實行中央集權制，由中央政府掌控租稅立法權與支出權，地方政府不過是中央政府為貫徹國家意志與國家政策的執行機關，故偏向「財政集權制」。依我國憲法中有關中央與地方權限之劃分係採均權制，中央與地方財政都有法律規範，只是中央財政權較地方豐沛，故傾向於「財政集權制」，但地方仍有其財政自主權。

　　儘管地方財政有其重要性，但觀諸世界上很多國家的中央政府，無論是聯邦制或單一制國家，總是希望中央政府掌握愈多的財源愈好，而地方政府則大都面臨相同的問題：財政困窘、入不敷出。中央政府面對地方政府的困局所採取的態度，大部分都是授權地方政府自給自足的權力，俾以地方上的錢，做地方上的事，但由於隨著社會的進步與民智的大開，民眾需求遽增，地方政府往往欠缺足夠財源，因應日益膨脹的民眾需求。因此，中央政府亦

須設計若干補助金制度,對於地方政府伸出援手,使其能夠完成自治與委辦事項。無論中央政府對於地方政府的支持態度如何,可以肯定的世界趨勢是:健全穩定、獨立自主的地方財政可以減少地方對中央政府的財政依賴,中央政府得以全心全力與世界各國政府相互競爭,提升國家的競爭力。

健全穩定而獨立的地方財政,對於國家政務之實現,扮演下列重要作用:

㈠**可以發揮因地制宜,滿足地方民眾需求,強化國家認同感與凝聚力:**地方政府若有穩定而健全的財政,則可以根據地方民眾需求提供不同的在地服務,加強民眾對於國家的認同感與凝聚力。

㈡**可以進行跨域合作,促進地方政府彼此之間的良性競爭,提升民眾福祉:**若地方政府擁有健全的財政,則彼此之間亦可進行橫向的跨域合作,促進地方政府之間的良性競爭,提升民眾生活品質。例如,鄰近縣市聯合推動地方特色產業,則對於遊客而言,更有吸引力。

㈢**可以學習當家作主,培養公民權利義務意識,提升居民參與公共事務的能力:**地方政府若擁有健全的財政,則地方自治工作必然能夠落實,地方自治是公民學習參與國家事務的最佳訓練場域,可以培養公民權利與義務觀念,提升民眾參與公共事務的能力。

二、意 義

地方財政又稱為地方自治財政或自治財政,係相對於國家財政而言。一般而言,國家財政與地方財政的差別在於:

㈠**國家財政規模較大,地方財政規模較小:**中央政府以整體國家為其管轄範疇,不僅必須面對跨自治區域事務的協調與處理,而且必須面對國際事務的競爭與合作,如高速公路、機場、水庫、國防、外交等,故其收支有日益擴大之趨勢。至於地方政府則面對自治區域內的民眾與事務,其支出無法與中央政府相比,故財政規模難以望其項背。中央政府總預算,歲出預算約為上兆元,臺北市政府歲出約為數千億元,其他如澎湖縣、臺東縣政府等預

算額度就不用說了。

㈡**國家財政以「量出為入」為原則，地方財政以「量入為出」為原則：**
國家財政收入來源較多，籌款方法甚多，故應以「量出為入」為財政運作的
原則；換言之，以中央政府扮演角色的大小作為徵集稅源之準據；若是經濟
不景氣，必須扮演「大政府」角色，自需擴張政府財政，籌措更多財源，以
扮演活化經濟的火車頭，否則就應該扮演「小政府」角色，讓人民養生休息，
愈不擾民愈好。但地方財政收入來源較少，且以法令所規定者為限，籌款方
法有限，故宜以「量入為出」為原則，否則極易造成地方財政的惡化，最終
仍須中央政府出面解決，對於國家的穩定與發展自然有所障礙。

㈢**國家財政權限大，地方財政權限小：**國家財政支出係根據憲法與相關
法律，其財政權限甚大，以財政收入而言，關稅、所得稅等都是稅源穩定而
豐富的「好稅」，以支出而言，如國防外交、全民健保等都是國家為求生存而
必須擔負起的重責大任，故需有穩定財源以為支應。但地方政府財政權限較
小，如使用牌照稅、印花稅等課徵之金額不大，但支出卻一項都不能少。

三、地方財務行政體系

　　按世界各國之地方財務行政體系概可分為兩種建制模式：第一、財務職
權分立制：係指財務職權分別由不同機關掌理與負責，例如我國的財務職權
係分別由財務行政、立法與監察機關行使，且在有關財務行政職權方面，亦
分別由主計機關（主計處）與財務機關（財政部）分別掌理，美國政府亦採
此種建制。第二、財務職權合一制：係指財務職權由同一機關負責，如英國
政府財政部負責所有財務的收入、支出與調整事項，此與該國強調行政與立
法合一的內閣制走向有密切關係（莊義雄，1993: 27–32）。

　　依據上述概念，我國之地方財務行政體系可分為下列三種不同機關：

㈠**地方財務行政機關：**此為地方政府負責地方財政收支與調整最重要的
機關。根據《財政收支劃分法》第三條規定：我國財政收支系統劃分如下：

中央、直轄市、縣（市）、鄉（鎮、市）。在地方財務行政機關方面，直轄市為直轄市政府，縣（市）為縣（市）政府，鄉（鎮、市）為鄉（鎮、市）公所，分層負責，各有所司。在該地方政府內部，負責財務執行的機關有：㈠主計機關：負責地方財政之預算編制審核、預算支用之會計程序之超級機關，如直轄市政府、縣（市）政府主計處，鄉鎮市公所主計室。㈡公庫主管機關：掌理財務的調度與財務庶務事項，如直轄市政府、縣（市）政府財政局、鄉鎮市公所財政課。

㈡**地方財務立法機關：**負責審議地方政府提交之預算案與決算報告，如直轄市議會、縣（市）議會、鄉（鎮、市）民代表大會等，各級民意機構為該轄區選民獨立行使相關的財務之審議與表決，不受上級民意機關之統御指揮，但地方民意機關所通過之立法，若與中央立法機關相抵觸者無效。

㈢**地方財務監察機關：**負責監督預算之執行，稽審預算與決算，審計權為中央政府的重要職掌，但為監督地方政府之收支與調政事項，以建立健全之地方財政制度，審計部亦於直轄市，設有臺北市、高雄市兩審計處，並於臺灣省各縣市，設有各縣（市）審計室，分別掌理各該地方審計事務。

雖然現行地方財務行政體系相當完整，但多年來的運作仍然產生下列問題：㈠語云：「巧婦難為無米之炊」，由於地方政府的財政狀況普遍不佳，財源又太過仰賴上級機關的補助，故財政赤字缺口甚大，地方財務行政機關的功能未能彰顯。㈡地方議員的素質普遍不佳，加上公民及媒體監督力量不足，使得不少議會無法發揮預算把關的功能，財務立法機關亦未能彰顯。㈢地方財務監察機關由於人手欠缺，即使僅就行政院各部會及其隸屬機關的稽查而言，就不堪負荷，導致對於地方財務的收支無法進行嚴謹稽查。基此，如何強化地方財務行政、立法與監察機關的職能應為提升地方自治相當關鍵的課題。

貳、中央與地方財政的劃分制度與原則

一、中央與地方財政劃分制度

各國中央政府對於地方財政制度的設計，皆因該國歷史發展與政治文化生態有關，無論地方財政權的設計型態為何，地方財政都普遍面臨財政窘困的課題。依各國國情而言，中央與地方政府財政的劃分原理可以分成下列類型（莊義雄，1993: 440）：

㈠單一制

財政資源的籌集、運用與分配採財政集權模式，中央政府擁有「財政立法權」，控制國家整個收支工作，地方政府則完全仰賴中央的補助與分配經費，甚至地方政府的預算均須報經中央政府核准（核備）。此類財政體制大都基於地方自治團體缺乏獨立性與自主性使然，故與單一制政治體制的關係至為密切。以英國而言，地方政府的財政收支與調整必須依據 1888 年《地方政府法》，地方政府僅具有單純的財產權等權限，絕大部分都依靠中央政府的補助。日本則於 1947 年頒佈《地方自治法》，確立地方自治團體的法定地位，但絕大部分的財政仍集中於中央政府。

此種財政體制的優點主要是：⑴財政資源統一集中於中央政府，中央可以從國家總體觀點運籌帷幄，發揮財政的最大效益。⑵財政資源掌握在中央政府手中，可以截長補短、劫富濟貧，將富有地方政府的財政移轉給貧窮地方政府，發揮地方財政重分配效果。⑶當國家發生重大危機、經濟情況頗為緊急時，如 2008 年的全球金融大海嘯，歐美各國從市場經濟轉變為國家經濟，許多地方性的銀行瀕臨破產，只好由中央政府接管，以安定社會民心。

但其缺點則是：⑴財政資源過度集中，無法發揮因地制宜的功能，導致地方自治功能不彰。⑵財政資源由於過度集中中央政府，公共事務決定權亦

來自於中央，固然可收統一運用的行政效率，但往往忽略了地方政府的參與，無法發揮地方特色。(3)當前國家競爭日趨激烈，國家事務日趨繁雜，中央政府人手有限無法面面俱到，事事仰賴自己執行，必須授權地方政府執行地方性事務，以收中央與地方分工合作之效。

(二)聯邦制

財政資源的籌集、運用與分配都採財政分權模式，中央與地方政府各自擁有「財政立法權」，中央政府擁有的財政權限通常都予以明確規定，地方政府則採概括授權。此類財政體制大都基於聯邦與地方政府各有其獨立權限使然，故與聯邦制政治體制的關係至為密切。美國、加拿大、德國、澳大利亞等均屬之。以美國而言，聯邦政府固然擁有財政立法權，但其項目僅限定在憲法所授權的事項範圍內，故採嚴格的列舉規定；但各州政府也擁有租稅立法權，且州議會有權自行決定稅基與稅率，聯邦政府不得干涉，地方政府對於財政事項採概括規定。

此種財政體制的優點主要是：(1)財政資源分散於地方政府，地方政府可以發揮因地制宜的功能，滿足不同地區的不同需求。(2)財政資源分散於地方政府手中，若干財政狀況較好的地方政府，其地方發展速度甚快，容易形塑地方特色。(3)當國家和平狀態時，為了讓國家更能發揮地方特色，中央政府宜退居幕後，讓地方政府在良性競爭基礎下，發展各自特色。

此類財政體制的缺點是：(1)地方財政固然可以發揮因地制宜之效，但亦容易發生「諸侯割據」的現象，特別是首都市政府，其影響力更大，對於國家統治權未必有益。(2)地方政府首長為了兌現選票，必須向中央政府爭取資源，如此必然造成地方政府之間的惡性競爭，發生集體沈淪的惡果。(3)地方政府若擁有各自的租稅立法權，則鄰近地方政府必然產生模仿的效果，不得不在某些財政問題上採取同一步調，否則極易失去選民支持。例如，某地方政府擬徵收工程受益費，但鄰近的地方政府則不開徵，如此可以想見該徵收的地方政府首長必然面臨極大的民意壓力。

(三)折衷制

此種體制介於上述兩種類型之間，具有下列特徵：(1)地方政府與議會之間實施相當程度的地方自治，故具有課徵稅賦的權力，但最高的租稅立法權仍掌握在中央政府之手，地方政府無權課徵未經中央政府特別授權之租稅。(2)中央與地方政府之收支均明訂於財政法律中，但中央政府掌握絕大多數的租稅收入、支出比例亦較高，但地方政府僅掌握部分租稅收入、支出比例較小。

臺灣目前的財政體制是屬於此種制度，其理由是：(1)關於中央與地方財政的劃分，係根據《財政收支劃分法》，而該法係由立法院所通過，地方政府的財政收支須依該法而運作。(2)《財政收支劃分法》中對於直轄市、縣（市）與鄉鎮市公所的財政收支項目都明訂清楚，且與中央政府的項目差異性不大，具有相當濃厚的全國一致性色彩，可見中央政府的主控權。(3)從臺灣政府財政結構而言，中央政府始終扮演重要角色，例如，以財政收入淨額而言，約佔全國總收入的六成左右，縣（市）政府不到兩成，鄉（鎮、市）公所則更少於一成，由此可見中央「集錢」的事實。(4)地方政府仍有課徵租稅的權力，2002 年 12 月 11 日公布的《地方稅法通則》就是課徵地方稅賦的法源基礎。

二、中央與地方財政劃分的原則

雖然就任何國家的中央政府而言，對於地方財政權類型可以分成單一制與聯邦制，然而，這些制度類型的歸屬其實並不重要，重要的是無論哪一類型皆須掌握地方財政的自主性、合理性與效率性三大原則，如此才能培育健全的地方財政制度：

1.自主性原則：地方財政運作的第一個原則是必須維持自主財政，盡量減少上級補助，俾降低財政依賴度。所謂財政依賴度係指地方政府依賴上級政府補助收入佔總歲入之百分比，若以一百當作「完全依賴」，○當作「完全自主」，指數愈高，代表財政賴程度愈高，換言之，其計算公式如下：財政依

賴度＝（補助收入／總歲入）×100。根據分析：縣市政府的財政依賴度指數約為 40 左右，意指一百元當中至少有四十元是伸手向上級政府要錢；鄉（鎮、市）公所的財政依賴度約為 52.3 （丘昌泰，2007a: 31-32）。由此可見，臺灣地方財政依賴度太高，必須加以改善。唯有建立財政自主性，地方自治的實踐才有意義。若動輒皆須中央的補助，乾脆就將地方政府從地方自治團體的公法人地位改為下屬的地方派出機關即可，一樣可以滿足地方民眾需求，何必花費時間與精力從事地方自治活動？

2.合理性原則：地方財政的徵集與運用必須合理：第一、必須恪遵「量入為出」的原則，換言之，有多少收入作多少事，凡百施政應以財政收入作為思考主軸，且須以法令所規定者為第一優先，否則地方首長濫開選舉支票，中央政府為了取得執政權，則到處進行政策買票，造成國家財政惡化。第二、支出與收入的相對應：何種性質的收入就必須用於該種性質的支出，不能任意變換科目，破壞財政紀律。例如，經常性收入僅能用於經常性支出，臨時性收入僅能支應臨時支出，不能以經常性收入支應臨時性支出。第三、大型公共支出計畫必須同時附上替代財源計畫：支出與收入是一體兩面，地方政府不能為了兌現選舉支票向地方議會提出令選民叫好的政策支出，卻未提出相對應的財源計畫，如此自然是不合理的。《財政收支劃分法》第三十八條之一規定：「各級政府、立法機關制（訂）定或修正法律或自治法規，有減少收入者，應同時籌妥替代財源；需增加財政負擔者，應事先籌妥經費或於立法時明文規定相對收入來源。」可見財政收支之合理性在相關法律中已有規定必須遵從。

3.效率性原則：由於地方財政日益窘困，中央政府面對國際經濟情勢的險惡與天災人禍的接踵而來，故每一分錢都應該要花在刀口上，不能任意花費。換言之，地方政府的收支要有成本效益觀念，讓一塊錢能夠發揮倍數效果，如此地方政府的財政豈有赤字的可能？然而，至今為止，可在臺灣各地看到不少荒廢閒置的「蚊子建設」，這就是缺乏成本效益觀念的惡果。很多蚊子建設是可以避免的，如果能作事前的成本效益分析，當不至於出現這種浪

費民脂民膏的現象。當中央政府針對某項公共建設提出計畫性的補助時，地方政府應該進行成本效益分析，興建該建設是否能夠創造效益？一旦中央政府僅補助硬體建設經費時，地方政府若無軟體服務與人力經費以為支應，究竟有無能力永續經營該硬體設施？地方首長若能有這樣的思考，當不至於出現如此多的蚊子建設。

參、臺灣中央與地方財政的劃分

以下擬從地方收入、支出與調節三個角度加以探討：

一、立法背景

為貫徹財政收支三項原則，立法院通過有「地方財政憲法」之稱的《財政收支劃分法》，其目的為規範中央與地方政府財政收支之來源、使用與分配，透過財政盈虛的調整，以達到垂直與水平府際關係的均衡發展。該法令頒佈於 1951 年，後來再經過十次的修正，其中以最近兩次之修正幅度最大（1981 & 1999 年），涉及地方自治財政的制度面與收入面之變革。1981 年，係將所得稅及貨物稅全部改為中央收入，將財政主導權由臺灣省政府回歸中央政府。1999 年，配合「精省」政策的變革，將原屬臺灣省府之財政資源併入中央政府各部會，將營業稅重新定位為國稅，並從國稅項目中之所得稅與貨物稅收取 10%，作為中央統籌分配地方政府之用，以充裕地方政府財源。1999 年修正後，不但無法稍行紓解地方財政之窘境，更因政黨輪替後，藍綠政黨對峙激烈，而使得統籌分配稅款的分配問題成為兵家必爭之地。

二、稅課收入的徵收類型

一般而言，稅課收入的徵收方式又可分為下列幾種（董翔飛， 1982:

456–458）：

㈠獨立稅源制 (divided taxation system)

係指中央稅與地方稅各自獨立，前者如所得稅、證券交易稅、期貨交易稅等，後者如印花稅、契稅、土地增值稅等。此制之優點為：地方政府有其法律保障之獨立財源收入，完全由地方自治團體自己徵收，自己決定其用途，不受中央政府之支配與干預，可以享有完整的財政獨立性與自主性。然而，此制的缺點在於：由於每個地方政府之社會、經濟背景不盡相同，稅收的豐竂也有相當程度的差異，稅源豐富的地方政府自然擁有豐沛的自治財源，但對於稅源貧窮的地方政府而言，則此制無疑地使其愈來愈貧困，故獨立稅源制未必對於地方政府都是好的，可能會造成貧者愈貧、富者愈富的現象。

㈡分成稅源制 (proportional system)

係指某一稅目未必完全屬於某一層級政府，而係由法律規定每一層級政府所應獲取之比例，例如，「所得稅」雖是國稅，但中央政府之收入占總收入百分之九十，其餘百分之十則經由中央統籌分配款給直轄市、縣（市）等。此制之優點為：可以彌補獨立稅源制的缺點，對於財政貧困的地方政府而言，經由法律規定的分成比例，可以共同分享收入來源豐富而穩定的「好稅」，同理，亦可由中央與地方政府共同負擔收入較少而不穩定的「壞稅」。此制之缺點為：「分配比例多寡」問題，到底中央與地方各應分配多少比例才能讓所有層級政府都滿意，恐怕大家都希望比例愈高愈好，但實際上這是不可能的。此問題一直是《財政收支劃分法》始終僵持不下的政治爭議，特別是當中央政府的執政黨與地方政府首長的執政黨，其政黨屬性不同時，其資源爭奪的情況日趨嚴重。

㈢附加稅制 (additional taxation system)

這是指地方政府並無一定之稅源，而由中央政府視地方支出之多寡於國

稅中附帶徵收，至於加徵多少？加徵於何種稅目上都由中央政府視地方實際需要而定。此項制度之缺點為根本否定了地方自治團體存在的必要性，蓋若無地方政府之稅源等於沒有了地方自治。

　　根據上述的分析，我國的稅課收入基本上係以「獨立稅源制」為主，「分成稅源制」為輔，換言之，目前我國稅目可以分為國稅與地方稅，各自受法律保障而獨立，但輔以稅源分成制，以調節稅收較不豐富的地方政府，從此觀點而論，不失為理想的稅制。

三、關於中央與地方經費支出負擔的爭議

　　在臺灣地方自治發展過程中，有關中央與地方支出方面產生若干爭議，值得加以討論：

㈠委辦事項經費之分攤問題

　　委辦事項係中央行政機關交由下級政府機關執行者，其政績好壞均由中央行政機關全權負責，地方行政機關只是接受命令執行其應盡之職務，其經費之負擔如何呢？《財政收支劃分法》第 37 條稱：「前項第一款及第三款如需交由下級政府執行者，其經費之負擔，除法律另有規定外，屬委辦事項者，由委辦機關負擔；屬自治事項者，由該自治團體自行負擔。」此外，「由中央或直轄市、縣（市）、鄉（鎮、市）二以上同級或不同級政府共同辦理者，其經費應由中央或各該直轄市、縣（市）、鄉（鎮、市）按比例分攤之。各級地方政府未依第二項及前項規定負擔應負擔之經費時，其上級政府得扣減其補助款。」

㈡全民健保費財政負擔問題：釋字第 550 號

　　前臺北市長馬英九曾與當時執政的民進黨政府發生極具爭議性的全民健保費財政負擔問題，臺北市政府認為：《全民健康保險法》為「中央立法並執

行之事項」，其經費自應由中央政府完全負責，然而中央卻要求地方政府共同
負擔此項龐大經費，僅以不足額之補助保費方式補貼地方之損失，造成地方
政府甚大的財政負擔，因而主張《全民健康保險法》規定違憲。其理由為：
「1.全民健康保險乃屬憲法委託國家應行辦理事務，非地方自治事項，其支
出應由中央政府自行負擔。縱認為全民健康保險屬於委辦事項，其支出亦應
由委辦機關自行負擔，為保障地方自主財政權，中央政府不得將應自行負擔
之經費，轉嫁予地方政府。2.縱令中央政府無力負擔委辦事項經費，基於憲
法兼顧中央與地方財政均衡之意旨，亦僅能於地方政府財政能力足堪負擔範
圍內請求負擔之，並應兼顧平等原則。從而，《全民健康保險法》第二十七條
第一款第一、二目及第二、三、五款關於一定比例保險費由直轄市政府補助
規定，牴觸憲法第一百零七條第十三款、第一百零八條第一項第十三款、第
一百五十五條、憲法增修條文第十條第五項及第八項規定，違反財政支出劃
分基本原理，明顯侵害地方自治團體之自主財政權，且違反憲法保障地方自
治制度設計之精神。」

　　然而，大法官會議釋字第550號解釋則提出下列看法：

「1.憲法第一百五十五條、第一百五十七條雖有明文規定：國家應推行全民
健康保險，重視社會救助、福利服務、社會保險及醫療保健等社會福利工作。
但國家推行全民健康保險之義務，係兼指中央與地方而言，並非單獨指中央
政府而言。

　　2.又依憲法規定各地方自治團體有辦理衛生、慈善公益事項等照顧其行
政區域內居民生活之義務，亦得經由全民健康保險之實施，而獲得部分實現。
此亦顯示中央與地方之關係為合作關係，而非對立關係。

　　3.中華民國八十三年八月九日公布、八十四年三月一日施行之《全民健
康保險法》，固係中央立法並執行之事項，唯有關執行全民健康保險制度之行
政經費，固應由中央負擔，並非指實施《全民健康保險法》之執行費用，而
係指保險對象獲取保障之對價，除由雇主負擔及中央補助部分保險費外，地

方政府予以補助，符合憲法意旨。

　　4.地方自治團體受憲法制度保障，其施政所需之經費負擔乃涉及財政自主權之事項，固有法律保留原則之適用，但於不侵害其自主權核心領域之限度內，基於國家整體施政之需要，對地方負有協力義務之全民健康保險事項，中央依據法律使地方分擔保險費之補助，尚非憲法所不許。

　　5.關於中央與地方辦理事項之財政責任分配，憲法並無明文。《財政收支劃分法》第三十七條第一項第一款雖規定，各級政府支出之劃分，由中央立法並執行者，歸中央負擔，固非專指執行事項之行政經費而言，惟法律於符合上開條件下，尚非不得為特別之規定，就此而言，《全民健康保險法》第二十七條即屬此種特別規定。至《全民健康保險法》該條所定之補助各類被保險人保險費之比例屬於立法裁量事項，除顯有不當者外，不生牴觸憲法之問題。

　　6.法律之實施須由地方負擔經費者，如本案所涉《全民健康保險法》第二十七條第一款第一、二目及第二、三、五款關於保險費補助比例之規定，於制定過程中應予地方政府充分之參與。行政主管機關草擬此類法律，應與地方政府協商，以避免有片面決策可能造成之不合理情形，並就法案實施所需財源事前妥為規劃；立法機關於修訂相關法律時，應予地方政府人員列席此類立法程序表示意見之機會。」

　　為杜絕日後此類爭議，《地方制度法》第70條明確規定：「中央費用與地方費用之區分，應明定由中央全額負擔、中央與地方自治團體分擔以及地方自治團體全額負擔之項目。中央不得將應自行負擔之經費，轉嫁予地方自治團體。」

肆、地方財政收入

　　《財政收支劃分法》第37-1條指出：「地方政府應就其基準財政收入及

其他經常性之收入，優先支應下列各項支出：一、地方政府編制內員額與經上級政府核定有案之人事費及相關費用。二、一般經常性支出、公共設施管理維護及依法律規定必須負擔之經費。三、地方基本設施或小型建設經費。四、其他屬地方政府應行辦理之地方性事務經費。地方政府依前項規定辦理後，其收入不足支應支出時，應由其所獲分配之統籌分配稅款予以優先挹注。」

根據《財政收支劃分法》第 3 條規定：我國財政收支系統劃分如下：中央、直轄市、縣（市）、鄉（鎮、市）。依此，可以解析中央與地方收入稅目及其分配比例，如下所述：

一、中央收入

《財政收支劃分法》第 8 條：

「下列各稅為國稅：

一、所得稅。二、遺產及贈與稅。三、關稅。四、營業稅。五、貨物稅。六、菸酒稅。七、證券交易稅。八、期貨交易稅。九、礦區稅。

前項第一款之所得稅總收入百分之十、第四款之營業稅總收入減除依法提撥之統一發票給獎獎金後之百分之四十及第五款之貨物稅總收入百分之十，應由中央統籌分配直轄市、縣（市）及鄉（鎮、市）。

第一項第二款之遺產及贈與稅，應以在直轄市徵起之收入百分之五十給該直轄市；在市徵起之收入百分之八十給該市；在鄉（鎮、市）徵起之收入百分之八十給該鄉（鎮、市）。

第一項第六款之菸酒稅，應以其總收入百分之十八按人口比例分配直轄市及臺灣省各縣（市）；百分之二按人口比例分配福建省金門及連江二縣。」

上述屬於「稅課收入」，《財政收支劃分法》亦規劃各級政府得依法收取

相關費用，以挹注財源，稱為「非稅課收入」，包括：獨占及專賣收入、工程收益費收入、罰鍰及賠償收入、規費收入、信託管理收入、財產收入、營業盈餘捐獻贈與及其他收入、補助及協助收入。

二、直轄市收入

《地方制度法》第 63 條：

「下列各款為直轄市收入：

一、稅課收入。二、工程受益費收入。三、罰款及賠償收入。四、規費收入。五、信託管理收入。六、財產收入。七、營業盈餘及事業收入。八、補助收入。九、捐獻及贈與收入。十、自治稅捐收入。十一、其他收入。」

《財政收支劃分法》第 12 條就上開條文中的第一款「稅課收入」，又有所規範：

「下列各稅為直轄市及縣（市）稅：

一、土地稅，包括下列各稅：㈠地價稅。㈡田賦。㈢土地增值稅。二、房屋稅。三、使用牌照稅。四、契稅。五、印花稅。六、娛樂稅。七、特別稅課。

前項第一款第一目之地價稅，縣應以在鄉（鎮、市）徵起之收入百分之三十給該鄉（鎮、市），百分之二十由縣統籌分配所屬鄉（鎮、市）；第二目之田賦，縣應以在鄉（鎮、市）徵起之收入全部給該鄉（鎮、市）；第三目之土地增值稅，在縣（市）徵起之收入百分之二十，應繳由中央統籌分配各縣（市）。

第一項第二款之房屋稅，縣應以在鄉（鎮、市）徵起之收入百分之四十給該鄉（鎮、市），百分之二十由縣統籌分配所屬鄉（鎮、市）。

　　第一項第四款之契稅，縣應以在鄉（鎮、市）徵起之收入百分之八十給該鄉（鎮、市），百分之二十由縣統籌分配所屬鄉（鎮、市）。

　　第一項第六款之娛樂稅，縣應以在鄉（鎮、市）徵起之收入全部給該鄉（鎮、市）。

　　第一項第七款之特別稅課，指適應地方自治之需要，經議會立法課徵之稅。但不得以已徵貨物稅或菸酒稅之貨物為課徵對象。」

三、縣（市）收入

　　《地方制度法》第 64 條：

「下列各款為縣（市）收入：

　　一、稅課收入。二、工程受益費收入。三、罰款及賠償收入。四、規費收入。五、信託管理收入。六、財產收入。七、營業盈餘及事業收入。八、補助及協助收入。九、捐獻及贈與收入。十、自治稅捐收入。十一、其他收入。」

四、鄉（鎮、市）收入

　　《地方制度法》第 65 條：

「下列各款為鄉（鎮、市）收入：

　　一、稅課收入。二、工程受益費收入。三、罰款及賠償收入。四、規費收入。五、信託管理收入。六、財產收入。七、營業盈餘及事業收入。八、補助收入。九、捐獻及贈與收入。十、自治稅捐收入。十一、其他收入。」

五、地方稅法通則

　　《地方制度法》第 67 條指出：「直轄市、縣（市）、鄉（鎮、市）之收入及支出，應依本法及《財政收支劃分法》規定辦理。然而，若涉及地方稅之範圍及課徵，依地方稅法通則之規定。」《財政收支劃分法》第 18 條復規定：「各級政府對他級或同級政府之稅課，不得重徵或附加。但直轄市政府、縣（市）政府為辦理自治事項，籌措所需財源，依地方稅法通則規定附加徵收者，不在此限。各級地方政府不得對入境貨物課入境稅或通過稅。」基上，若中央政府並未頒佈《地方稅法通則》，則地方政府遂無權力施行立法課稅，以豐富地方財源，從而限制地方政府財政自主的空間與自主能力。經過多年爭議與研議，《地方稅法通則》在各界期待下，「千呼萬喚始出來」，於 2002 年 12 月 11 日頒行《地方稅法通則》，可謂劃時代之進步象徵。該通則之主要規定如下所述：

㈠依地方政府需要開徵特別稅課、臨時稅課或附加稅課

　　《地方稅法通則》第 2 條：地方政府所可自行課徵之稅目，包括下列各稅：㈠《財政收支劃分法》所稱直轄市及縣（市）稅、臨時稅課。㈡《地方制度法》所稱直轄市及縣（市）特別稅課、臨時稅課及附加稅課。㈢《地方制度法》所稱鄉（鎮、市）臨時稅課。雖然地方政府得視自治財政需要，開徵特別稅課、臨時稅課或附加稅課，但對下列事項不得開徵（第 3 條）：㈠轄區外之交易。㈡流通至轄區外之天然資源或礦產品等。㈢經營範圍跨越轄區之公用事業。㈣損及國家整體利益或其他地方公共利益之事項。此外，特別稅課及附加稅課之課徵年限至多四年，臨時稅課至多二年，年限屆滿仍需繼續課徵者，應依本通則之規定重行辦理。特別稅課不得以已課徵貨物稅或菸酒稅之貨物為課徵對象；臨時稅課應指明課徵該稅課之目的，並應對所開徵之臨時稅課指定用途，並開立專款帳戶。

(二)依中央政府訂定的稅率（額）上限，於一定比例幅度內調高徵收稅率

本通則第 4 條：「直轄市政府、縣（市）政府為辦理自治事項，充裕財源，除印花稅、土地增值稅外，得就其地方稅原規定稅率（額）上限，於百分之三十範圍內，予以調高，訂定徵收率（額）。但原規定稅率為累進稅率者，各級距稅率應同時調高，級距數目不得變更。前項稅率（額）調整實施後，除因中央原規定稅率（額）上限調整而隨之調整外，二年內不得調高。」

(三)在國稅項目上附加徵稅

本通則第 5 條規定「直轄市政府、縣（市）府為辦理自治事項，充裕財源，除關稅、貨物稅及加值型營業稅外，得就現有國稅中附加徵收。但其徵收率不得超過原規定稅率百分之三十。前項附加徵收之國稅，如其稅基已同時為特別稅課或臨時稅課之稅基者，不得另行徵收。附加徵收稅率除因配合中央政府增減稅率而調整外，公布實施後二年內不得調高。」此外，依第五條規定附加徵收之稅課，應由被附加稅課之徵收機關一併代徵。前項代徵事項，由委託機關與受託機關會商訂定；其代徵費用，由財政部另定之。

(四)徵收地方稅之原則

徵收地方稅涉及人民權益至大，不可不慎重，故該通則要求地方自治機關應遵循下列原則：第一、必須以最高法律位階的「自治條例」頒佈，如第 6 條稱：「直轄市政府、縣（市）政府、鄉（鎮、市）公所開徵地方稅，應擬具地方稅自治條例，經直轄市議會、縣（市）議會、鄉（鎮、市）民代表會完成三讀立法程序後公布實施。地方稅自治條例公布前，應報請各該自治監督機關、財政部及行政院主計處備查。」第二、必須依據「地方稅優先於國稅」與「鄉（鎮、市）稅優先於縣（市）稅」的原則辦理（第 7 條）。第三、若直轄市、縣（市）、鄉（鎮、市）之行政區域有調整時，其地方稅之課徵，自調整之日起，依調整後行政區域所屬直轄市、縣（市）、鄉（鎮、市）有關

法規規定辦理（第9條）。

伍、地方財政支出

依據上述的劃分原理，《財政收支劃分法》第37條指出：「各級政府之支出劃分如下：一、由中央立法並執行者，歸中央。二、由直轄市立法並執行者，歸直轄市。三、由縣（市）立法並執行者，歸縣（市）。四、由鄉（鎮、市）立法並執行者，歸鄉（鎮、市）。前項第一款及第三款如需交由下級政府執行者，其經費之負擔，除法律另有規定外，屬委辦事項者，由委辦機關負擔；屬自治事項者，由該自治團體自行負擔。由中央或直轄市、縣（市）、鄉（鎮、市）二以上同級或不同級政府共同辦理者，其經費應由中央或各該直轄市、縣（市）、鄉（鎮、市）按比例分擔之。各級地方政府未依第二項及前項規定負擔應負擔之經費時，其上級政府得扣減其補助款。」

為節省篇幅，僅參考《財政收支劃分法》中的支出分類表，列舉直轄市之支出項目，縣市、鄉鎮縣轄市等分類大抵相當雷同，不再贅述：

一、政權行使支出：關於直轄市市民或市民代表及議會對行使政權之支出均屬之。

二、行政支出：關於直轄市市政府及所屬各處局之支出均屬之。

三、民政支出：關於直轄市辦理公職人員選舉、役政、地政、戶政、消防與其他民政之事業及補助之支出均屬之。

四、財務支出：關於直轄市辦理稅務、庫務、金融、公產等經費之支出均屬之。

五、教育科學文化支出：關於直轄市辦理教育、科學、文化等事業及補助之支出均屬之。

六、經濟建設支出：關於直轄市辦理經濟、工、礦、農林、水利、漁牧等事業及補助之支出均屬之。

七、交通支出：關於直轄市辦理鐵道、公路、航運等事業及補助之支出

　　均屬之。

八、警政支出：關於直轄市警察等經費及補助之支出均屬之。

九、社區發展與環境保護支出：關於直轄市辦理社區發展、環境保護等
　　事業及補助之支出均屬之。

十、社會福利支出：關於直轄市辦理社會保險、社會救助、福利服務、
　　國民就業、醫療保健等事業及補助之支出均屬之。

十一、移殖支出：關於直轄市辦理開墾、移殖等事業及補助之支出均屬
　　　之。

十二、債務支出：關於直轄市債券、借款等債務之付息與其折扣及手續
　　　費等之支出均屬之。

十三、公務員退休及撫卹金之支出：關於直轄市公務人員之退休金及撫
　　　卹金之支出均屬之。

十四、損失賠償支出：關於直轄市各機關貨幣票據證券兌換買賣之損
　　　失，直轄市市營事業虧損之彌補及其他損失賠償之支出均屬之。

十五、信託管理支出：關於直轄市委託代管及代辦事項之支出均屬之。

十六、協助支出：關於直轄市協助中央或其他協助之支出均屬之。

十七、特種基金支出：關於直轄市特種基金之支出均屬之。

十八、其他支出：關於直轄市其他依法之支出均屬之。

　　《財政收支劃分法》第 37-1 條規定各項支出之優先順序：

　　地方政府應就其基準財政收入及其他經常性之收入，優先支應下列各項
支出：

一、地方政府編制內員額與經上級政府核定有案之人事費及相關費用。

二、一般經常性支出、公共設施管理維護及依法律規定必須負擔之經費。

三、地方基本設施或小型建設經費。

四、其他屬地方政府應行辦理之地方性事務經費。

　　地方政府依前項規定辦理後，其收入不足支應支出時，應由其所獲分配
之統籌分配稅款予以優先挹注。

陸、地方財政調節

《財政收支劃分法》固然規定了中央與地方的公共支出、國稅與地方稅的劃分，但地方財政仍有虧盈之時，故需要有調節地方財政盈虛之機制，依序相關《地方制度法》或其他相關法制之規定，可分為下列幾種調節方式：

一、徵收規費

《地方制度法》第 63、64 與 65 條明確規定「規費收入」為直轄市、縣（市）、鄉（鎮、市）的財政收入之一。第 67 條復規定：「地方政府規費之範圍及課徵原則，依《規費法》之規定；其未經法律規定者，須經各該立法機關之決議徵收之。」

依《規費法》第 10 條規定，規費可分為：

(一)行政規費

依直接材（物）料、人工及其他成本，並審酌間接費用定之。依《規費法》第 7 條定義行政規費：「係指各機關學校為特定對象之權益而辦理事項所衍生的行政費用，如：1.審查、審定、檢查、稽查、稽核、查核、勘查、履勘、認證、公證、驗證、審驗、檢驗、查驗、試驗、化驗、校驗、校正、測試、測量、指定、測定、評定、鑑定、檢定、檢疫、丈量、複丈、鑑價、監證、監視、加封、押運、審議、認可、評鑑、特許及許可。2.登記、權利註冊及設定。3.身分證、證明、證明書、證書、權狀、執照、證照、護照、簽證、牌照、戶口名簿、門牌、許可證、特許證、登記證及使用證之核發。4.考試、考驗、檢覈、甄選、甄試、測驗。5.為公共利益而對其特定行為或活動所為之管制或許可。6.配額、頻率或其他限量、定額之特許。7.依其他法律規定應徵收行政規費之事項。」

㈡使用規費

依興建、購置、營運、維護、改良、管理及其他相關成本,並考量市場因素定之。第 8 條定義使用規費「係指各機關學校交付特定對象或提供其使用下列項目,應徵收使用規費: 1.公有道路、設施、設備及場所。 2.標誌、資料(訊)、謄本、影本、抄件、公報、書刊、書狀、書表、簡章及圖說。 3.資料(訊)之抄錄、郵寄、傳輸或檔案之閱覽。 4.依其他法律規定應徵收使用規費之項目。」

前項收費基準,屬於辦理管制、許可、設定權利、提供教育文化設施或有其他特殊情形者,得併考量其特性或目的定之。

業務主管機關應依下列原則,訂定或調整收費基準,並檢附成本資料,洽商該級政府規費主管機關同意,並送該級民意機關備查後公告之。

二、公債與借款

《地方制度法》第 68 條規定:「直轄市、縣(市)預算收支之差短,得以發行公債、借款或移用以前年度歲計賸餘彌平;鄉(鎮、市)預算收支之差短,得以借款或移用以前年度歲計賸餘彌平。前項直轄市、縣(市)公債及借款之未償餘額比例,鄉(鎮、市)借款之未償餘額比例,依公共債務法之規定。」

至於其比例如何?根據《公共債務法》第 5 條:「中央、直轄市、縣(市)及鄉(鎮、市)在其總預算、特別預算及在營業基金、信託基金以外之特種基金預算內,所舉借之一年以上公共債務未償餘額預算數,合計不得超過行政院主計總處發布之前三年度名目國內生產毛額平均數之百分之五十;其分配如下:一、中央為百分之四十點六。二、直轄市為百分之七點六五。三、縣(市)為百分之一點六三。四、鄉(鎮、市)為百分之零點一二。」

三、補助金與協助金

補助金與協助金之意義不同，各上級政府為謀地方均衡發展，對於財力較差之地方政府應酌予補助，此稱為補助金；對於財力較優之地方政府，得取得協助金。補助金應納入預算內處理，自不待言，協助金亦應列入各該下級政府之預算內，以規範預算秩序。

《財政收支劃分法》第30條指出：中央為謀全國之經濟平衡發展，得酌予補助地方政府。但以下列事項為限：㈠計畫效益涵蓋面廣，且具整體性之計畫項目。㈡跨越直轄市、縣（市）或二以上縣（市）之建設計畫。㈢具有示範性作用之重大建設計畫。㈣因應中央重大政策或建設，需由地方政府配合辦理之事項。前項各款補助之辦法，由行政院另定之。至於縣為謀鄉（鎮、市）間之經濟平衡發展，對於鄉（鎮、市）得酌予補助；其補助辦法，由縣政府另定之。

上級政府之補助款係以彌補地方財源不足為主要目的，故對於地方財政盈虛之調節至關重要，依《中央對直轄市及縣（市）政府補助辦法》第3條，可分為下列三種補助形式：

㈠**一般型補助款補助事項，**包括直轄市、準用直轄市規定之縣及縣（市）基本財政收支差短與定額設算之教育、社會福利及基本設施等補助經費。

㈡**計畫型補助款之補助範圍，**以下列事項為限：1.計畫效益涵蓋面廣，且具整體性之計畫項目。2.跨越直轄市、縣（市）或二以上縣（市）之建設計畫。3.具有示範性作用之重大建設計畫。4.因應中央重大政策或建設，需由直轄市或縣（市）政府配合辦理之事項。

㈢**中央對於直轄市及縣（市）政府重大事項之專案補助款。**中央對下列事項應優先予以補助：1.前項第一款規定之直轄市、準用直轄市規定之縣及縣（市）基本財政收支差短。2.對於跨區域之建設計畫或合作事項。

補助款的目的是期望提升地方財政自主性，降低財政依賴性，故必須設

置一項獎優汰劣之公平機制，《地方制度法》第 69 條稱：

「各上級政府為謀地方均衡發展，對於財力較差之地方政府應酌予補助；對財力較優之地方政府，得取得協助金。各級地方政府有依法得徵收之財源而不徵收時，其上級政府得酌減其補助款；對於努力開闢財源具有績效者，其上級政府得酌增其補助款。第一項補助須明定補助項目、補助對象、補助比率及處理原則；其補助辦法，分別由行政院或縣定之。」

柒、中央統籌分配稅款

中央政府為妥適填補地方政府財政收支差距，乃依《財政收支劃分法》第 16 條之訂定中央統籌分配款之運作機制，特別訂頒《中央統籌分配稅款分配辦法》，以調劑地方政府財政不均之問題，依第 3 條規定：中央統籌分配稅款之來源如下：

一、本法第八條第二項規定之下列款項：

㈠所得稅總收入百分之十。

㈡營業稅總收入減除依法提撥之統一發票給獎獎金後之百分之四十。

㈢貨物稅總收入百分之十。

二、本法第十二條第二項規定之土地增值稅在縣（市）徵起收入之百分之二十。但不包括準用直轄市之縣轄內徵起土地增值稅收入之百分之二十。

三、其他收入。

又依《財政收支劃分法》第 16 條之一的稅課統籌分配之原則及規定，中央統籌分配稅可分為兩大類：

一、特別統籌分配稅款

　　係為供應受分配地方政府之緊急及其他重大事項所需之經費，經主管機關報請行政院核定後，通知受分配地方政府納入預算。依《財政收支劃分法》規定，由中央統籌分配直轄市、縣（市）及鄉（鎮、市）之款項，應以總額百分之六列為特別統籌分配稅款。

二、普通統籌分配稅款

　　扣除特別統籌分配稅款後之其餘百分之九十四列為普通統籌分配稅款，應本透明文化及公式化原則，各以一定比例分配直轄市、縣（市）及鄉（鎮、市）。普通統籌分配稅款算定可供分配直轄市之款項後，應參酌受分配直轄市以前年度營利事業營業額、財政能力與其轄區內人口及土地面積等因素，研訂公式分配各直轄市。普通統籌分配稅款算定可供分配縣（市）之款項後，依下列方式分配各縣（市）：

　　㈠可供分配款項百分之八十五，應依近三年度受分配縣（市）之基準財政需要額減基準財政收入額之差額平均值，算定各縣（市）間應分配之比率分配之；算定之分配比率，每三年應檢討調整一次。

　　㈡可供分配款項百分之十五，應依各縣（市）轄區內營利事業營業額，算定各縣（市）間應分配之比率分配之。第一款之普通統籌分配稅款算定可供分配鄉（鎮、市）之款項後，應參酌鄉（鎮、市）正式編制人員人事費及基本建設需求情形，研訂公式分配各鄉（鎮、市）。此外，由縣統籌分配鄉（鎮、市）之款項，應本調劑財政盈虛原則，由縣政府訂定分配辦法；其中依公式分配之款項，不得低於可供分配總額之百分之九十。

捌、地方預算與決算程序

一、預算程序

　　中央政府為維持國家財政秩序，必須規範地方政府之財政收支程序，就地方政府而言，最重要的財政收支秩序為預算與決算程序。地方政府在預算程序上，自應遵守行政院訂定之中央暨地方政府預算籌編原則辦理。若未遵行者，除依相關法律規定擔負行政與法律責任外，行政院或縣（市）政府應視實際情形酌減補助款，以懲效尤。

㈠依中央暨地方政府預算籌編原則辦理預算

　　《地方制度法》第 71 條：「直轄市、縣（市）、鄉（鎮、市）年度總預算、追加預算與特別預算收支之籌劃、編製及共同性費用標準，除其他法律另有規定外，應依行政院訂定之中央暨地方政府預算籌編原則辦理。地方政府未依前項預算籌編原則辦理者，行政院或縣政府應視實際情形酌減補助款。」

㈡應於規定時間內送交預算案於議會

　　地方政府之預算案送交各級地方議會審查需要時間進行審查，故預算案送達議會之時間需有明確規定，第 40 條第一項：「直轄市總預算案，直轄市政府應於會計年度開始三個月前送達直轄市議會；縣（市）、鄉（鎮、市）總預算案，縣（市）政府、鄉（鎮、市）公所應於會計年度開始二個月前送達縣（市）議會、鄉（鎮、市）民代表會。直轄市議會、縣（市）議會、鄉（鎮、市）民代表會應於會計年度開始一個月前審議完成，並於會計年度開始十五日前由直轄市政府、縣（市）政府、鄉（鎮、市）公所發布之。」

㈢若議會未能依期限完成審議，應實施「暫行預算」

第 40 條第三項規定：直轄市、縣（市）、鄉（鎮、市）總預算案，如不能依第一項規定期限審議完成時，其預算之執行，可採行「暫行預算」，又稱為假預算，此處所為假預算並不是指數字是捏造的，不可盡信，而是基於地方議會因種種事故而無法及時完成審議，則可採下列規定為之：

1.收入部分暫依上年度標準及實際發生數，覈實收入。

2.支出部分：⑴新興資本支出及新增科目，須俟本年度預算完成審議程序後始得動支。⑵前目以外之科目得依已獲授權之原訂計畫或上年度執行數，覈實動支。

3.履行其他法定義務之收支。

4.因應前三款收支調度需要之債務舉借，覈實辦理。直轄市、縣（市）、鄉（鎮、市）總預算案在年度開始後三個月內未完成審議，直轄市政府、縣（市）政府、鄉（鎮、市）公所得就原提總預算案未審議完成部分，報請行政院、內政部、縣政府邀集各有關機關協商，於一個月內決定之；逾期未決定者，由邀集協商之機關逕為決定之。

直轄市、縣（市）、鄉（鎮、市）總預算案經覆議後，仍維持原決議，或依前條第五項重行議決時，如對歲入、歲出之議決違反相關法律、基於法律授權之法規規定或逾越權限，或對維持政府施政所必須之經費、法律規定應負擔之經費及上年度已確定數額之繼續經費之刪除已造成窒礙難行時，準用前項之規定。

㈣總預算審議時應注意事項

《地方制度法》第 41 條：直轄市、縣（市）、鄉（鎮、市）總預算案之審議，應注重歲出規模、預算餘絀、計畫績效、優先順序，其中歲入以擬變更或擬設定之收入為主，審議時應就來源別分別決定之；歲出以擬變更或擬設定之支出為主，審議時應就機關別、政事別及基金別分別決定之。

法定預算附加條件或期限者，從其所定。但該條件或期限為法律、自治

法規所不許者，不在此限。直轄市議會、縣（市）議會、鄉（鎮、市）民代表會就預算案所為之附帶決議，應由直轄市政府、縣（市）政府、鄉（鎮、市）公所參照法令辦理。

㈤改制後之直轄市總預算案之編制與審議期限

有關改制後之直轄市，基於升格關係，其總預算案之編制與審議期限，自應有不同之規定。《地方制度法》第 40-1 條：改制後之首年度直轄市總預算案，應由改制後之直轄市政府於該年度一月三十一日之前送達改制後之直轄市議會，該直轄市議會應於送達後二個月內審議完成，並由該直轄市政府於審議完成日起十五日內發布之，不受前條第一項規定之限制。

會計年度開始時，前項總預算案如未送達或審議通過，其預算之執行，依下列規定為之：

1.收入部分依規定標準及實際發生數，覈實收入。

2.支出部分，除新興資本支出外，其維持政府施政所必須之經費得按期分配後覈實動支。

3.履行其他法定及契約義務之收支，覈實辦理。

4.因應前三款收支調度需要之債務舉借，覈實辦理。

前項收支，均應編入該首年度總預算案。

二、追加預算與特別預算

依《預算法》，「追加預算」與「特別預算」之意義是不同的，前者是指各機關於執行法定預算時，發現與實際需要有所出入，而非辦理經費流用及動支預備金所能容納時，得由提出追加預算。其適用情況是：㈠依法律增加業務或事業致增加經費時。㈡依法律增設新機關時。㈢所辦事業因重大事故經費超過法定預算時。㈣依有關法律應補列追加預算者（第 79 條）。

特別預算是指行政機關為因應國內外重大緊急事故，原有預算已無法支

應該事故，故需另外編列預算，其成立應有特別理由：㈠國防緊急設施或戰爭。㈡國家經濟重大變故。㈢重大災變。㈣不定期或數年一次之重大政事（第83條）。

准此，追加預算與特別預算不失為調節地方財政之重要手段，但其提出應有嚴謹之法制程序，故《地方制度法》第71條：「直轄市、縣（市）、鄉（鎮、市）年度總預算、追加預算與特別預算收支之籌劃、編製及共同性費用標準，除其他法律另有規定外，應依行政院訂定之中央暨地方政府預算籌編原則辦理。地方政府未依前項預算籌編原則辦理者，行政院或縣政府應視實際情形酌減補助款。」

三、決算程序

《地方制度法》第42條：直轄市、縣（市）決算案，應於會計年度結束後四個月內，提出於該管審計機關，審計機關應於決算送達後三個月內完成其審核，編造最終審定數額表，並提出決算審核報告於直轄市議會、縣（市）議會。總決算最終審定數額表，由審計機關送請直轄市、縣（市）政府公告。直轄市議會、縣（市）議會審議直轄市、縣（市）決算審核報告時，得邀請審計機關首長列席說明。

鄉（鎮、市）決算報告應於會計年度結束後六個月內送達鄉（鎮、市）民代表會審議，並由鄉（鎮、市）公所公告。

四、參與式預算

參與式預算 (Participatory Budgeting) 是由人民決定而非民意代表決定部份公共預算的支出項目與額度之民眾參與機制，亦即讓公民而非代議士對公共資源的分配扮演更直接的角色，以滿足公民參與治理的高度期望與熱切需求。Wampler (2007) 是參與式預算的知名學者，為了探討巴西的參與式預算，

於 1995 至 2012 年間，多次前往巴西考察參與式預算，總共在當地住了四年之久，對於巴西各地方政府推動該預算形式相當熟悉；在巴西四十萬人以上的城市中，約有 40% 採用參與式預算；拉丁美洲也有 510-920 個城市採用參與式預算；2012 年後，參與式預算已成為世界知名度最高的預算制度。

Wampler (2007) 指出：參與式預算是一個民主對話過程與參與決策制定過程，讓民眾有權進行政府預算的資源分配，它允許公民去認定、討論與排列公共計畫的優先順序，並給予他們制定如何使用經費的權力。這種公民參與方式的設計，主要是基於傳統公共參與方式，常將弱勢群體（如低收入居民、非公民或年青人）排除於參與議程以外，以至於形成「偏差動員」的現象。研究結果顯示：參與式預算將導致更公平的公共預算、更透明的政府與課責性，強化公共參與層次、民主與公民精神的學習。

通常參與式預算的操作程序是：提出想法→擬定方案→方案展覽→投票決定，該程序必須貫徹下列幾項重要的參與原則：

⑴包容：參與式預算應該盡可能地鼓勵廣泛的公眾參與，尤其是在既有權力結構體系下無法發聲的群體，必須讓他們有機會可以來討論、決定公共資源的使用。

⑵審議：參與式預算鼓勵公眾透過說理、學習、溝通和討論的過程來參與公共預算的決定。

⑶決定：參與式預算賦予一般民眾能夠決定公共支出優先順序的權力。公眾對候選的預算方案進行投票，得票最高的幾個計畫項目就確定成為公共預算的執行項目。

⑷社會正義：參與式預算的推動，必須改變傳統權力結構分配預算的模式，促成廣泛的參與，鼓勵不同聲音的對話，給予人民決定權力，才能讓公共資源的分配照顧弱勢群體，使境況較差的弱勢群體因而受益。

臺北市政府推動參與式預算最有成效，光是以不同語言或針對公務員進行政策宣傳就可看出其用心，網站內容亦相當豐富。當初推動參與式預算的動機是：秉持「開放政府、全民參與」的施政理念，致力建立一套由公民提

案參與式預算制度,充分開放公民參與,強化預算透明度及對政府施政之監督,讓公民成為政府的一部分,共同參與市政的推動。

市民只要在北市府管轄業務範圍內、符合公益目的、且不得違反相關法令之規定、有悖善良風俗之前提下,皆可進行公民提案、召開住民大會、提案審議工作坊、接續公開展覽、提案票選之程序,以建立參與式預算之制度。公民提案獲通過後,市府預算編列方式是:一、當年度預算可納入者,立即執行;二、當年度預算無法納入,但急迫者則動支第二預備金;三、當年度預算無法納入,且不急迫者則循預算編列程序。

對於臺灣而言,參與式預算是項嶄新的預算審議過程,雖然有不少地方政府已付諸實施,剛開始時迴響甚大,目前則漸趨平靜,何以故?民眾提案參與過程不是問題,也容易達成;但問題在於:公民提案通過後的預算編列與執行,欠缺了後續的民眾監督與參與機制,導致讓公民無感。很多里長認為:不需要繞過那麼多彎去爭取預算,直接找議員關說就可以,只要是於民有利的小型建設,民眾並不在乎是否透過參與式預算去執行。此外,曾參與過全程的公民也表示:很累啊,每個人都有自己的職業要顧,參與預算的提案審議過程耗費時間與精力,一般公民僅能以志工身份參與預算審議,不可能全天候的專職奉獻。

或許正如 Wampler (2012) 指出的參與式預算的四項重要原則是——聲音、投票、社會正義與監督;若不能堅持該四項原則者,其參與式預算必然無法產生改造社會的效果。基此,參與式預算若要讓多元的參與者能夠確認其參與式預算的有效性,提高其參與意願、認同其作法,端賴執政者如何追蹤考核預算編列與執行過程。總之,參與式預算的效果是:鼓勵更廣泛的公民參與——藉由賦予人們對於決策過程發聲的權力,提昇人們對於公共事務的關心;強化政府、組織和住民間的關係;促成更為透明、更加公平和更有效率的預算編列與執行。

玖、地方財政的困境與改進之道

一、困境分析

　　關於地方財政的困窘，地方政府提出「地方分錢」的呼聲，始終未曾中斷過。縣（市）首長寄以厚望的《財政收支劃分法》，歷經數度修改，特別是1999年版的修正案通過後，縣（市）的統籌分配款比例，已從過去的35%增加至39%（由直轄市的47%分割而來），鄉（鎮、市）的比例維持在12%，中央自留6%。因此，縣（市）政府成為《財政收支劃分法》修正之後的唯一得利者，然經過這樣的劃分後，縣（市）首長仍不感滿意，財政困窘之情事仍未得抒解，如今由於有若干縣市紛紛升格為直轄市，財政情況必然轉好，但其餘縣市政府之財政問題仍有下列幾項必須解決：

㈠地方自有財源過低的問題

　　許多貧窮縣（市），自有財源過低，如雲林、南投、澎湖、花蓮、臺東縣等，即使將縣境內所課徵之各項稅賦全部留為自用，仍不敷施政所需。自有財源過低的原因甚多，稅課能力不足導致賦稅收入降低乃是不爭之事實，例如，攸關土地增值稅及地價稅稅基的公告地價及現值，往往受制於地方派系把持的「地價評議委員會」，使課稅之價格始終無法合理調高。此外，房屋現值的評定，無法反映市價，估計現值偏低，房屋稅稅收偏低，皆使地方政府損失應得之財源。

㈡地方差異性太大，既患寡更患不均

　　上述問題顯示縣（市）政府「患寡」的弊病，但更嚴重的問題是各自治區域差異性過大，發展程度失衡，導致「患不均」問題的嚴重性。基此，既患寡更患不均為地方財政的另一問題。例如，新北市的板橋市與花蓮縣、臺

北市與其他各縣（市）之差距甚大；甚至一個自治區域之內的發展亦差異甚
大，如桃園市的中壢區與復興區，因人口與自然條件差異過大，工商發展程
度產生嚴重落差，導致中央政府在對財政缺口的補助上也發生困難。

㈢**地方經常與人事費用支出龐大**

許多縣（市）政府自有財源已經不足，然維持縣（市）政府運作的根本
支出——經常費用與人事費用卻嚴重不足，尤其是人事費用已占各級政府預
算支出相當大的比例，形成政府財政的沉重負擔，甚至影響預算資源的分配，
如教育科學支出與社會安全支出的大量增加，嚴重排擠了經濟建設支出的額
度，以至於無法推動各項基礎建設。有些縣（市）於每年農曆春節發放年終
獎金期間，一定會出現薪水發放不出來的困境，而必須向中央政府調頭寸，
暫時度過難關，由此可見地方人事經費的困窘。

㈣**「中央請客，地方買單」的選舉支票**

臺灣實施民主政治的最大弊病之一是濫開選舉支票，取得中央執政權為
各政黨競爭的「終極」目標，各政治人物為達目的不擇手段，於是濫開各種
社會福利支票，甚至進行公然的政策買票，且一票比一票的價碼還高，導致
法定支出名目與額度大幅增加，如刺激觀光補助、促進創新創業補助、貧戶
救濟支出、近貧補助支出、失業補助等，不一而足，有支出必有收入，既有
各項支出，卻未同時規劃出因應該項公共支出的相對財源，導致地方政府所
需負擔的經費愈來愈龐大。

㈤**地方財政監督功能不彰**

由於各級議會議員素質參差不齊，問政方式以經營地方關係與服務選民
為主，監督財政並非其專長。地方派系利益糾葛不清，部分議員濫用職權牟
取私利，以致地方議會未能為人民看緊荷包。甚至不少地方政客以滾木立法
(logrolling)、利益交換的方式通過法案，換言之，本會期你支持我提出的提

案，下會期則我支持你的提案，相互拉拔，相互照顧，建構利益交換的命運共同體。更有若干議員以追求個人利益為己任，從事競租活動 (rent-seeking)，中飽私囊，許多公共工程遭到地方政治人物的圍標與搶標可說是此類現象的代表。縱使地方議會也有清廉而有心問政的優質議員，但受制於相關法規限制，議事幕僚之人數規模與能力均明顯不足，無法扮演地方財政監督角色。此外，負責內控機制的會計單位與負責外控機制的審計單位，受限於人力有限，根本無法發揮有力的財政把關功能。

二、改進之道

由前述可知，地方政府財政的困境非一朝一日之事，有其歷史傳統與既定財政結構，解決之道唯有從下列幾方面著手：

㈠分權與分錢是一體兩面，故須進行地方政府再造

吾人不能僅從財政問題去考量財源的分配問題，也不能斤斤計較於財政數字的多寡，必須奠基於中央與地方權限的劃分原理，明確界定到底地方政府在整個國家事務運作過程中扮演何種角色？然後再分配國家財政資源，解決之道唯有重新再造地方政府的角色與定位。換言之，到底地方政府所扮演的角色為何？必須負擔的權責為何？很多縣（市）首長「眼高手低」，明明自己所屬縣市的財力、人力與資本明顯不足，卻好大喜功，把自己的縣（市）看成是臺灣未來發展命運之所繫，若干競選政見浮誇不實，一旦競選成功，以爭取中央補助興建重大建設為己任，而中央政府為了向地方示惠，也往往樂於答應所請，一旦完成該硬體建設，卻發現中央無法補助其平日的營運費用，於是乃宣佈暫停使用，「蚊子建設」就是這樣產生的。地方政府就是地方政府，必須受制於中央政府的指揮與監督，故中央與地方權限事項的劃分必須徹底落實。

㈡中央政府必須傳授「釣魚」技術，而非「分魚」

中央政府要教導地方政府如何釣魚的方法，指出哪裡有魚可釣？應該要用何種方法釣，才能得到好魚可吃？而不是一味地分魚，讓大家分食，這樣永遠是不夠的。基此，《地方稅法通則》已經足以讓地方政府能夠自主性地找尋適當的自主財源，以降低財政依賴度。若地方政府無法通過相關法令，應非中央責任。中央政府在各項補助措施上，應該本於釣魚精神，而非分魚態度制訂相關補助機制，使得愈有辦法釣魚者，能夠得到愈多的獎勵補助，以逐漸改變地方政府動輒要求分魚的習性。

㈢進行縣（市）與鄉（鎮、市）的行政區劃

目前各地方政府的發展程度極不平均，既患寡又患不均，無論如何挹注財政資源，財政困窘的問題依然難解，解決之道唯有進行更適切的行政區域重組，如「六都」與「非六都」區域發展失衡的問題，唯有透過行政區劃予以解決，以臺灣國土面積之狹小，實不應劃分過多的自治區域，以達到資源整合與充分運用之效果。此外，鄉（鎮、市）長不宜經由選舉產生，從「民選」改為「官派」，此已是李登輝總統執政時期在「國家發展會議」中社會各界之共識，但各政黨基於選舉與派系考量，至今依然未見任何行動。臺灣已為各種選舉付出極大的社會成本，應排除萬難，將鄉（鎮、市）長改為官派，不僅可以改變選舉文化，亦可提升行政效率。

㈣強化跨域治理，整合地方資源

若進行縣（市）的重組不太可能實現，鄉（鎮、市）長的官派又困難重重，則解決之道唯有強化跨域治理功能，以整合地方資源。目前臺灣地方政府的職能重疊之處不少，若採取「雨露均霑」的方式補助各地方政府，則自然發生財政浪費的現象。例如，為瞭解決垃圾問題，何需「一縣市、一焚化爐」？為了提振地方文化，何需「一縣市，一文化中心」？為解決此問題，中央政府必須發揮跨域治理的功能，以彼此分享、互利共生的方式，從跨縣

（市）與跨區域角度整合地方資源，不要浪費納稅人的任何一毛錢。

㈤基於權責相稱原理，允宜強化政府財政紀律

　　既然要給予地方政府更多的權限，授與更多的財政資源，就應該讓地方政府擔負起更多的責任。因此，如何以績效管理的制度加強行政監督，乃是非常值得努力的一環。基此，從地方預算的分配、計畫的研擬、預算的執行、會計、公共投資等，都應該要有一套完整的內外監督機制。在內控機制方面，審核單位必須嚴格審查施政需求及計畫執行能力，確實編列歲入歲出預算，並力求收支平衡。若地方政府需要舉債，應確實依《公共債務法》，遵守舉債上限，避免形成以債養債，使債務比例過高。此外，應該繼續加強精簡員額，妥善運用人力，以撙節人事費支出。在外控機制方面，應該強化對於地方財政監督，充實審計人員之人力，以發揮獨立的審計功能。此外，該提供民眾完整而可信的資訊公開管道，使地方財政透明化，並且鼓勵媒體與民間團體針對地方財政進行輿論監督，使其更為謹慎而透明。

㈥充分運用地方資產，以增加地方財源

　　為了增加地方財源，應該建立鼓勵地方發展的健全機制，要求地方政府充分利用地方資產。例如，應繼續積極開發並有效辦理地方公共造產；應該加強公有土地之開發利用及經營管理；使用者付費為世界趨勢，故地方政府應確實依法徵收各項規費，當然工程受益費的徵收勢在必行。此外，民營化為減少地方支出的有效方式之一，故業務委外應該繼續推動，但在服務品質方面則不能打任何折扣。促進民間參與的相關法令與機制已甚健全，地方政府應成立學者專家委員，以 BOT、OT 或其他營運模式鼓勵民間參與公共建設，以減輕地方政府建設支出之壓力，並帶動民間社會的繁榮與地方的發展。

自我評量

1. 何謂自治財政？有何重要性？又其與國家財政有何區別？

2. 地方財務行政體系可以分為哪兩種模式？我國財務行政體系的特點為何？

3. 依世界各國發展情況，中央與地方財政的劃分有單一制與聯邦制，各有何優缺點？請比較之。

4. 實現地方自治必以健全的地方財政為基礎，何以故？穩定而健全的地方財政在國家政務推展過程中扮演何種角色？

5. 依世界各國國情而論，我國的財政劃分制度是屬於何種型態？有何優缺點？

6. 中央與地方財政劃分應依據哪些原則？

7. 《全民健康保險法》為「中央立法並執行之事項」，其經費自應由中央政府完全負責補助，以減輕地方政府負擔，故《全民健康保險法》要求地方政府分攤經費之規定違憲，此說是否正確？

8. 依《財政收支劃分法》規定，縣（市）政府的自治財源有哪些？

9. 從稅課收入的徵收方式而言，《財政收支劃分法》應屬於何種方式？何以故？

10. 中央與地方政府在稅課收入方面之分配比例為何？

11. 地方稅法通則中，地方政府具有哪些課徵適當財源之權力？

12. 依《財政收支劃分法》規定，直轄市政府的公共支出項目有哪些？

13. 依《財政收支劃分法》，地方可以採用哪些方式來調節財政收支狀況？請舉出兩種加以說明。

14. 地方政府課徵之規費可分為哪些類型？請舉例以明之。

15. 中央與地方經費之負擔應本於何種規定方稱適當？

16. 何謂地方追加預算？何謂地方特別預算？兩者之意義與適用條

件有何不同？

17.地方政府發行公債或借款應注意何種規定？

18.何謂補助金與協助金？上級政府之補助款可分為哪些類型？

19.何謂計畫型補助款？何謂一般型補助款？兩者之補助項目有何不同？

20.中央統籌分配稅款之財源有哪些？目前直轄市、縣市與鄉鎮市之分配比例各為何？

21.何謂特別統籌分配稅款？普通統籌分配稅款？

22.若直轄市、縣（市）、鄉（鎮、市）總預算案，如不能在規定期限審議完成時，其預算之執行應該採行何種方式？

23.臺灣地方財政之困境有哪些？如何解決？試擇重點申論之。

24.何謂參與式預算？請就您所知地方政府推動參與式預算的成果與缺失進行評論，並提出您的改進建議。

歷屆考題

1.依財政部國庫署統計，截至 106 年底為止，各級地方政府一年以上債務與未滿一年債務合計高達新臺幣 1 兆 89 億，請問造成地方政府財政赤字的主要原因為何？如何修改《財政收支劃分法》，可解決部分地方財政赤字困境？（107 年特種考試地方政府公務人員考試）

2.何謂「財政均等化」(fiscal equalization)？如何健全地方財政，以達地方財政最適化？請說明之。（106 年公務人員高等考試三級考試）

3.何謂統籌分配稅款？其主要類別及功用為何？試說明之。（105 年特種考試地方政府公務人員考試）

4. 現代城市講求參與式預算之推行。何謂參與式預算制度？請論述之。惟此制度有何風險須加以審慎評估？（104 年特種考試地方政府公務人員考試）

5. 何謂統籌分配稅款？其與上級政府對下級政府之補助款有何不同？試舉例比較說明之。（103 年特種考試地方政府公務人員考試）

6. 試就金門縣與連江縣比較，說明離島縣改善地方財政的策略治理模式。（102 年公務人員高等考試三級考試）

7. 試就《財政收支劃分法》中的稅源分立與稅收分成之相關規範加以論述之。（102 年公務人員、關務人員升官等、交通事業升資考試）

8. 儘管鄉（鎮、市）也是地方自治團體，然而其財政收支自主性或彈性空間卻不如直轄市與縣（市），請依據現行法制說明其理由，並提出可行的改進建議。（101 年公務人員高等考試三級考試）

9. 有人說：國家財政應以「量出為入」為原則，地方財政則應以「量入為出」為原則，理由何在？您認為地方財政應該採取何種作法，才能達到「量入為出」的原則？請扼要加以申述。（100 年特種考試地方政府公務人員考試）

10. 試說明地方公債的特性為何？它與中央政府公債有何不同？如欲將地方公債作為開拓地方財源時，請問應考慮哪些因素？（100 年公務人員高等考試三級考試）

11. 今日縣（市）政府常有財政上「入不敷出」的問題，請根據《地方制度法》相關規定，分析可採行的解決途徑。（100 年公務人員特種考試身心障礙人員考試）

12. 五直轄市形成後，《財政收支劃分法》應如何配合修正，以解決地方政府財政困難，請加以討論。（100 年公務人員升官等考試、關務人員升官等考試）

第四節　公共造產與地方特色產業

壹、公共造產的重要

　　推動地方自治工作，須以健全的地方財政為基礎，因此，地方自治團體必須積極開拓自有財源，以充裕財源，推動地方自治事務；開拓財源的辦法甚多，如何活化地方的公共造產就成為其中重要的可行途徑之一。依《地方制度法》第 73 條規定：「縣（市）、鄉（鎮、市）應致力於公共造產；其獎助及管理辦法，由內政部定之。」而第 19 條規定的縣（市）自治事項、第 20 條規定的鄉（鎮、市）自治事項以及第 83-3 條規定的山地原住民區自治事項中都將「公共造產」事業列為其所屬事項之一。

　　依此，內政部分別訂頒《公共造產獎助及管理辦法》第 7 條：「有下列情事之一者，縣（市）政府、鄉（鎮、市）公所得申請補助：一、擬興辦之公共造產，確有經濟效益且可行性高者。二、原有公共造產需增加、改善或變更設備，其經費不足者。前項第一款之公共造產，每一單位最高補助其事業計畫經費三分之一，金額以當年度公共造產補助預算經費總金額百分之二十為限；前項第二款之公共造產，每一單位最高補助不得超過當年度公共造產補助總金額百分之二為限。縣（市）政府每年應擬具興辦公共造產補助計畫，報本部核辦；鄉（鎮、市）公所每年應擬具興辦公共造產申請補助計畫報縣政府，由縣政府就申請補助之鄉（鎮、市）中遴選四分之一，報本部核辦。」

　　第 8 條：「縣（市）政府、鄉（鎮、市）公所興辦公共造產，具有績效者，得發給獎勵金。縣（市）政府、鄉（鎮、市）公所推行公共造產，分別由本部、縣政府辦理考核。」

　　依上開條文之主要目的就在於鼓勵地方自治團體利用當地環境資源及特色，從事各項經濟生產事業，藉以創造地方財富，並將其所得收益用以發展地方建設，值此地方自治首長動輒「喊窮」，要求增加補助經費時，積極推動

公共造產乃係開創自治財源的最佳途徑。

貳、公共造產的意義

　　《公共造產獎助及管理辦法》第 2 條：「本辦法所稱公共造產，係指縣（市）、鄉（鎮、市）依其地方特色及資源，所經營具有經濟價值之事業。」依此，所謂公共造產係指地方自治團體基於因地制宜之所需，利用當地的人力、物力及財力，以及天然環境資源，所從事的各種生產事業、經濟事業或營利性的公共設施之謂。依此，公共造產應有如下之特質：

　　一、公共造產的設定主體為地方自治團體，亦即具公法人地位並得依法實施地方自治之團體。

　　二、公共造產係因地制宜的生產事業、經濟事業或營利性的公共設施，如：收取規費、使用費或租金的立體停車場、海水浴場、公有市場均屬之。

　　三、公共造產的形式有多種型態，可能以收取使用規費的「公物」，或以營利性的「公營造物」，甚或另以地方性的「公營事業」經營者。

　　公共造產之經營型態甚為多元，可自行經營、委託經營或合作開發經營：《公共造產獎助及管理辦法》第 3 條：「公共造產得由縣（市）府、鄉（鎮、市）所自行經營、委託經營或合作開發經營。」公共造產收入必須存入專戶，設立「公共造產基金」，用於投資其他產業使用，不併入歲入。由於經營方式可能涉及公共利益，故「前項經營方式，經各該立法機關議決後，縣（市）府應報內政部備查；鄉（鎮、市）公所應報縣政府備查，並副知本部。」可見公共造產的中央監督機關為內政部。

　　公共造產應以優先利用公有土地為原則：依《公共造產獎助及管理辦法》第 4 條：「縣（市）政府、鄉（鎮、市）所為辦理公共造產，應儘先利用公有土地。」

　　為推動公共造產事業，可成立公共造產事業組織：《公共造產獎助及管理

辦法》第5條：縣（市）政府、鄉（鎮、市）公所為辦理公共造產業務之協調、諮詢，得設公共造產委員會，置召集人一人，由地方行政機關首長擔任，置委員八人至十二人，由召集人就各該相關單位主管、地方公正人士、學者專家聘（派）兼任之，任期四年，為無給職。

總之，地方自治團體為充裕地方財源，繁榮地方發展，依法令利用與活化地方資源所從事之「收益型事業」，即是公共造產。

參、推動公共造產的困境

雖然地方自治團體推動公共造產具有前述的實施績效，但弊端也不少，經常為社會各界所批評的蚊子建設的案例屢見不鮮，如蚊子停車場、蚊子館、蚊子市場或商場、蚊子育樂設施（如海水浴場或游泳池）等，此雖不能完全視為公共造產失敗的案例，但地方自治團體對於花費公帑的生產事業、經濟事業或營利性的公共設施，卻未能善加利用，令其閒置，亦難謂毫無責任。

事實上，目前地方自治團體推動公共造產均面臨經營地方公共設施經營上的困境：

一、地方公共設施之設置不符民眾需求，未將預算花在刀口上：欲使公共造產發揮效益，該公共設施之設置必須充分符合民眾之需求，始能獲得民眾付費青睞，但許多收益性公共設施之興建由於無法符合民眾需求，主辦單位未將預算花在刀口上，例如，在某偏遠地方，明明沒有停車需求，卻花費鉅資興建美輪美奐之停車場，導致駕駛前來使用該設施者門可羅雀，入不敷出，最終乃以關閉或停用該設施收場。

二、公共設施之規劃欠當，欠缺環境條件之配合，導致使用率偏低：公共造產設置固然符合民眾需求，但規劃時，卻招標不當，設施規劃者完全沒有考慮各種環境條件之配合，則該設施仍有淪為蚊子建設之可能。事實上，許多公共造產缺乏基本環境條件之配合，例如，在偏僻地點設置蚊子館，由於欠缺交通運輸條件的配合，民眾入館參觀意願極低。又如在商機活絡的百

貨商圈，設置傳統破舊的公有市場，形成鮮明對比，乏人問津。

　　三、公共設施之執行條件掌握不當，導致該設施無法如期完工：最常看到的問題是：公共造產所需要的土地取得困難、無法取得建築執照、無法通過環境影響評估或消防安檢未過關等；加上近年來，水泥、鋼筋等原物料價格的飆漲，興建成本遠高於當初籌措的預算額度，主辦單位招標不順，導致流標的情事一而再、再而三的發生，許多公共設施乃無法如期完成，形成設施閒置浪費的現象。

　　四、公共設施之管理效能不彰，欠缺明確的遊戲規則：以公有市場為例，政府花費龐大經費興建、修繕與管理公有市場，但僅收取微薄有限之租金與清潔費，導致入不敷出經營困難。許多公有市場的營運規則並未確立，公有市場的二樓以上，因為顧客鮮少上門，經常淪為空屋或堆放物品的場所，根本無法發揮公共造產物的最大效用。公有市場外不需支付任何租金的流動攤商，生意極佳，卻造成髒亂與交通混亂問題，而公有市場內的攤商則需要支付租金而生意清淡，如何能夠讓承租者心服口服，讓市場發揮最大效益？

　　五、地方公共造產大都屬小規模之公共設施，由於民間資本有限，不易創造規模經濟，經營困難：縣（市）或鄉（鎮、市）之收益型公共設施大都屬於小規模之公共造產，雖可委託民間興辦，但由於民間資金有限，無法投入過多之經費與智慧於活化公共造產物的利用上，導致營運不善。如許多地方的展覽館即是屬於此類問題。由於委託經營後的利潤太少，有意願投標者少之又少，最後淪為流標甚至關門的命運。

肆、汲取創新元素的地方特色產業

一、地方特色產業的重要與意義

　　在全球化浪潮下，各國之間的競爭日趨激烈，為了展現國家實力，中央政府不得不在產業政策上著力，俾在國際市場上爭取一席之地。例如，臺灣

的半導體、面板、筆記型電腦等資訊電子業成為臺灣經濟發展的支柱,而為了推動這個「大型產業」,中央政府乃設置新竹、臺中、臺南科學園區,全方位進行輔導與管理。這些大型產業的發展需要龐大的資金、優秀的人才與卓越的管理技能,並非地方政府所能負擔;更何況地方政府共同面臨「三缺」的困境:缺錢、缺人與缺權,沒有能力推動上述產業;而「三缺」的窘境,愈到基層,愈形嚴重,特別是鄉(鎮、市)層級。然而,地方發展並非完全沒有優勢,事實上,臺灣自1980年代的本土化運動以來,「發現臺灣本土特色」成為國人關切的焦點,地方政府在此影響下,開始發展出許多小而精緻的「微型」或「小型」產業,而成為臺灣的地方特色產業。

地方特色產業是指地方自治區域所發展出來、足以顯現地方特色,增加地方自治財源,促進地方發展的產業;依此,地方特色產業的特性為:

一、此處所謂的「地方❺」,通常是指以鄉、鎮、市作為區域範圍,這種地方特色產業,係指具有歷史性、文化性、獨特性、唯一性的微型或小型產業。

二、地方特色產業類型大都是微型、小企業,且大都屬於傳統產業。

三、生產要素,如資金、技術、勞工、原材料、零組件等,均仰賴當地的供給❻。

四、生產模式係以「多樣少量」為主,無法運用自動化與機械化,乃是屬於勞力密集加工產業型態。

五、地方特色產業的類別甚廣,從工藝成品、特色飲食、自然景點、文化藝術等都有可能發展成為地方特色產業。例如:鶯歌陶瓷、新竹玻璃、大溪豆乾、魚池紅茶等。

地方特色產業源於日本,1974年國會通過「傳統工藝品產業振興法」,1979年由日本大分縣知事平松守彥提出一村一品運動 (One Village One

---

❺ 關於地方特色產業的定義學者看法不一,請參考:經濟部中小企業處,2010/2/24,
  http://www.moeasmea.gov.tw/mp.asp?mp=1.

❻ 何美玥,臺灣地方特色產業的發展現況與展望,行政院經建會,2010/2/24,
  http://www.cepd.gov.tw/m1.aspx?sNo=0009262.

Product, OVOP) 運動,其目的是為期望每個鄉鎮能夠結合當地特色,發展出具有市場區隔性的手工藝或食品特產產業❼。這個一村一品運動,引起泰國、馬來西亞的重視,中央政府亦開始進行扶植地方特色產業的計畫。例如,泰國是由國家一鄉一特產行政委員會 (National OTOP Administrative Committee) 負責執行,該委員會由泰國副總理負責,設有各小組委員會,中央政府的內政部、農業合作部、工業部、商業部共同分工參與。

馬來西亞於 2004 年成立隸屬於總理辦公室之下的專責單位——執行協調中心 (Implementation Coordination Unit) 推動一區一產業 (One District One Industry, ODOI) 運動,該中心亦設立許多工作委員會,如食品工作委員會,由農業部負責;住宿家庭計畫工作委員會,由觀光部負責;手工藝品工作委員會,由文化遺產部負責;創業家發展工作委員會、行銷推廣工作委員會、偏遠地區工業工作委員會,由城鄉發展部負責。

二、地方特色產業計畫的內涵

經濟部中小企業處自 1989 年即著手推動「地方特色產業輔導工作」,在臺灣 319 鄉鎮中挖掘具當地特色的產業及產品,以 「一鄉鎮一特色」 (One Town One Product, OPOT) 為發展目標,並於 1994 年辦理「社區小企業輔導工作」,協助地方發展具特色的傳統產業與塑造具特色風格之社區,提升小企業的經營能力,活化地方與社區產業發展,以建構臺灣在地型的地方特色產業,以降低國內失業率,進而形成具實力之地方經濟體。

目前地方特色產業仍由中央政府主導,地方政府則係執行與配合角色,行政院原由經濟部中小企業處主政,後來有感於地方特色產業應擴展其層面,行政院各部會都或多或少投入地方特色產業的經營,如工業局負責提升傳統工業競爭力、創意生活產業發展計畫、觀光工廠推動計畫;外交部與經濟部負責 APEC 地方特色產業論壇市場發展暨網路博覽會 ; 客委會負責客家地

---

❼　臺灣地方特色網,2010/2/25,http://www.otop.tw/about/index.html.

區、客家產業桐花季活動及硬體桐花產品行銷輔導；原民會負責原住民地區、原住民觀光部落、特色產業、工藝產業；農委會負責全國農村伴手禮、地方料理、休閒農業區；內政部負責各鄉鎮公所、城鄉新風貌；文建會負責文化創意產業、社區產業；商業司負責魅力商圈計畫、小鎮藍圖規劃、小鎮商街計畫；中小企業處負責地方特色產業暨社區小企業輔導；交通部觀光局負責全臺風管處所轄地區。

為發展地方特色產業，促進社區小規模企業健全發展，協助取得營運所需資金，特依據《中小企業發展條例》第十一條及《經濟部中小企業處輔導社區小規模企業暨地方特色產業作業要點》之規定，訂定《地方特色產業貸款辦法》，以協助解決地方推動特色產業的財源困境。

經濟部中小企業處為輔導地方特色產業，特別藉由輔導團隊，如中國生產力中心、管理科學會等，針對地方傳統產業、偏遠鄉村地區、原住民聚落、小規模企業進行差異化、特色化輔導，運用各項在地資源，協助改善經營管理、強化產業組織，激發創意並研發新產品與服務，提高在地產業附加價值，如此亦可解決人才方面的困境。

地方特色產業的推動方式可以分成下列幾類❽：

㈠農特產品：利用氣候或土質優勢培育適合環境生長的農產品，或是利用當地農產品加工，開發出具特殊風味的特產，如甲仙芋頭、白河蓮花、新竹貢丸、金門貢糖、新港飴。

㈡自然景觀：利用特殊地表形貌、天然資源為基礎，形成商業活動，並進一步發展成一獨特產業，如北投溫泉、花蓮泛舟。

㈢傳統工藝：利用當地原始材料，製造、發展並傳承下來的產品，代表地方產業與文明的結合，如鶯歌陶瓷、三義木雕、嘉義交趾陶。

㈣文化產品：以既有民俗、文化活動為基礎，進一步將其提升為產業開發或地方發展的資產，例如新港媽祖、北港媽祖、大甲媽祖、頭城搶

❽　何美玥，臺灣地方特色產業的發展現況與展望，行政院經建會，2008/12/30，
http://www.cepd.gov.tw/m1.aspx?sNo=0009262.

孤、原住民文化、客家文化、閩東文化等。

㈤休閒民宿：指利用自用住宅空閒房間，結合當地人文、自然景觀、生態、環境資源及農林漁牧生產活動，以家庭副業方式經營，提供旅客鄉野生活之住宿處所。

三、地方特色產業發展的困境

地方民眾對地方特色產業雖有不錯的回應，但亦有不少的批評，有下列問題值得檢討：

㈠**地方產業的規模太小，經營成本與風險均高，無法形成規模經濟**：臺灣地方特色產業係以地方性、歷史性的微型或小型企業為輔導對象，由於這些產業規模太小，經營者之資金與人力規模有限，無法積極投入地方特色產品的研發與創新，一旦投入相當的資金與人力，經營成本相對提高，一旦輔導不成功，則此種經營風險，對於這些小型或微型企業而言，都是難以承受之負擔。

㈡**地方產業經營者無法擺脫政治考量，專業主義仍隱而不顯**：經濟部甄選專業團隊輔導地方特色產業，在輔導項目的篩選、特色產品的設計、包裝與行銷方面，固然都能貫徹專業主義的精神，但在草根性政治發展過程中，無可避免地難以抗拒政治力之介入，成為發展地方特色產業的障礙。由於地方產業的選擇涉及地方的發展，業者與民眾無不卯足全力，積極爭取，但地方政府首長基於選票的考量，在篩選地方特色產業上，希望「公平」分配資源，故無論該產品是否具有發展成為產業的優勢條件，都一體均霑、利益共享，結果造成資源的分散，本來有潛力的產品則因資源的分散導致無法全力輔助，陷入經營困境。

㈢**發展地方產業的資源重複投入，產業名目類似繁多，欠缺整合機制**：地方特色產業的經營已成為臺灣的共識，無論中央或地方政府均投入相當多的資源，但卻欠缺整合機制。產業名目類似者比比皆是，無法進行市場區隔，

例如，臺灣許多地方都訴求茶葉、民宿、飲食等，但何者是最具臺灣特色的產品？恐怕誰也無法回答。基此，如何建立跨域治理的整合機制，將輔導地方特色產業的資源進行適當的配置，並進行有系統的輔導與開發，乃是刻不容緩的當前急務。

㈣**不少地方特色產品尚未建立產品標章認證機制：**目前臺灣推動一鄉鎮一特色，在產品形象與品牌的定位仍不夠清楚，一鄉鎮一特色的概念尚未深入一般國人與國際人士觀念中。OTOP 商品的評選多半以接受過中央或縣市政府輔導過的店家為主要來源，在產品外觀上並無可供辨認的一致性標章，如何讓顧客選擇？

㈤**欠缺行銷 OTOP 產品的大型展售空間：**目前臺灣的地方特色產品不少，但行銷通路仍嫌不足，無法讓更多民眾與國際背包客認識臺灣的地方特色產品。目前除臺灣手工業推廣中心及高雄統一夢時代臺灣 OTOP 館等百貨公司展售點外，似乎尚無法找到多元的群聚行銷展場，有必要大力推展OTOP 產品的大型展售空間。

自我評量

1. 何謂公共造產？公共造產有何重要性？
2. 試從臺灣各地方政府所出現的蚊子館設施問題，說明公共造產的困境與解決之道。
3. 何謂地方特色產業？可否舉例說明有哪些產業？其對於地方發展有何助力？
4. 臺灣地方特色產業與地方繁榮與發展究竟有何關係？臺灣各地方政府在推動地方特色產業過程中究竟遭遇哪些問題？如何解決？

歷屆考題

1. 地方治理的原則為何？中央與地方如何善用地方治理，以發展地方產業？試述之。（102 年公務人員高等考試三級考試）

2. 近年來，地方文化產業化及產業文化化的蓬勃發展，為臺灣地方產業發展注入新的思維及活力，但亦遭遇不少問題。請詳細探討分析這些地方產業發展所面臨的問題及其可能解決的方法。（96 年公務人員高等考試三級考試）

3. 請評論「公共造產」對今日地方政府的意義、重要性、以及可能產生的問題為何？（96 年公務人員、關務人員升官等考試）

第五章

地方政治與自治

第一節　地方選舉

壹、選舉權與被選舉權

一、選舉權的意義與性質

　　人民具有選舉、罷免、創制與複決四項參政權，而選舉權可以說是行使最頻繁、也是最基本的權利。基此，所謂選舉是指人民以投票方法，本於自己之意思，以選出公職人員的權利。考世界民主國家，幾乎都以公民擁有選舉權作為基本的公民權，故選舉權實為「公權之母」。所謂選舉權係指公民依據法律規範，憑其一己之主觀意思，以書面或其他方式選出各種公職人員之權能。以我國而言，自 1987 年解除戒嚴、回復民主憲政常軌後，表現在民主政治上最顯著的特徵是選舉活動的頻繁與活躍，上自總統選舉、直轄市長及市議員、省長及省議員（虛級化後予以取消）、縣市長及縣市議員、鄉鎮縣轄市長，乃至於村（里）長都是在「一人一票，每票等值」(one man one vote, one vote one value) 的原則下行使，雖然選舉過程不盡完美，作弊或暴力偶而發生，但基本上臺灣人民可以自己之意思選出合適之候選人，這應該是「主權在民」的貫徹。若因選舉過程中的弊端就否定人民依自由意志而擁有的選舉，自非明智之舉。

　　有關選舉性質，有各種不同說法：

㈠**權利說**

認為選舉是人民天賦的權利，故國家不能任意剝奪或限制，此種侵害人民天賦人權的違法行為，乃是不見容於民主國家。民主國家的主權屬於全民所有，故吾人常云：「主權在民」。然而，人民應該如何行使其主權？人民以自己之意思行使投票權可以說行使主權最根本、也最具體的方法。因此，選舉應該被視為一種權利，國家不能任意剝奪或侵害。

㈡**義務說**

又稱為「職務說」，選舉不是人民的權利，而是人民為了盡其作為主人身份所應為之社會職務，既然選舉是一種義務，國家自然可以針對人民所行使的選舉行為進行資格條件的限制，並強制選舉為人民必須履行的義務，故有強制投票之規定，若干國家，如巴西、比利時等均有類似規定。

㈢**綜合說**

選舉既是一種權利，也是一種義務；既然是權利，凡具有選舉權資格的人民，均得要求其姓名登記於選舉名冊上，以確保此項選舉權利不被剝奪。然而，選舉既是一種義務，則國家自得禁止人民放棄選舉權，故得為強制投票之規定。

依我國現行相關法規之規定，究竟以何種說法為當？我國憲法第 17 條：「人民有選舉、罷免、創制及複決之權。」第 130 條：「中華民國國民年滿二十歲者，有依法選舉之權，除本憲法及法律別有規定者外，年滿二十三歲者，有依法被選舉之權。」由此看來，我國憲法已明確保障選舉是人民的參政權利，且此種權利包含兩種情況：選舉權與被選舉權皆屬人民的權利，必須加以保障。人民的選舉權既是憲法所保障之權利，則人民自然亦可以放棄，故現行《公職人員選舉罷免法》並無強制投票之規定，基上所述，以「權利說」為當。

二、選舉方法

《中華民國憲法》第 129 條：「本憲法所規定之各種選舉，除本憲法別有規定外，以普通、平等、直接及無記名投票之方法行之。」又《公職人員選舉罷免法》第 3 條：「公職人員選舉，以普通、平等、直接及無記名單記投票之方法行之。全國不分區及僑居國外國民立法委員選舉，依政黨名單投票選出。」由此可見，依目前我國相關法制規定選舉方法具有下列四種：

㈠普通投票與限制投票

普通投票係指國家之人民只要達到法定年齡之公民，並且合乎法令規定之積極與消極要件，無分貧富貴賤、性別、宗教、種族等，均可自動取得投票權，並無任何形式條件之限制。相對於普通投票者為「限制投票」，其限制條件甚多，有投票權者可能僅限於男性、膚色、有財產者或某種教育程度者，此在過去西方民主國家的發展過程中皆曾發生過的封建制度。基此，我國係採取「普通投票制」。

㈡平等投票與不平等投票

平等投票係指人民行使投票權本於「一人一票，每票等值」原則，並不因身份而異其投票價值。相對於「平等投票」為「不平等投票」，若某一公民因具備某些特殊條件因而可以行使兩個以上的投票權，或是其投票效力有所差別者，均屬不平等投票，此種投票方式有違人人平等的民主原則。基此，我國係採取「平等投票」。

㈢直接投票與間接投票

直接投票係指由選舉人以自己之意思直接選出心目中理想之候選人，並不需要經過複選之程序是為直接選舉。相對於直接投票者為「間接投票」，由

選舉人選出代表人，然後再由該代表代為行使選舉權選出適任的被選舉人。目前世界各國對於此兩種制度大多同時採用，並行不悖。我國過去對於總統的選舉方式曾經產生「委任直選制」與「人民直選制」的爭論，前者主要是參照美國選舉人團的運作經驗，由人民先行選出選舉總統的代表團體，然後再由該代表團體負責選出總統，後者則直接由人民以手中選票選出心目中的總統，最後採行人民直接投票制，開創中華民國歷史上的政治奇蹟。

㈣無記名投票與記名投票

凡人民在行使投票時，僅記載被選舉人的姓名，而不記載選舉人的姓名者，稱為無記名投票或秘密投票。相對於無記名投票者為「記名投票」或「公開投票」，這是指選票上同時記載被選舉人與選舉人的姓名，並且加以公開。依我國相關選舉罷免制度規定，公開投票是一種違法行為，必須採行無記名投票方式為之。

三、選舉人的條件

選舉人就是選民，一般而言，要具備選民的資格必須具備積極與消極要件：

㈠積極要件

1.國籍：必須具備中華民國國籍之人民。

2.年齡：必須年滿二十歲之中華民國人民，憲法第 130 條：「中華民國國民年滿二十歲者，有依法選舉之權。」但蔡總統於 2020 年第二任就職演說中，曾提及下修公民權的年齡資格至 18 歲，臺灣的民主又往前邁進一步。

3.居住期間：《公職人員選舉罷免法》第 15 條：「有選舉權人在各該選舉區繼續居住四個月以上者，為公職人員選舉各該選舉區之選舉人。前項之居住期間，在其行政區域劃分選舉區者，仍以行政區域為範圍計算之。但於選

舉公告發布後，遷入各該選舉區者，無選舉投票權。」由於居住期間之計算容易發生爭議，導致出現「幽靈人口」的疑慮，故依《公職人員選舉罷免法施行細則》第 3 條明確規定：「居住期間之計算所依據之戶籍登記，應由戶政機關切實查察；其遷入登記不實者，應依法處理。前項居住期間之計算，遇有於投票日前二十日戶籍登記資料載明遷出登記，而於投票日前二十日以後，始依《戶籍法》規定撤銷遷出者，其居住期間不繼續計算。」

　　4.特殊條件：例如原住民因身份特殊，故另有特殊條件之限制，《公職人員選舉罷免法》第 16 條：「原住民公職人員選舉，以具有原住民身分並有前條資格之有選舉權人為選舉人。」

㈡消極要件

　　選舉、罷免、創制、複決為人民行使之公權，褫奪公權者其選舉權被剝奪，自然無選舉權。依《公職人員選舉罷免法》第 14 條規定：「中華民國國民，年滿二十歲，除受監護宣告尚未撤銷者外，有選舉權。」依《民法》第 14 條：「對於因精神障礙或其他心智缺陷，致不能為意思表示或受意思表示，或不能辨識其意思表示之效果者，法院得因本人、配偶、四親等內之親屬、最近一年有同居事實之其他親屬、檢察官、主管機關或社會福利機構之聲請，為監護之宣告。」

四、候選人的條件

　　憲法第 130 條規定：「中華民國國民年滿二十歲者，有依法選舉之權，除本憲法及法律別有規定者外，年滿二十三歲者，有依法被選舉之權。」故人民除具選舉權外，亦擁有被選舉權，此為憲法授與之權利，唯因被選舉服務是一種責任，故其應具備之積極與消極要件較為嚴格，如下所述：

㈠積極要件

1.國籍：須本國人民始有被選舉權，限制條件較選舉權為嚴格。《國籍法》對於擔任公職者是不允許具有雙重國籍身份。《國籍法》第 20 條：「中華民國國民取得外國國籍者，不得擔任中華民國公職；其已擔任者，除立法委員由立法院；直轄市、縣（市）、鄉（鎮、市）民選公職人員，分別由行政院、內政部、縣政府；村（里）長由鄉（鎮、市、區）公所解除其公職外，由各該機關免除其公職。」《公職人員選舉罷免法》第 24 條：「回復中華民國國籍滿三年或因歸化取得中華民國國籍滿十年者，始得依第一項至第三項規定登記為候選人。」這又是對於歸化取得國籍者的國籍條件。

2.年齡：《公職人員選舉罷免法》對於因參選不同公職人員而有不同的年齡設限，如第 24 條所稱：「選舉人年滿二十三歲，得於其行使選舉權之選舉區登記為公職人員候選人。但直轄市長、縣（市）長候選人須年滿三十歲；鄉（鎮、市）長候選人須年滿二十六歲。選舉人年滿二十三歲，得由依法設立之政黨登記為全國不分區及僑居國外國民立法委員選舉之全國不分區候選人。僑居國外之中華民國國民年滿二十三歲，在國內未曾設有戶籍或已將戶籍遷出國外連續八年以上者，得由依法設立之政黨登記為全國不分區及僑居國外國民立法委員選舉之僑居國外國民候選人。」

3.居住期間：《公職人員選舉罷免法》第 24 條稱：「選舉人年滿二十三歲，得於其行使選舉權之選舉區登記為公職人員候選人。」准此，候選人資格非選舉人不能取得，故成為候選人的前提是他必須是合法的選舉人，必須繼續居住當地四個月以上者才具有候選資格。

㈡消極要件

1.行為上與能力上不適任之原因：選舉是神聖的權利，必須選賢與能，故候選人在行為不應有嚴重瑕疵，不能被褫奪公權，亦不能觸犯法所禁止之犯罪行為且判刑確定，《公職人員選舉罷免法》第 26 條稱：「有下列情事之一者，不得登記為候選人：一、動員戡亂時期終止後，曾犯內亂、外患罪，經

依刑法判刑確定。二、曾犯貪污罪，經判刑確定。三、曾犯刑法第一百四十二條、第一百四十四條之罪，經判刑確定。四、犯前三款以外之罪，判處有期徒刑以上之刑確定，尚未執行或執行未畢。但受緩刑宣告者，不在此限。五、受保安處分或感訓處分之裁判確定，尚未執行或執行未畢。六、受破產宣告確定，尚未復權。七、依法停止任用或受休職處分，尚未期滿。八、褫奪公權，尚未復權。」

2.身份上之原因：由於具備某種身份關係而無法登記為候選人，如《公職人員選舉罷免法》第27條：「下列人員不得登記為候選人：一、現役軍人。二、服替代役之現役役男。三、軍事學校學生。四、各級選舉委員會之委員、監察人員、職員、鄉（鎮、市、區）公所辦理選舉事務人員及投票所、開票所工作人員。五、依其他法律規定不得登記為候選人者。前項第一款之現役軍人，屬於後備軍人或補充兵應召者，在應召未入營前，或係受教育、勤務及點閱召集，均不受限制。第二款服替代役之現役役男，屬於服役期滿後受召集服勤者，亦同。當選人因第一百二十條第一項第二款、第三款情事之一，經法院判決當選無效確定者，不得申請登記為該次公職人員補選候選人。」

3.罷免案通過者之身分：罷免案若通過，表示他並不受到選民肯定，故有限制被選舉的規定，如《公職人員選舉罷免法》第92條：「罷免案通過者，被罷免人自解除職務之日起，四年內不得為同一公職人員。」

4.候選人是否需有學歷之限制？誠如前述，為提升當選人之素質，《公職人員選舉罷免法》曾規定：候選人應有學歷限制，大法官會議釋字第290號做出如下解釋，最後立法院於1994年7月15日修正，將民意代表之學歷限制加以刪除：

「憲法第一百三十條規定：『中華民國國民年滿二十歲者，有依法選舉之權；除本憲法及法律別有規定者外，年滿二十三歲者，有依法被選舉之權』，是法律對於被選舉權之具體行使，於合理範圍內，並非完全不得定其條件。中華民國七十八年二月三日修正公布之《動員戡亂時期公職人員選舉罷免法》（八

十年八月二日法律名稱修正為《公職人員選舉罷免法》)第三十二條第一項有
關各級民意代表候選人學、經歷之限制,雖與其他國家不盡相同,但為提升
各級民意代表機關之議事功能及問政品質,衡諸國情,尚難謂其與憲法有所
牴觸。惟國民之教育日益普及,選舉人對於候選人選擇之能力相對提高,此
項對各級民意代表候選人學、經歷之限制是否仍繼續維持,宜參酌其他民主
國家之通例,隨時檢討,如認有繼續維持之必要,亦應重視其實質意義,並
斟酌就學有實際困難之人士(例如因身體或其他原因其接受學校教育顯較一
般國民有難於克服之障礙者),由立法機關為合理之裁量,而作適當之規
定。」

貳、選務機關與選舉區

一、選務機關的設置

　　為公正辦理各項選務工作,必須設置選舉委員會,《公職人員選舉罷免
法》第 6 條謂:「公職人員選舉,中央、直轄市、縣(市)各設選舉委員會辦
理之。」為辦理各級公職人員之選務工作,選舉委員會之名稱與定位不同:
　　㈠立法委員、直轄市議員、直轄市長、縣(市)議員及縣(市)長選舉,
由中央選舉委員會主管,並指揮、監督直轄市、縣(市)選舉委員會辦理之。
　　㈡鄉(鎮、市)民代表及鄉(鎮、市)長選舉,由縣選舉委員會辦理之。
　　㈢村(里)長選舉,由各該直轄市、縣(市)選舉委員會辦理之。
　　直轄市、縣(市)選舉委員會辦理前二項之選舉,並受中央選舉委員會
之監督。辦理選舉期間,直轄市、縣(市)選舉委員會並於鄉(鎮、市、區)
設辦理選務單位(第 7 條)。

二、選務機關的組織

選務機關之組織結構為何？《公職人員選舉罷免法》第8條規定如下：「中央選舉委員會隸屬行政院，置委員若干人，由行政院院長提請總統派充之，並指定一人為主任委員；其組織另以法律定之。直轄市、縣（市）選舉委員會隸屬中央選舉委員會，各置委員若干人，由中央選舉委員會提請行政院院長派充之，並指定一人為主任委員。直轄市、縣（市）選舉委員會組織規程，均由中央選舉委員會擬訂，報請行政院核定。各選舉委員會委員，應有無黨籍人士；其具有同一黨籍者，在中央選舉委員會不得超過委員總額五分之二，在直轄市、縣（市）選舉委員會不得超過各該選舉委員會委員總額二分之一。各級選舉委員會，應依據法令公正行使職權。」

三、選務機關的職權

㈠**各級選舉委員會應辦理之事項：**

各級選舉委員會分別辦理下列事項（第11條第一款）：一、選舉、罷免公告事項。二、選舉、罷免事務進行程序及計畫事項。三、候選人資格之審定事項。四、選舉、罷免宣導之策劃事項。五、選舉、罷免之監察事項。六、投票所、開票所之設置及管理事項。七、選舉、罷免結果之審查事項。八、當選證書之製發事項。九、訂定政黨使用電視及其他大眾傳播工具從事競選宣傳活動之辦法。十、其他有關選舉、罷免事項。

㈡**直轄市、縣（市）選舉委員會辦理事項：**

就下列各種公職人員選舉、罷免事務，指揮、監督鄉（鎮、市、區）公所辦理（第11條第二款）：一、選舉人名冊公告閱覽之辦理事項。二、投票所、開票所設置及管理之辦理事項。三、投票所、開票所工作人員遴報事項。

四、選舉、罷免票之轉發事項。五、選舉公報及投票通知單之分發事項。六、選舉及罷免法令之宣導事項。七、其他有關選舉、罷免事務之辦理事項。

四、選舉區的種類與劃分

㈠選舉區的種類：

在西方國家，有關民意代表的選舉方式主要有「大選舉區」與「小選舉區」兩種類型，選舉區大小與地理範圍關係不大，主要是與選舉制度有密切關係：

1.小選舉區之意義與優缺點：每一選舉區僅能選出一位民意代表，該代表係以選舉得票數較多者當選，故亦稱為「單一選區制」，此種制度盛行於英語系國家，如美國、英國、加拿大等。此制度的最大特色不在於強調正確反映選區各種不同族群意見的回應性與代表性，而是希望追求該選區最大多數意見❶的形成。由於此種制度強調多數意見，並以選票形式表達出來，故小黨或特殊族群選票由於僅代表該選區的少數意見，勝選機率甚低，經年累月的歷史經驗累積結果，就不容易形成多黨林立的現象，而逐漸形成在朝與在野兩種整合勢力，因而容易形成兩黨制。

缺點：⑴選區小，人口少，優秀人才相對較少，難以羅致特殊優秀人才。⑵選區小，票數自然較易掌控，因而容易促成賄選買票、威脅利誘等情事發生。⑶選區小重視的是多數大黨的意見，自然不利於小黨或特殊族群之利益。⑷由於小選區選出之民意代表，因一人大權在握，故容易受制於地方派系與地區利益之影響，影響整體民眾利益之達成。

優點：⑴相對於大選舉區，選舉費用較為節省。⑵由於選區不大，平時容易溝通，故選民對於候選人較易瞭解。⑶由於每一選區僅能選出民意代表

❶ 不過，所謂多數通常有兩種意義，一種是單純的相對多數，亦即只要一位候選人比另一位候選人得票數多即為當選，英美與我國都採行此種多數制。另外一種則必須過半的絕對多數，若未過半則仍須繼續第二輪投票，然後再以單純多數決定最後之當選人。畢竟選舉是相當耗費社會成本的活動，即便是我國的總統選舉亦採單純多數代表制。

一名，故對於多數黨或接近多數的大黨較為有利，小黨永遠只是犧牲品，容易被稀釋或吸納而逐漸形成兩黨制。⑷選區小，選務較容易辦理，若重新選舉或補選也比較容易。

2. 大選舉區之意義與優缺點：每一選舉區可以選出一位以上的民意代表，該代表係按照政黨推薦名單或其他方式❷去分配當選席次，故亦稱為「比例代表制」，此種制度盛行於歐陸國家，如德國、法國等。此制度的最大特色在於：選區必須正確反映各種不同族群的意見與選票，故選區的劃設必須要廣闊一點，且要考慮大選區之選票分佈，必須表現在民意代表席次的分配上，以追求各種不同意見的分佈性與正義性，至於是否形塑出多數單一意見則非所問，在此情形下，兩黨制自然難以形成。

缺點：⑴由於選區廣闊，選民數目多，故選舉費用相當龐大。⑵由於候選人人數眾多，選民無所適從，無法選出心目中理想的候選人。⑶由於選區遼闊，選民與候選人均多，故選務相對複雜，出錯機率甚高，若是重要選舉，一個小錯誤往往造成政局動盪不安。⑷由於當選名額多，小黨便可集中人力、財力，集中選票於明星級的候選人，即使是小黨亦不難在選舉中勝選，因此，容易促成小黨林立，形成多黨制。

優點：⑴由於選區廣闊，人才較多，比較容易羅致人才。⑵選區龐大，選區經營困難，故賄選或威脅等情事不易發生。⑶從大選舉區選出之民意代表比較具有國家整體觀念，不至囿於狹隘的地域觀念。⑷由於採行比例代表，各種少數族群均有代表，較有當選可能，比較能夠尊重少數族群的存在。

㈡《公職人員選舉罷免法》規定

我國公職人員之選舉，原先採取大選舉區制，亦即一個選區選出一位以

---

❷ 比例代表的產生亦有兩種方式，一為按照各政黨推薦名單決定當選人名單，此為多數國家所採用，我國亦採此種方式。另一為單記可讓渡投票制 (single transferable vote)，此為少數國家所採用，如愛爾蘭，它是先透過政黨推薦與選民連署產生候選人推薦名單，某候選人如超過一定商數之選票時而當選，其多餘的票數可讓渡給第二支持順位之優先推薦當選名單，直至所有多餘選票均被用罄為止。

上之民意代表，故稱為複數選舉區制 (plural members district)，但多年運行此種選區制度的結果，正如上述所指稱的各項缺點，亦出現下列弊端亟須改革：

1.容易造成賄選買票風氣的盛行，特別是在選情激烈的選區，由於當選商數不高，特定候選人只要進行買票就有當選之可能。 2.複數選舉區制下選出的民意代表，為求勝選往往標新立異，譁眾取寵，因此，特立獨行的候選人往往容易當選，而那些平日默默耕耘、勇於任事的候選人則可能因為不擅長媒體造勢而往往落敗，形成「劣幣驅逐良幣」的反淘汰作用。 3.立法院紛擾不安，立委無法理性問政，議場打架、鬧事或行使其他不堪入流的卑劣手段時有所聞，造成立法院議事效率低落，於是各界出現「立委減半」的聲浪。

基此，改革聲浪所在多有，最後經由朝野共識修改《公職人員選舉罷免法》，自 2004 年第六屆立法委員選舉開始，將「大選舉區制」改為「小選舉區制」，立委名額減半，形成今之立法院。

依《公職人員選舉罷免法》規定，我國的選舉區制兼採單一選區制與政黨比例制，民意代表可以分為兩種：

1.區域代表：以行政區域為選舉區，每一行政區域選出一人，依《公職人員選舉罷免法》第 35 條：「立法委員選舉，其選舉區依下列規定：一、直轄市、縣（市）選出者，應選名額一人之縣（市）以其行政區域為選舉區；應選名額二人以上之直轄市、縣（市），按應選名額在其行政區域內劃分同額之選舉區。……三、平地原住民及山地原住民選出者，以平地原住民、山地原住民為選舉區。前項第一款直轄市、縣（市）選舉區應選出名額之計算所依據之人口數，應扣除原住民人口數。」

2.政黨比例代表：《公職人員選舉罷免法》第 3 條稱：「全國不分區及僑居國外國民立法委員選舉，依政黨名單投票選出。」依此可知，全國不分區及僑民之立法委員當選名單係採政黨名單制，各政黨依得票總數計算當選席次比例。

(三)選舉區的劃分

1.劃分方式：有關選舉區的劃分，可以分成兩種方式：一是按照行政區域來劃分，此法之優點為簡單可行，缺點是可能不具代表性。二是按照人口數目來劃分，此法之優點為較能反映人口的代表性與多樣性，但缺點則是比較麻煩。我國劃分方式兼採該兩種方式：㈠立法委員、直轄市議員、直轄市長、縣（市）長、鄉（鎮、市）長、村（里）長選舉等，以行政區域為選舉區；㈡平地原住民及山地原住民選出者，以平地原住民、山地原住民等族群人口為選舉區。

2.選舉區應選名額：《公職人員選舉罷免法》第 35 條：立法委員選舉，其選舉區依下列規定：

直轄市、縣（市）選出者，應選名額一人之縣（市）以其行政區域為選舉區；應選名額二人以上之直轄市、縣（市），按應選名額在其行政區域內劃分同額之選舉區。全國不分區及僑居國外國民選出者，以全國為選舉區。

平地原住民及山地原住民選出者，以平地原住民、山地原住民為選舉區。

前項第一款直轄市、縣（市）選舉區應選出名額之計算所依據之人口數，應扣除原住民人口數。

3.劃分機關：考各國運作經驗，劃分機關有由國會負責者，如美國；亦有由中立的選區劃分委員會 (Boundary Commissions) 負責，其成員則由各黨派人士派員參加，如英國，我國劃分機關係由選務機關負責。《公職人員選舉罷免法》第 37 條：「第三十五條之立法委員選舉區及前條第一項第一款及第二款之直轄市議員、縣（市）議員選舉區，由中央選舉委員會劃分；前條第一項第二款之鄉（鎮、市）民代表選舉區，由縣選舉委員會劃分之；並應於發布選舉公告時公告。但選舉區有變更時，應於公職人員任期或規定之日期屆滿一年前發布之。前項選舉區，應斟酌行政區域、人口分布、地理環境、交通狀況、歷史淵源及應選出名額劃分之。」

4.選舉區的變更程序：如果要變更選舉區，其變更程序為何？有關立法委員之選區變更，選務機關應在立委任期結束前將選區變更案送交立法院同

意後發佈，如經否決，則參照各黨團意見修改後，再於否決之三十日內重行提出。如屆時仍未完成選舉區變更案的同意，則由行政、立法兩院院長協商解決之。

《公職人員選舉罷免法》第 37 條：「第一項立法委員選舉區之變更，中央選舉委員會應於立法委員任期屆滿一年八個月前，將選舉區變更案送經立法院同意後發布。立法院對於前項選舉區變更案，應以直轄市、縣（市）為單位行使同意或否決。如經否決，中央選舉委員會應就否決之直轄市、縣（市），參照立法院各黨團意見，修正選舉區變更案，並於否決之日起三十日內，重行提出。立法院應於立法委員任期屆滿一年一個月前，對選舉區變更案完成同意，未能於期限內完成同意部分，由行政、立法兩院院長協商解決之。」

參、候選人之產生與競選活動之限制

一、候選人之產生

我國公職候選人之產生方式有兩種：

㈠政黨提名

第 28 條：「依法設立之政黨，得推薦候選人參加公職人員選舉，經政黨推薦之候選人，應為該政黨黨員，並檢附加蓋中央主管機關發給該政黨圖記之政黨推薦書，於候選人申請登記期間內，向選舉委員會辦理登記。前項推薦書，應於申請登記候選人時繳送受理登記之選舉委員會，登記期間截止後補送者，不予受理。」

但負責提名的政黨必須符合下列規定：

1.於最近一次總統、副總統選舉，其所推薦候選人得票數之和，達該次選舉有效票總和百分之二以上。二個以上政黨共同推薦一組總統、副總統候

選人者，各該政黨推薦候選人之得票數，以推薦政黨數除其推薦候選人得票數計算之。

　　2.於最近三次全國不分區及僑居國外國民立法委員選舉得票率，曾達百分之二以上。

　　3.現有立法委員五人以上，並於申請候選人登記時，備具名冊及立法委員出具之切結書。

　　該次區域及原住民立法委員選舉推薦候選人達十人以上，且經中央選舉委員會審查合格。

　　4.政黨登記之全國不分區及僑居國外國民立法委員選舉候選人，應為該政黨黨員，並經各該候選人書面同意；其候選人名單應以書面為之，並排列順位（第24條）。

㈡個人登記

　　只要符合被選舉權的積極與消極要件之公民，均可於候選人申請登記期間內，向選舉委員會辦理登記，但必須注意下列幾點：

　　1.二種以上公職人員選舉同日舉行投票時，其申請登記之候選人，以登記一種為限。為二種以上候選人登記時，其登記均無效。同種公職人員選舉具有二個以上之候選人資格者，以登記一個為限。為二個以上候選人登記時，其登記均無效（第25條）。

　　2.經登記為候選人者，不得撤回其候選人登記（第31條）。

　　3.經登記為候選人者，於登記後將戶籍遷出其選舉區者，不影響其候選人資格，並仍在原選舉區行使選舉權。

　　4.登記為候選人時，應備具選舉委員會規定之表件及保證金，於規定時間內，向受理登記之選舉委員會辦理。表件或保證金不合規定，或未於規定時間內辦理者，不予受理（第33條）。

二、競選活動之限制

競選活動必須秉持君子之爭，故須恪遵憲法第 131 條所稱：「各種選舉之候選人，一律公開競選。」競選活動為選舉過程中最激情、也是最容易發生爭議的階段，故《公職人員選舉罷免法》對於競選活動做出許多限制：

㈠競選活動時間的限制

第 40 條：「公職人員選舉，候選人競選活動期間依下列規定：一、直轄市長為十五日。二、立法委員、直轄市議員、縣（市）議員、縣（市）長、鄉（鎮、市）長為十日。三、鄉（鎮、市）民代表、村（里）長為五日。前項期間，以投票日前一日向前推算；其每日競選活動時間，自上午七時起至下午十時止。」

㈡設置競選辦事處的限制

第 44 條：「候選人於競選活動期間，得在其選舉區內設立競選辦事處；其設立競選辦事處二所以上者，除主辦事處以候選人為負責人外，其餘各辦事處，應由候選人指定專人負責，並應將各辦事處地址、負責人姓名，向受理登記之選舉委員會登記。候選人競選辦事處不得設於機關（構）、學校、依法設立之人民團體或經常定為投票所、開票所之處所及其他公共場所。但政黨之各級黨部辦公處，不在此限。」

㈢競選文宣之限制

候選人印發以文字、圖畫從事競選之宣傳品，應親自簽名；政黨於競選活動期間，得為其所推薦之候選人印發以文字、圖畫從事競選之宣傳品，並應載明政黨名稱。宣傳品之張貼，以候選人競選辦事處、政黨辦公處及宣傳車輛為限。政黨及任何人不得於道路、橋梁、公園、機關（構）、學校或其他

公共設施及其用地，懸掛或豎立標語、看板、旗幟、布條等競選廣告物。但經直轄市、縣（市）政府公告供候選人或推薦候選人之政黨使用之地點，不在此限。競選廣告物之懸掛或豎立，不得妨礙公共安全或交通秩序，並應於投票日後七日內自行清除；違反者，依有關法令規定處理（第 52 條）。政黨及候選人從事競選活動使用擴音器，不得製造噪音。違反者，由環境保護主管機關或警察機關依有關法律規定處理（第 54 條）。

㈣發布選舉民調之限制

政黨及任何人自選舉公告發布之日起至投票日十日前所為有關候選人或選舉民意調查資料之發布，應載明負責調查單位或主持人、辦理時間、抽樣方式、母體及樣本數、經費來源及誤差值。政黨及任何人於投票日前十日起至投票時間截止前，不得以任何方式，發布有關候選人或選舉之民意調查資料，亦不得加以報導、散布、評論或引述（第 53 條）。

㈤競選言論之限制

候選人或為其助選之人之競選言論，不得有下列情事：1.煽惑他人犯內亂罪或外患罪。2.煽惑他人以暴動破壞社會秩序。3.觸犯其他刑事法律規定之罪（第 55 條）。

㈥其他限制

政黨及任何人，不得有下列情事：1.於競選活動期間之每日上午七時前或下午十時後，從事公開競選或助選活動。但不妨礙居民生活或社會安寧之活動，不在此限。2.於投票日從事競選或助選活動。3.妨害其他政黨或候選人競選活動。4.邀請外國人民、大陸地區人民或香港、澳門居民為第四十五條各款之行為（第 56 條）。

三、競選經費之限制

《公職人員選舉罷免法》對於競選經費，有若干限制規定：

㈠競選經費最高金額之限制

第 41 條：各種公職人員競選經費最高金額，除全國不分區及僑居國外國民立法委員選舉外，應由選舉委員會於發布選舉公告之日同時公告。前項競選經費最高金額，依下列規定計算：

1.立法委員、直轄市議員、縣（市）議員、鄉（鎮、市）民代表選舉為以各該選舉區之應選名額除選舉區人口總數百分之七十，乘以基本金額新臺幣三十元所得數額，加上一固定金額之和。

2.直轄市長、縣（市）長、鄉（鎮、市）長、村（里）長選舉為以各該選舉區人口總數百分之七十，乘以基本金額新臺幣二十元所得數額，加上一固定金額之和。

3.前項所定固定金額，分別定為立法委員、直轄市議員新臺幣一千萬元、縣（市）議員新臺幣六百萬元、鄉（鎮、市）民代表新臺幣二百萬元、直轄市長新臺幣五千萬元、縣（市）長新臺幣三千萬元、鄉（鎮、市）長新臺幣六百萬元、村（里）長新臺幣二十萬元。

4.競選經費最高金額計算有未滿新臺幣一千元之尾數時，其尾數以新臺幣一千元計算之。

5.第二項所稱選舉區人口總數，係指投票之月前第六個月之末日該選舉區戶籍統計之人口總數。

㈡有關經費申報列舉扣除額之規定

第 42 條：「候選人競選經費之支出，於前條規定候選人競選經費最高金額內，減除政治獻金及依第四十三條規定之政府補貼競選經費之餘額，得於

申報綜合所得稅時作為投票日年度列舉扣除額。前項所稱競選經費之支出，指自選舉公告發布之日起至投票日後三十日內，以競選活動為目的，所支出之費用。」

(三)有關競選經費的補貼規定

第 43 條：「候選人除全國不分區及僑居國外國民立法委員選舉外，當選人在一人，得票數達各該選舉區當選票數三分之一以上者，當選人在二人以上，得票數達各該選舉區當選票數二分之一以上者，應補貼其競選費用，每票補貼新臺幣三十元。但其最高額，不得超過各該選舉區候選人競選經費最高金額。

前項當選票數，當選人在二人以上者，以最低當選票數為準；其最低當選票數之當選人，以婦女保障名額當選，應以前一名當選人之得票數為最低當選票數。

第一項對候選人競選費用之補貼，應於當選人名單公告日後三十日內，由選舉委員會核算補貼金額，並通知候選人於三個月內掣據，向選舉委員會領取。

前項競選費用之補貼，依第一百三十條第二項規定應逕予扣除者，應先予以扣除，有餘額時，發給其餘額。

國家應每年對政黨撥給競選費用補助金，其撥款標準以最近一次立法委員選舉為依據。全國不分區及僑居國外國民立法委員選舉政黨得票率達百分之五以上者，應補貼該政黨競選費用，每年每票補貼新臺幣五十元，按會計年度由中央選舉委員會核算補貼金額，並通知政黨於一個月內掣據，向中央選舉委員會領取，至該屆立法委員任期屆滿為止。

候選人未於規定期限內領取競選費用補貼者，選舉委員會應催告其於三個月內具領；屆期未領者，視為放棄領取。

第一項、第五項所需補貼費用，依第十三條規定編列預算。」

肆、投票與選舉監察

一、投　票

各國之投票制度大約有下列幾種分類：

㈠**自由與強制投票**

前者係指選民是否進行投票完全取決於人民自己的意思，國家雖然勸導選民踴躍投票，但對於放棄投票者並不強制，亦不做處罰，此乃因國家視投票為民眾的天賦人權，不可剝奪或侵犯，此之謂自由投票。若國家視投票為人民應履行的社會職務，對於無故放棄投票者予以制裁，謂之強制投票。

㈡**單記與連記投票**

前者係指選民僅能在選票上圈定或書寫一名候選人，若有兩人以上就視為廢票，此為單記投票。後者則指選民可以在選票上圈定或書寫兩名以上候選人之投票方法，此為連記投票。

㈢**出席與缺席投票**

選民必須親自到投票所投票，稱為出席投票，由於是公開出席投票，因此足以防止投票流弊，確保選舉結果的公正性。至於缺席投票則是指選民因故不能親自出席投票，得用其他方法行使其投票權者，其方法包括：1.委任投票：委託他人代為投票，如瑞士，年逾六十歲者或因病或殘廢者均可委託他人代為投票。2.通訊投票：若無法投票者，預先向選務機關陳述理由，由選務機關將選票寄給選民，然後再由郵局寄回，如美英日等國均採用。3.選舉證交付制：選民若預計投票日不能投票，可向選務機關領取選舉證，此後以此證為證據，向任何投票所投票，此法為德國所採用。

㈣現制採取何種投票方式？

依現行《公職人員選舉罷免法》規定，我國究竟採用何種投票方法？

1.自由投票：首先，本法對於放棄投票之選民並無處罰的強制規定，依此可判定為「自由投票」。事實上，每次總統大選都有若干社會人士以宣傳不投票作為其選舉策略，可見其自由投票之性質。

2.單記投票：第 3 條稱：「公職人員選舉，以普通、平等、直接及無記名『單記』投票之方法行之。」

3.出席投票：又依《公職人員選舉罷免法》第 17 條規定：選舉人，除另有規定外，應於戶籍地投票所投票。不僅如此，投票所工作人員，雖然得在戶籍地或工作地之投票所投票。但在工作地之投票所投票者，以戶籍地及工作地在同一選舉區，並在同一直轄市、縣（市）為限。依此可見，我國係採「出席投票」，且必須在戶籍所在地的投票所行使其投票權。

然而，據稱內政部正研議「軍警不在籍投票」，至於臺商或海外僑胞的通訊投票，由於爭議仍多，則予以排除。但反對者擔心軍人、警察若在部隊或警察局投票，恐怕會讓公務機關涉入政治恩怨，軍隊長官與警察局長等本應採行政中立的首長，若准予不在籍投票，則將會被質疑公正性，國家會因此造成動盪不安❸。實際上，不在籍投票應屬於出席投票的一種，類似於《公職人員選舉罷免法》第 17 條第二款所稱在工作場所的投票，只不過此工作非屬於選務工作，而係維持秩序之國家任務，若每次負責值勤之軍警必須放棄其投票，自屬投票權利行使上之重大缺憾，故推動不在籍投票應屬可行。目前我國選舉相關法制中，唯一得以採行不在籍投票者為《公民投票法》第 25 條：「主管機關辦理全國性公民投票，得以不在籍投票方式為之，其實施方式另以法律定之。」事實上，以臺灣目前戶籍系統資訊化程度頗高，未必一定要在戶籍所在地投票，如此可減少社會成本，提高投票率；若擔心可能會做票，則除現行的選舉監察制度外，各政黨亦可調派監票人員，至投票現場進

---

❸　〈2012 實施不在籍投票？內政部：未定案〉，中央社，2010/2/25，
　　http://tw.news.yahoo.com/article/url/d/a/100212/5/20i91.html.

行監察，足可防止做票流弊。

二、開　票

選民進行投票必須親自帶身份證到投票所投票，故《公職人員選舉罷免法》必須對投開票進行詳細之規範，以免發生爭議。2008 年 1 月，臺灣舉行立法委員選舉，和 2000 年總統大選一樣，立委選舉與公民投票同日舉行，為了能在選舉過程中運用行政技術取得「優勢」，當時執政的民進黨透過選舉委員會的集體決議，將立委選票與公投選票的投票流程予以合併，稱為「一階段投領票」，而在野的國民黨為了反制，則鼓勵地方政府採行「兩階段投領票」，理由是：2004 年總統大選也是按照此種投票流程，更何況臺灣實施的是中央與地方政府共享權力的「均權制」，像投票流程如此細微的技術性事項，理應由地方政府投開票所主任負責。這樣的選舉爭議，一發不可收拾，一直到選前一個月，國民黨接受折衷方案，險些釀成臺灣選舉史上的政治爭議。依此可知，投開票作業雖屬細節，但若不注意其相關規定，容易引起爭執。現行《公職人員選舉罷免法》對於投開票作業規定如下所述：

㈠考量選舉區大小分設投票所

公職人員選舉，應視選舉區廣狹及選舉人分布情形，就機關（構）、學校、公共場所或其他適當處所，分設投票所。前項之投票所應選擇具備無障礙設施之場地，若無符合規定之無障礙場地，應使用相關輔具或器材協助行動不便者完成投票。選舉委員會應視場所之無障礙程度，適度增加投票所之工作人力，主動協助行動不便者。原住民公職人員選舉，選舉委員會得斟酌實際情形，單獨設置投票所或於區域選舉投票所內辦理投票。投票所除選舉人及第十八條第三項規定之家屬外，未佩帶各級選舉委員會製發證件之人員不得進入。但檢察官依法執行職務者，不在此限（第 57 條）。

(二)投票所與開票所的合一，以簡化投開票流程

投票所於投票完畢後，即改為開票所，當眾唱名開票。開票完畢，開票所主任管理員與主任監察員即依投開票報告表宣布開票結果，除於開票所門口張貼外，並應將同一內容之投開票報告表副本，當場簽名交付推薦候選人之政黨，及非經政黨推薦之候選人所指派之人員；其領取，以一份為限。

投開票完畢後，投開票所主任管理員應會同主任監察員，將選舉票按用餘票、有效票、無效票及選舉人名冊分別包封，並於封口處簽名或蓋章，一併送交鄉（鎮、市、區）公所轉送直轄市、縣（市）選舉委員會保管。

前項選舉票，除檢察官或法院依法行使職權外，不得開拆；前項選舉人名冊自投票日後第二日起十日內，選舉人得憑本人國民身分證向直轄市、縣（市）選舉委員會申請查閱，查閱以選舉人所屬投票所選舉人名冊為限；候選人或其指派人員得查閱所屬選舉區選舉人名冊（第 57 條）。

第六項選舉票及選舉人名冊，自開票完畢後，其保管期間如下：

一、用餘票為一個月。

二、有效票及無效票為六個月。

三、選舉人名冊為六個月。

前項保管期間，發生訴訟時，其與訴訟有關部分，應延長保管至裁判確定後三個月。

(三)投票所之組織、職掌與人員訓練

投票所、開票所置主任管理員一人，管理員若干人，由選舉委員會派充，辦理投票、開票工作。前項主任管理員須為現任公教人員，管理員須半數以上為現任公教人員，選舉委員會得洽請各級政府機關及公立學校推薦後遴派之，受洽請之政府機關、公立學校及受遴派之政府機關職員、學校教職員，均不得拒絕。投票所、開票所置警衛人員，由直轄市、縣（市）選舉委員會洽請當地警察機關調派之（第 58 條）。

第 60 條：投票所、開票所之工作人員，應參加選舉委員會舉辦之講習。

第61條：各級選舉委員會之委員、監察人員、職員、鄉（鎮、市、區）公所辦理選舉事務人員及投票所、開票所工作人員因執行職務致死亡、殘廢或傷害者，依其本職身分有關規定請領慰問金。不能依前項規定請領慰問金者，準用公務人員因公傷殘死亡慰問金發給辦法辦理。

三、選舉監察

為使選務工作能夠落實「選賢與能」之目標，我國《公職人員選舉罷免法》設計選舉監察制度，其有關規定如下：

㈠設置巡迴監察委員

中央選舉委員會置巡迴監察員若干人，由中央選舉委員會，遴選具有選舉權之公正人士，報請行政院院長聘任，並指定一人為召集人；直轄市、縣（市）選舉委員會各設監察小組，置小組委員若干人，由直轄市選舉委員會及縣（市）選舉委員會，分別遴選具有選舉權之公正人士，報請中央選舉委員會聘任，並各指定一人為召集人，執行下列事項：

1.候選人、罷免案提議人、被罷免人違反選舉、罷免法規之監察事項。

2.選舉人、罷免案投票人違反選舉、罷免法規之監察事項。

3.辦理選舉、罷免事務人員違法之監察事項。

4.其他有關選舉、罷免監察事項。

5.前項巡迴監察員、監察小組委員，均為無給職；其任期及人數於中央、直轄市、縣（市）選舉委員會組織規程規定之。

6.直轄市、縣（市）選舉委員會，得遴聘具有選舉權之公正人士為政見發表會監察員，執行有關政見發表之監察事項。

7.各級選舉委員會執行監察職務準則，由中央選舉委員會定之 （第12條）。

㈡投票所、開票所置主任監察員

第 59 條：投票所、開票所置主任監察員一人，監察員若干人，監察投票、開票工作。主任監察員須為現任公教人員，由選舉委員會洽請各級政府機關及公立學校推薦後遴派之；受洽請之政府機關、公立學校及受遴派之政府機關職員、學校教職員，均不得拒絕。

監察員依下列方式推薦後，由選舉委員會審核派充之：

1.立法委員、直轄市長及縣（市）長選舉，僅由推薦候選人且其最近一次全國不分區及僑居國外國民立法委員選舉得票率達百分之五以上之政黨，於各投票所推薦監察員一人。

2.其他地方公職人員選舉則由候選人就所需人數平均推薦，但經政黨推薦之候選人，由其所屬政黨推薦。如指定之監察員超過該投票所、開票所規定名額時，以抽籤定之。

3.立法委員、直轄市長及縣（市）長選舉與其他地方公職人員選舉同日舉行投票時，依第一款規定推薦。

4.候選人或政黨得就其所推薦之監察員，指定投票所、開票所，執行投票、開票監察工作。但投、開票所監察員不得全屬同一政黨推薦。

5.除候選人僅一人外，各投票所推薦不足二名之監察員時，由選舉委員會就下列人員遴派之：一、地方公正人士。二、各機關（構）、團體、學校人員。三、大專校院成年學生。監察員資格、推薦程序及服務之規則，由中央選舉委員會定之。

四、選舉訴訟

㈠選舉訴訟由法院審理

《中華民國憲法》第 132 條：「選舉應嚴禁威脅利誘。選舉訴訟，由法院審判之。」一旦發生選舉訴訟，一概交由法院以兩審制負責審理。《公職人員選舉罷免法》第 126 條：「選舉、罷免訴訟之管轄法院，依下列之規定：第一

審選舉、罷免訴訟，由選舉、罷免行為地之該管地方法院或其分院管轄，其行為地跨連或散在數地方法院或分院管轄區域內者，各該管地方法院或分院具有管轄權。不服地方法院或分院第一審判決而上訴之選舉、罷免訴訟事件，由該管高等法院或其分院管轄。」

第 127 條：選舉、罷免訴訟，設選舉法庭，採合議制審理，並應先於其他訴訟審判之，以二審終結，並不得提起再審之訴。各審受理之法院應於六個月內審結。法院審理選舉、罷免訴訟時，應依職權調查必要之事證。

(二)選舉訴訟種類

選舉訴訟有下述兩種類型：

1.選舉無效訴訟：乃因主辦選務機關辦理選舉時，違反選舉法規，因而影響當選與落選之結果，經提起告訴，被法院判決確定其選舉不發生效力之謂。第 118 條：選舉委員會辦理選舉違法，足以影響選舉結果，檢察官或候選人得自當選人名單或投票結果公告之日起十五日內，以各該選舉委員會為被告，向管轄法院提起選舉無效之訴。選舉委員會辦理全國不分區及僑居國外國民立法委員選舉違法，足以影響選舉結果，申請登記之政黨，得依前項規定提起選舉無效之訴。第 119 條：選舉無效之訴，經法院判決無效確定者，其選舉無效，並定期重行選舉或罷免。其違法屬選舉之局部者，局部之選舉無效，並就該局部無效部分，定期重行投票。

2.當選無效訴訟：乃因當選人候選資格不實，或競選時違反選舉法規，獲當選票數不實，足以影響選舉結果者，經提起告訴，被法院判決確定當選人之當選不發生效力之謂。第 120 條規定：候選人有下列情事之一者，選舉委員會、檢察官或同一選舉區之候選人得以當選人為被告，自公告當選人名單之日起三十日內，向該管轄法院提起當選無效之訴：(1)當選票數不實，足認有影響選舉結果之虞。(2)對於候選人、有投票權人或選務人員，以強暴、脅迫或其他非法之方法，妨害他人競選、自由行使投票權或執行職務。(3)有第九十七條、第九十九條第一項、第一百零一條第一項、第一百零二條第一

項第一款、刑法第一百四十六條第一項、第二項之行為。

第121條：當選人有第二十九條第一項所列各款之一或第二項規定情事者，選舉委員會、檢察官或同一選舉區之候選人得以當選人為被告，於其任期或規定之日期屆滿前，向該管轄法院提起當選無效之訴。全國不分區及僑居國外國民立法委員選舉之當選人，有前項情事時，其他申請登記之政黨亦得依前項規定提起當選無效之訴。

第122條：當選無效之訴經判決無效確定者，當選人之當選，無效；已就職者，並應自判決確定之日起，解除職務。

3.選舉無效與當選無效訴訟之差異：選舉無效與當選無效之差異在於：

⑴**以訴訟理由而言**，前者係因選務機關違反選舉法規；後者則因當選票數不實、違反相關選舉法規、以強暴脅迫或其他非法之方法，妨害選舉。

⑵**以原告而言**，前者為檢察官、候選人；後者則是選委會、檢察官或同一選區之候選人。

⑶**以被告而言**，前者是選委會，後者是當選人。

⑷**以法律效果而言**，前者法院判決確定選舉無效後，得就該投票所或選區重行辦理選舉或投票，後者則法院判決確定後，應重行辦理選舉。

㈢選舉訴訟案例

1. 2004年總統大選選舉訴訟案：第11屆中華民國總統、副總統選舉於2004年3月20日舉行。由尋求連任的時任總統陳水扁與時任副總統呂秀蓮以不到3萬票（得票率僅相差千分之二）的微小差距當選。此外，在此次選舉中，落敗的候選人認為出現下列諸多可能影響選舉結果的疑點：⑴廢票高達33萬票，約為前次總統大選三倍之多，為歷年所僅見。⑵公民投票與總統大選合併舉行，有公投綁大選之嫌疑，足以影響選民之投票意願。⑶3月19日下午1點45分，正在臺南市市區掃街拜票的時任正副總統陳水扁、呂秀蓮遭到槍擊，呂秀蓮膝蓋受傷，陳水扁腹部輕微擦傷。引發爭議極大的三一九槍擊事件。該事件是否影響選舉結果？泛藍支持者認為由於選前所有媒體民

調都顯示藍營勝算大於綠營，故總統府對於因應此一危機事件所啟動的國安機制，確實有影響選舉結果之虞。

於是國親聯盟正副總統候選人連戰、宋楚瑜乃向臺灣高等法院及臺北高等行政法院提起當選無效及選舉無效之訴。後來高等法院於 2004 年 11 月 4 日一審判決連宋敗訴，國親陣營再上訴，但最高法院於 2005 年 9 月 16 日終審駁回上訴，認為選舉過程並未發現違法，或雖有瑕疵，但不影響選舉結果，國親敗訴定讞。

2. 2018 年臺北市長選舉訴訟案：2018 年 11 月 24 日，九合一選舉落幕，臺北市長柯文哲連任成功，丁守中以 3,254 票之差落敗。11 月 28 日，候選人丁守中赴臺北地方法院聲請重新驗票及證據保全。12 月 11 日，丁向臺北地方法院遞狀，提起「選舉無效訴訟」，主要理由是：由於投開票作業的疏失導致影響選舉結果，選務機關違反憲法第 1 條民主共和國原則、第 2 條國民主權原則、第 16 條訴訟權、第 17 條選舉權保障，以及第 129 條選舉平等原則，是違憲的法律，請求合議庭本於合憲性解釋，認定「足以影響選舉結果」應包括「辦理選務違法足以影響選舉公正、公平之結果」或「足以導致選舉結果產生高度不可預測性」。丁守中表示：全世界都沒有一邊開票一邊投票的荒謬現象，相信司法會還他公道。

12 月 13 日，臺北地方法院公布重新驗票結果，柯文哲獲 58 萬 663 票，丁守中拿到 57 萬 7,096 票，丁輸柯 3,567 票，較原先開票結果多輸了 313 票。2019 年 5 月 10 日，臺北地方法院判決「原告之訴駁回」。丁守中不服提起上訴。12 月 17 日，丁守中所提選舉無效訴訟，臺灣高等法院合議庭認定，依丁守中的主張及舉證，均無符合《公職人員選舉罷免法》第 118 條所規定的要件「選舉委員會辦理選舉違法，足以影響選舉結果」，故判決「上訴駁回」，全案定讞。

伍、罷免程序及投票

一、罷免權的意義

選舉權與罷免權是相對的，既然選民有選出適任人選之權利，若其任職後並不稱職，則亦應擁有罷免權。罷免權是指人民對於其所選出之公職人員，於其任期未屆滿前，以投票方法，本於自己之意思，罷免其職位之權利。前述曾探討選舉為一種「權利說」，此對於選舉權或被選舉權都同樣適用，都是人民的基本權利，國家不可任意剝奪。但罷免則在性質上略有不同，罷免權固然是人民的權利，但對被罷免的對象而言，卻絕對不是權利，故無所謂的被罷免權。此乃類似懲戒性質，乃是罷免權行使之反射作用。

罷免權是對於「人」的放棄，既然公民有選出合適人才的權利，但公民如認為該當選人於任內發生違法亂紀之事或其表現並不適任，公民得於任期未滿之前，採同樣投票原則──一人一票，每票等值，令其去職。基此，若選舉權是「放權」的方法，罷免權則是「收權」的方法，一放一收之間，公民乃發揮選賢與能、監督政府的目標。從當選人而論，由於公民擁有罷免權可以監督其施政作為，故不敢怠忽職責或發生其他失職行為，戮力從公，以免受到公民的罷免制裁。

然而，2016年修正之《公職人員選舉罷免法》，對於罷免門檻調降的幅度過大：㈠罷免案成立的提議人人數改為原選舉區選舉人總數百分之一以上，相較於過去的標準已經寬鬆甚多。㈡罷免案投票結果，有效同意票數多於不同意票數，且同意票數達原選舉區選舉人總數四分之一以上，即為通過。一般而言，這算是低門檻。若以一位當選的民選首長而言，當選票數通常都達到接近或五成以上，但罷免門檻卻是同意票數達四分之一而已，「罷免數」低於「當選數」，等於以少數民意就可以否決多數民意選出的民選首長，這是可謂相當怪異而不合邏輯的罷免門檻，有待修正。

二、罷免案之提出

由原選舉區選民向選委會提出罷免案：憲法第 133 條：被選舉人得由原選舉區依法罷免之。故公職人員之罷免，得由原選舉區選舉人向選舉委員會提出罷免案。但就職未滿一年者，不得罷免。全國不分區及僑居國外國民立法委員選舉之當選人，不適用罷免之規定（第 75 條）。

1.罷免案備妥罷免提議書：罷免案以被罷免人原選舉區選舉人為提議人，由提議人之領銜人三人，填具罷免提議書一份，檢附罷免理由書正、副本各一份，提議人名冊二份，向選舉委員會提出（第 76 條）。前項提議人人數應為原選舉區選舉人總數百分之一以上，其計算數值尾數如為小數者，該小數即以整數一計算。第一項提議人名冊，應依規定格式逐欄詳實填寫，並填具提議人國民身分證統一編號及戶籍地址分村（里）裝訂成冊。罷免理由書以不超過五千字為限。罷免案，一案不得為二人以上之提議。但有二個以上罷免案時，得同時投票。罷免案表件不合前二項規定者，選舉委員會應不予受理（第 76 條）。

2.罷免案提議人之限制：第 77 條：現役軍人、服替代役之現役役男或公務人員，不得為罷免案提議人。前項所稱公務人員，為公務員服務法第二十四條規定之公務員。

3.罷免案之撤回：第 78 條：罷免案於未徵求連署前，經提議人總數三分之二以上同意，得以書面向選舉委員會撤回之。

三、罷免案之成立

㈠罷免案提議人名冊之審核

第 79 條：選舉委員會收到罷免案提議後，應於二十五日內，查對提議人名冊，有下列情事之一者，應予刪除：㈠提議人不合第七十六條第一項規定。

㈡提議人有第七十七條第一項之身分。㈢提議人姓名、國民身分證統一編號或戶籍地址書寫錯誤或不明。㈣提議人名冊未經提議人簽名或蓋章。㈤提議人提議，有偽造情事。

提議人名冊，經依前項規定刪除後，如不足規定人數，由選舉委員會通知提議人之領銜人於五日內補提，屆期不補提或補提仍不足規定人數者，均不予受理。符合規定人數，即函告提議人之領銜人自收到通知之次日起十日內領取連署人名冊格式，並於一定期間內徵求連署，未依限領取連署人名冊格式者，視為放棄提議。前項補提，以一次為限。補提之提議人名冊，應依第一項規定處理。

㈡罷免案徵求連署期間

第 80 條：前條第二項所定徵求連署之期間如下：㈠立法委員、直轄市議員、直轄市長、縣（市）長之罷免為三十日。㈡縣（市）議員、鄉（鎮、市）長之罷免為二十日。㈢鄉（鎮、市）民代表、村（里）長之罷免為十日。前項期間之計算，自領得連署人名冊格式之次日起算。罷免案提議人之領銜人，應將連署人名冊二份，於第一項規定期間內向選舉委員會提出，逾期不予受理。前項連署人名冊，應依規定格式逐欄詳實填寫，並填具連署人國民身分證統一編號及戶籍地址，分村（里）裝訂成冊，連署人名冊未依規定格式提出者，選舉委員會應不予受理。

㈢罷免案連署人數門檻

第 81 條：罷免案之連署人，以被罷免人原選舉區選舉人為連署人，其人數應為原選舉區選舉人總數百分之十以上。前項罷免案連署人人數，其計算數值尾數如為小數者，該小數即以整數一計算。同一罷免案之提議人不得為連署人。提議人及連署人之人數應分別計算。

㈣選舉人數審定

第 82 條：第七十六條及前條所稱選舉人總數，以被罷免人當選時原選舉區之選舉人總數為準；所稱選舉人，其年齡居住期間之計算，以罷免案提出日為準。

㈤罷免案宣告成立

第 83 條：選舉委員會收到罷免案連署人名冊後，立法委員、直轄市議員、直轄市長、縣（市）長之罷免應於四十日內，縣（市）議員、鄉（鎮、市）長之罷免應於二十日內，鄉（鎮、市）民代表、村（里）長之罷免應於十五日內，查對連署人名冊，有下列各款情事之一者，應予刪除。但連署人名冊不足第八十一條第一項規定之連署人數者，選舉委員會應逕為不成立之宣告：㈠連署人不合第八十一條第一項規定。㈡連署人有第八十一條第三項規定情事。㈢連署人姓名、國民身分證統一編號或戶籍地址書寫錯誤或不明。㈣連署人名冊未經連署人簽名或蓋章。㈤連署人連署，有偽造情事。

前項連署人名冊，經查對後，選舉委員會應重行核實連署人數，為罷免案成立或不成立之宣告；經宣告不成立之罷免案，原提議人對同一被罷免人自宣告不成立之日起，一年內不得再為罷免案之提案。

㈥被罷免人之答辯書

第 84 條：罷免案宣告成立後，應將罷免理由書副本送交被罷免人，於十日內提出答辯書。前項答辯書內容，以不超過一萬字為限。第 85 條：選舉委員會應於被罷免人提出答辯書期間屆滿後五日內，就下列事項公告之：㈠罷免投票日期及投票起、止時間。㈡罷免理由書。㈢答辯書。但被罷免人未於規定期間內提出答辯書者，不予公告。答辯書內容，超過前條第二項規定字數者，其超過部分，亦同。

㈦罷免辦事處之設置

第 86 條：罷免案提議人，於徵求連署期間，得設立罷免辦事處，置辦事人員。前項罷免辦事處不得設於機關（構）、學校、依法設立之人民團體或經常定為投票所、開票所之處所及其他公共場所。但政黨之各級黨部辦公處，不在此限。罷免案之進行，除徵求連署之必要活動外，不得有罷免或阻止罷免之宣傳活動。罷免辦事處與辦事人員之設置及徵求連署之辦法，由中央選舉委員會定之。

四、罷免案之投票

㈠罷免之投票

第 87 條：罷免案之投票，應於罷免案宣告成立後二十日起至六十日內為之，該期間內有其他各類選舉時，應同時舉行投票。但被罷免人同時為候選人時，應於罷免案宣告成立後六十日內單獨舉行罷免投票。被罷免人於投票日前死亡、去職或辭職者，選舉委員會應即公告停止該項罷免。

㈡罷免票之規定

第 88 條：罷免票應在票上刊印同意罷免、不同意罷免二欄，由投票人以選舉委員會製備之圈選工具圈定。投票人圈定後，不得將圈定內容出示他人。

㈢罷免案之投票開票規定

第 89 條：罷免案之投票人、投票人名冊及投票、開票，準用本法有關選舉人、選舉人名冊及投票、開票之規定。

㈣罷免案通過之門檻

第 90 條：罷免案投票結果，有效同意票數多於不同意票數，且同意票數達原選舉區選舉人總數四分之一以上，即為通過。

㈤罷免案投票結果公告

第 91 條：罷免案經投票後，選舉委員會應於投票完畢七日內公告罷免投票結果。罷免案通過者，被罷免人應自公告之日起，解除職務。前項罷免案通過後，依規定應辦理補選者，應自罷免投票結果公告之日起三個月內完成補選投票。但經提起罷免訴訟者，在訴訟程序終結前，不予補選。

㈥罷免案通過之效果

第 92 條：罷免案通過者，被罷免人自解除職務之日起，四年內不得為同一公職人員候選人；其於罷免案進行程序中辭職者，亦同。罷免案否決者，在該被罷免人之任期內，不得對其再為罷免案之提議。

✍ 自我評量

1.選舉的性質為何？依我國現行法制而論，究採何說為當？

2.選舉方法有哪些？我國屬於何種投票方法？試申述之。

3.構成選舉人之積極與消極要件為何？

4.構成候選人之積極與消極要件為何？

5.為提升選舉素質，候選人是否需有學歷之限制？

6.試說明我國選務機關之設置、組織與職掌。

7.請解釋大選舉區與小選舉區之意義，依我國現行法制究採何種選區制？

8.請比較說明大選舉區與小選舉區之意義與優缺點。

9.請依現制說明區域代表制與政黨代表制。

10.我國選舉區劃分之機關與方式為何？我國採行何種選舉區制？

11.候選人產生之方式有哪些？試依現制加以說明。

12.目前《公職人員選舉罷免法》規定，對於競選活動有何限制規定？

13.目前《公職人員選舉罷免法》規定，對於競選經費有何補貼規定？

14.各國投票制度有哪些？我國採行何種投票制度？

15.試說明「不在籍投票」與出席、缺席投票之差異？我國是否可以實施？試申己見。

16.目前《公職人員選舉罷免法》規定，對於投票所有何規定？

17.何謂選舉監察制度？目前《公職人員選舉罷免法》對此有何規定？

18.選舉訴訟由誰負責審理？訴訟種類為何？

19.選舉無效與當選無效之訴，兩者之意義有何差別？

20.請說明罷免案之提出及其成立要件。

21.請分析新修正的《公職人員選舉罷免法》，其罷免門檻調降甚多，何以故？此種調降是否合理？如何改進？

歷屆考題

1.請問成為地方選民的積極條件與消極條件為何？此外，請分析賦予在地外國人擁有地方公職人員選舉的投票權之優劣，並試述己見。（108年公務、關務升官等考試、交通事業升資考試）

2. 2014年11月29日中華民國地方公職人員選舉，將是規模最大的一次「九合一選舉」。請問「九合一選舉」之項目為何？其選舉制度及競選型態又如何區分？請比較說明之。（103年公務人員高等考試三級考試）

3.何謂出席投票與缺席投票？依目前我國的《公職人員選舉罷免法》，對於選民的投票方式採取何種方式？有人認為，為了保障海外工作之我國選民的投票權益，應適度採行通訊投票，您的

看法如何？（100 年特種考試地方政府公務人員考試）

4.請從我國地方公職人員選舉賄選案例，討論如何有效遏止賄選。

（100 年公務人員升官等考試、關務人員升官等考試）

5.試就《公職人員選舉罷免法》中有關地方競選經費最高金額、
競選費用之補貼相關規定及精神加以闡述之。（98 年公務人員、
關務人員升官等考試）

第二節　地方民主與公民參與

壹、地方自治與草根民主

政治學者普萊思 (Bryce, 1924: 133) 曾指出：「民主政治的最佳學習場所與民主政治成功的最佳保證，乃是實施地方自治。」的確，公共事務經緯萬端，任何一個國家的執政者必須釐清中央與地方分權原則，妥適劃分中央與地方之權限，推動各自的法定公共責任，才能完成人民付託，實現民主政治是民意政治、責任政治與法治政治的目標。這種中央與地方的分權，通常稱之為「垂直型分權」，相對於行政權、立法權、司法權、考試權與監察權的「水平型分權」，已成為當前政府治理公共事務的重要施政理念。

地方自治的實施，不僅可以在國家統一的基礎下，發揮「因地制宜」的地方特色；而且可以維護地方政府的自主地位，實現草根性民主 (grassroots' democracy) 的政治意涵。基此，地方自治可以說是國家發展的基石，唯有落實地方自治，才能將中央政府所擬訂的國家政策付諸實現，人民福祉才得以保障。

從當前世界各國推動政府再造的發展趨勢來看，在政治制度的改造上，似乎有朝向「分權化」與「自主化」的趨勢，換言之，提高地方政府的自主性，加強對於地方政府的授能，俾為民眾提供高品質的公共服務，已經成為當前政府再造的趨勢。

貳、聯邦制美國的發展趨勢

以聯邦制的美國而言，州政府為美國政治權力運作的中心，聯邦政府只是基於州政府依據美憲授權而成立，至於郡 (county)、市 (city) 或鎮邑 (township) 等地方政府的地位則無自治權限，必須來自於州的授權。直至十

九世紀美國各地發生地方自主 ❹ (home rule) 運動，各州政府遂在州憲中賦予地方政府的獨立自治權限，唯須在州政府的監督下，自行決定地方政府管轄區域內公共事務之治理，擁有某種程度的自治權限，成為名符其實的地方自治政府。

　　美國地方政府發展至今，目前大約有 89,004 個地方政府，約由五十萬位左右的民選官員與一千多萬的公務員共同治理，可見地方政府實在是一個相當龐大的組織，其重要性不可言喻 ❺。這樣龐大的政府組織，相較於在它之上的州與聯邦政府，究竟民眾對其評價如何？根據蓋洛普所做的民意調查：38% 的民眾認為地方政府花費最多的錢，23% 的民眾認為聯邦政府，20% 認為州政府；但誰花錢花得最有智慧呢？35% 的民眾認為地方政府，14% 的民眾認為州政府，7% 的民眾認為聯邦政府；由此看來，地方政府是最會花錢，但也是服務最好的政府層級，其地位與功能備受美國民眾的肯定，民眾對它的信心也超過州與聯邦政府 (Zimmerman, 1995)。

　　儘管如此，誠如瓦特斯 (Walters, 1992: 31) 所指出的：州與地方政府雖然擁有全國最嚴密的文官體系，但僵化的行政制度與法規，加上強勢的公務員工會組織，使得許多地方政府部門之運作失靈，既不能提高行政效率，又不能滿足民眾需求，以至於不得不推動地方政府的改革。

　　就州與地方政府的改造計畫而言，最著名的計畫當屬由前密西西比州州長溫特 (William F. Winter) 所領導，並且得到洛克菲勒政府研究所 (The Rockefeller Institute of Government) 所支持的州與地方文官全國委員會 (National Commission on State and Local Public Service)，該委員會指出：就州與地方政府的公務人力而論，至少多達 1,500 萬的公務員，約占全國總勞動

---

❹　這是來自於英國的理念，英國曾於 1914 年通過地方自主法 (Home Rule of 1914)，賦予愛爾蘭政府的自治地位；英國的自主權，又稱為中央政府權力下放權 (devolution)，通常是指組成國家部分的地方政府，如蘇格蘭、威爾斯與北愛爾蘭政府，在中央政府監督下，期望擁有某種程度的地方事務自行治理的權限。

❺　United States Census Bureau. Census Bureau Reports There Are 89,004 Local Governments in the United States. https://www.census.gov/newsroom/releases/archives/governments/cb12-161.html.

力的 13%，亦占全國生產總值的 14%(NCSLPS, 1993)；基於州與地方政府公務人員的重要地位，如何重建州與地方政府的文官體制，已成為美國政府再造過程中，最具關鍵性的公共議題。

為了改革州與地方政府的運作，裁撤過時老舊的地方政府機關，重建小而能的企業型政府，州與地方文官全國委員會建議應該採取下列途徑，以改造州與地方政府的體質：㈠改革地方政府的文官體系，包括減少對於退伍軍人與資深人員的任用；㈡簡化採購作業程序；㈢改革預算程序，使之更富彈性 (Nathan, 1994: 160–161)。以佛羅里達州政府的發展經驗而論，1940 年佛州的人口總數不足 200 萬人，但至 1990 年則多達 1,290 萬人，到 90 年代更遭遇財政短缺的危機，以至於社會福利、全民健康醫療等社會服務工作都受到衝擊。為解除此項危機，佛州成立由政府官員、企業家與學者專家為組成份子的精確縮編委員會 (Right-sizing Commission)，以作為重建政府的諮詢委員會。該委員會提出佛州政府必須遵循重建政府的六項目標：催化作用的、社區導向的、顧客導向的、價值取向的、結果導向的與市場導向的州政府。同時，他們針對人力投資、教育、治理、公共安全與成長政策五大領域進行改革，以減少至少一千項不必要的工作類別 (Peirce, 1994: 133)。

參、中央集權制英國的發展趨勢

以實施中央集權制的英國而言，70 年代的英國，在「大即是美」(big is beautiful) 的治理哲學導引下，中央政府大幅擴張其職權，貫徹其為國家政治中心的理念，壓縮地方政府的自主權，1966 至 1969 年的地方政府皇家委員會 (Royal Commission on Local Government) 曾主張建立一個大型的、集中化的、多功能的地方政府。1972 年的地方政府法 (Local Government Act of 1972) 更擴大英格蘭與威爾斯的轄區、管轄人口與行政機關，因為他們相信唯有建立大型的地方政府，才能擁有更多的政策資源，採取更具策略性的角色。

　　80 年代之後，不少社區積極主義者 (community activitists) 推動中央放權運動 (devolution movement)，英國各地民眾開始出現要求中央實踐地方民主 (local democracy) 的聲浪，當時的主要訴求是：中央政府應減少對於地方政府的財政支援，對於花費過度的地方政府，中央政府可不依選民意見，直接課徵地方政府的人頭稅（1993 年改為議會稅），以限制地方政府的歲入經費。

　　由於地方政府涉入政黨選舉活動甚深，不少都市新左派人士深信：地方社會主義 (local socialism) 是拓展新政治空間、贏得中央執政權的終南捷徑。1981 年社會民主黨與自由黨結盟，形成第三勢力，最終獲得 25% 的選票，此項勝選使得「以地方包圍中央」的呼聲甚囂塵上，更加肯定地方自主的必要性。

　　地方政治生態之改變，社區民眾從被動性選民轉變為自主性公民，要求參與中央政府所制定的公共政策，基此，具有直接民主意涵的參與民主 (participatory democracy) 的呼籲逐漸壓過間接民主色彩的代議民主 (representative democracy)，成為地方自治重要的政治運作型態。

　　地方自治政府為求自主與自治，必須加強自我管理能力，於是提出更佳治理 (better governance) 的主張；地方政府相信「解決民主問題，只有讓它更民主」，為強化其治理能力，最好的辦法就是強化地方民主運作機制，擴大民眾參與決策過程，引進市場機制以提高地方政府治理地方事務的能力。

　　到了 90 年代，不少英國民眾有鑒於地方政府各部門所提供的公共服務無法滿足其需求，紛紛從僵化的官僚體系中逃離出來，另尋出路，開始轉向市場，而市場又汲汲營營，以自我利益為導向，於是地方政府發生公共服務遲鈍化與市場機制私益化的雙重危機。中央政府眼見地方主義日趨高漲，而其自治能力又陷入明顯不足的困局，乃開始採取授能自治政府 (empowering self-government)，提高地方民主的自主性，強化地方公民在公共政策過程中的地位，同時要求加強自我管理，以貫徹民眾需求為中心的新地方自治。

肆、歐盟的發展趨勢

1980s 晚期與 1990s 初期 ， 不少北歐國家為解決福利國家 (welfare state) 所造成的納稅人負擔日益沈重、中央政府財政不堪負荷的嚴重問題，遂創設地方行政區實驗 (free-commune experiment, FCEs)，中央政府必須下放其制定政策的權限與提供公共服務條款給地方自治政府，以提高自治政府回應民眾福利需求之能力，提供具成本效益的地方服務，以加強地方政府之自主性，減輕國家的財政負擔。

該實驗選定具執行力的自治都會 (municipalities) ， 賦予其某些可以免於中央政府法規管制的自治權限，鼓勵其運用創新途徑，自行解決福利國家的爛攤子，推動「由下而上」的地方服務發展模式，以滿足地方民眾的福利需求。該項實驗授與地方政府相當大的自主權限，可以自行控制歲入出的預算決策、簡化公共計畫與環境相關法規，鼓勵以創新途徑提供跨領域的服務輸送 (cross boundary service delivery)，以滿足地方人民之需求與優先順序，俾提供更多元的福利服務抉擇與民眾參與，地方政府機關則可在政策制定上以扮演先驅性 (proactive role) 角色，形塑新的中央與地方政府關係。

英國中央政府期望選出該模範市，一方面可以繼續滿足地方民眾的自治需求，另一方面則可以減輕國家財政負擔。他們相信這種新的實驗模式之實益在於：降低中央政府提供公共服務的行政成本，同時亦增加地方政府回應地方民眾需求的自主能力。

中央政府究竟下放地方政府的豁免權限有哪些？英國國會通過地方自治事項協議法 (Local Area Agreements, LAAs)，中央與地方政府就可授權的地方自治事項進行協商，以排列自治實驗事項的優先順序，依此協議地方政府可以自行透過其自治程序，簡化中央補助經費的程序，用更有效率的、更有彈性的方式提供地方公共服務。該協議法強調地方與中央政府採談判協商決定自治事項，故自治施政往往因地而異，蓋英國中央政府相信：「一種尺寸無法

適用於所有」(one size does not fit all)，唯有因地制宜才能使地方自治實驗成功。換言之，希望透過此種自治實驗以改變長期以來民眾對於中央政府過度倚賴的印象：「白金漢宮永遠知道什麼是對民眾最好的」哲學 (Whitehall knows best philosophy) ❻，事實上，最瞭解民眾需求的是地方政府。

　　最明顯的實例是 1983 年，瑞典政府為加強中央與地方政府之關係，亦推動自由地方行政區實驗，其目的在於「解除中央對於地方政府之管制」或「解放地方政府」(Stewart and Stoker, 1989: 125–142) ❼。這個實驗主要是由中央政府根據法律規定，選定若干地方政府，授與充分的自主權，讓該地方政府自行決定公共政策的制定與執行模式，以加強地方政府之自主性、民主性與效率，由於此實驗計畫相當成功，其他北歐國家如丹麥、挪威與芬蘭等都相繼實施該實驗計畫。

　　地方政府要求中央「放權」，主張「地方分權」，究竟可以分權到何種程度？有些人採取激進看法，主張應將自治權力下放到以社區為導向的自願性團體；有些人採取保守看法，主張擴大民眾在地方議會中的參與；甚至有人認為公共服務部門中引進市場機制本身就是分權化的最高形式，這些不同的分權制度反映出新左派與新右派人士在意識型態上的差異，本書無需繼續申論；不過，我們可以看到的明顯事實是：即使是那些將地方政府視為「下屬派出政府」的英國、法國，乃至於許多北歐國家，地方主義的出現已經成為當前國家政治發展的主流，地方自治研究成為當代政府必須重視的公共治理課題。

---

❻ Communities and local governments, 2020/1/30, http://www.communities.gov.uk/localgovernment/performanceframeworkpartnerships/localareaagreements/.

❼ 1983 年瑞典學者為改善中央與地方政府之關係，特別研擬一項「自由自治市」的構想，以提高地方之自治能力，後來得到公共行政部長 Bo Holmberg 的支持，他加以修正，提出自由區自治市 (free-zone municipality) 的實驗。1984 年通過一項法案，該法案選定九個自治市與三個郡為「自由地方行政區域」，該法案之立法意旨為：㈠加強地方自主權，以制定更符合地方狀況與需要的決策；㈡提高資源的利用；㈢加強協調與效率；㈣強化地方政府之組織；㈤強化對於地方居民服務的提供；㈥加強公民的影響力，改進地方民主；以及㈦改善中央與地方關係 (Rose, 1990: 217)。

伍、臺灣地方自治定向的轉型與蛻變

　　根據上述美國、英國與歐盟地方主義的發展趨勢，近年來，臺灣地方自治實務與研究定向也開始發生轉型與蛻變，主要表現在下列幾方面：

一、從「中央放權」到「地方攬權」

　　臺灣地方自治的變遷與茁壯必須根植於臺灣政經歷史脈絡，數十年前，臺灣還是處於威權體制，尚未實施政黨政治，立法院未常態改選，還是屬於行政院的「附屬機關」，故當時的國家體制，中央政府獨大，地方政府只是中央政府的下屬機關，地方自治權相當受到限制。2000 年的總統大選，臺灣歷經有史以來第一次的政黨輪替，立法院開始展現政黨政治的角力，而地方政府均以選舉產生，具有地方民意的基礎，動輒要求中央「放權」與「放錢」的聲浪愈來愈強。由於國家事務日趨複雜，非中央政府所能獨治，必須藉著地方政府的協助，於是地方自治的未來發展趨勢，必然是中央政府放權愈來愈多，地方政府攬權則愈來愈普遍。近年來，地方與中央在權限的爭議愈來愈多，地方挾其民意基礎挑戰中央政府的趨勢勢不可免，如空氣污染的解決、前瞻基礎建設計畫的推動等，許多直轄市、縣市政府首長都有不同的政策立場。

二、從「地方自治」到「地方治理」

　　近年來，地方自治研究中紛紛出現地方治理 (local governance) 的新觀點，地方自治與地方治理之相異點在於，前者是以「政府」為中心的時代，地方自治事務的決定與處理係由地方行政機關與地方立法機關共同基於制衡原則而推動，因而地方自治只需考量「府際關係」，政府以外的民間社會都僅是扮

演「被管制者」與「受支配者」的角色；後者則是以「公民社會」為中心的時代，公民社會、非營利組織與市場對於公共事務的影響層面愈來愈廣，地方自治事務的決定必須由政府、非營利組織與市場共同協力完成，因而地方自治必須將這些行動者視為一個不可分割的互動關係進行有效的網絡管理，每位行動者都是地方自治事務的治理者，必須以共同管理、公私合夥精神推動這些地方事務。例如，如何解決臺灣的特色觀光產業，中央政府充其量只能進行經費補助與基礎設施的興建，其餘均宜由地方政府整合地方資源，串連景點才能發揮整體效益。

三、從「在地化」到「全球化」

　　過去地方自治是處於「日出而作，日入而息」的農業社會，乃是國境內的自治事務，地方政府只要考量地方自治區域內的因素即可，不需要考量該區域以外的公共事務，更遑論國際因素。然而，自從全球疫情、氣候變遷、金融大海嘯、世界貿易組織、網際網路與通訊科技的出現後，全球化開始襲捲每個國家的中央政府，更衝擊到地方自治事務的處理。例如，2008 年發生的金融海嘯造成臺灣經濟的嚴重衰退，社會出現失業潮，解決失業問題已非行政院獨立所可挽救，各縣市政府亦分別投入對抗失業的行列，形成中央與地方相互較量政績的現象。基此，今後地方自治不僅要維護「在地化」的特色，而且更要考量全球化對於地方自治區域可能造成的正、負面影響，提升其地方治理能力。目前臺灣積極推動觀光，以吸引國際遊客的蒞臨與消費，其關鍵的落實之道還是在於地方政府建設與經營觀光服務水準的提升。

四、從「大有為政府」到「小而能政府」

　　過去地方政府為了處理公共事務，在中央政府的行政命令下，自行組設地方自治政府，並未考量效率因素，當時的政府認為「服務愈多的政府才是

最好的政府」，為了提供便民服務，於是建構「大有為政府」，徵聘許多公務員處理公共事務，故呈現金字塔型組織型態。然而，近年來，由於國際間流行政府再造運動，紛紛檢討政府膨脹與政府機關事必躬親的弊病，於是開始有人主張「管理最好的政府才是最好的政府」，換言之，如果政府服務項目太多，但卻管理不善，甚至造成赤字預算，冗員充斥，引致納稅人的負擔更為沈重，則民眾寧願不要這樣的政府，於是「小而能政府」的主張受到重視，各地方政府乃嘗試建構扁平式組織型態，以最少的人力、最有效的方法為民眾提供更多的優質服務。

陸、地方民主與民眾參與

一、民眾參與的重要性及其意義

在西方民主政治的影響下，參與治理 (participatory governance) 為當代民主社會的一個常態，強調社會體系中的公民應在公共事務的領域中積極參與並扮演適當的角色，藉以對現代官僚體制與專業主義化的行政制度作一適度的改革。

從意識型態的角度而言，參與治理至少反映出西方社會對於代議民主 (representative democracy) 的不滿，在代議民主之下，選民以選票直接選出民意代表與首長，然後由他們治理國政，但當這些民意代表與首長無法制定符合民眾需求的公共政策時，受到傷害的往往是民眾的公共利益。參與治理者認為：代議民主並不能有效地處理公共事務，而應回歸到芳鄰民主 (neighborhood democracy)，讓都市與鄉村居民得以透過民眾參與機制，涉入與其生活息息相關的公共政策，使民眾成為公共事務管理體系中的治理者之一。近年來盛行於直轄市政府與若干縣市政府的「參與式預算」，由臺北市長柯文哲開啟第一槍之後，已經有愈來愈多民眾透過公開透明的參與機制，決定預算的審議與分配，顯見傳統代議民主的褪色，我們正邁向後代議民主的

草根民主時代。

Barber (1984) 提出以民眾參與治理為主體的強勢民主 (strong democracy) 的概念，它是一種以公民為主體的自治政府，而非打著公民之名而遂行政客個人利益的代議政府。積極主動的公民在強勢民主體制下進行公共事務管理，並不必然發生於公共事務中的每一層次或每一時刻；而當制定攸關民眾福祉的公共政策時，民眾要透過參與機制融入地方治理者結構中。為了實踐強勢民主的目標，決策制訂過程必須吸納更廣泛與更有效的民眾參與；民眾參與不僅限定在政策規劃階段，也可以對於已經定案或準備付諸執行的公共計畫要求廣泛的參與。如果政策規劃與執行過程中欠缺民眾的參與，則公共計畫必須回歸原點，重新再行規劃該計畫方案。強勢民主下的公共管理者面對民眾如此高漲的參與需求，自然必須改變角色，蛻變成為一位專業的公民 (professional citizens) 或公民管理者 (citizen-administrators)，他們最大的責任在於聆聽民眾的心聲，將這種來自民眾心底的吶喊聲音加以內化，融入於決策方案中。因此，強勢民主可以促進公民精神與公民社會的實現，這是參與治理的最高境界。

依 Longton (1978) 的定義，參與治理係指公民參與公共服務或公共設施管理決策的過程。從此定義，吾人可知公共事務管理決策過程中，如何讓公民的價值觀與意見進入治理決策過程，特別是如何建立一套機制調和專業者、政府部門、利益團體與公民價值進入決策與資源分配的過程，乃參與治理議題討論的重心 (Webler and Tuler, 2000)。

簡言之，參與治理之目的係將民眾意見納入參與機制，使政府決策更能貼近民眾需求，減少政策執行阻力的共融合作的公共治理。基上，如何完善的建立參與治理機制乃成為關鍵性課題。參與治理機制的建立，是指如何塑造一位市民可以闡述與表達其看法與想法，並能達到完全參與公共管理決策的核心能力。公民闡述與表達的內涵可包括：利益、理念、價值、批判、資訊等；換言之，參與治理機制須能提供一個充滿自由、公平的、賦權的、非強制性的、平等的、溝通的論述場域。

以地方公共事務管理的具體案例而言，美國對於集水區管理就非常重視社區治理模式的運用，美國田納西流域管理局 (TVA) 自 1992 年以來就積極推行參與治理計畫，邀請政府官員與外部利害關係業者、團體與公民，成立包含二十多位委員的區域能源資源諮詢委員會 (The Regional Energy Resource Council) 與區域資源管理諮詢委員會 (The Regional Resource Stewardship Council)，只要涉及有關該局自然資源或能源生產的重大決策都必須諮詢該委員會徵求其意見，這樣的參與機制持續運作數十年，使得該局之公共決策備受居民肯定，相關流域管理事務的推動亦相當順利。

二、民眾參與的方式與實益

參與治理的方式究竟有那些？參與治理方式非常多，根據 Thomas (1995: 12–13) 的說法，具有下列不同的參與方式：

㈠關鍵接觸 (key contacts)

對於公共管理者而言，由於對社區人物的狀況並不熟悉，也許最簡單的參與方式是和社區中關鍵的重要人物進行接觸，以瞭解其想法與看法，這是最基本的參與方式。在西方社會中，這些關鍵的重要人物通常是指經濟、政治或社會組織的社會菁英，但就臺灣社會而言，通常似乎是指政治人物、地方耆宿而言。

㈡公共會議

當社區居民需要更廣泛地參與時，召開公共會議就成為必然的選擇；美國社會中，召開公聽會幾乎已經成為參與治理的家常便飯，只要將召開會議的時間、地點與討論議題在適當地點予以公告，就可以順利地召開會議。臺灣社會中的村（里）民或社區民眾會議也很普遍，但功能不彰，形式意義大於實質意義。

㈢顧問委員會

成立參與治理顧問委員會，也是非常重要的參與形式之一；該委員會之成員必須要有充分的代表性，否則委員會的決策公正性就會受到質疑；該委員會之組成可以根據議題性質，選擇與該議題利害相關的社區團體代表，例如，消費者團體、弱勢團體等。

㈣公民意見調查

自六、七〇年代以來，美國政府機關愈來愈重視對於社區居民意見態度的調查，以作為制訂社區發展計畫的參考。當進行社區居民意見態度的調查時，必須要注意隨機樣本的代表性，使得意見能夠充分代表社區居民的態度取向。

㈤公民接觸 (citizen contacts)

民眾可以透過《遊說法》直接與政府官員接觸，提供地方建設意見，雖然提供的事務意見偏重於特定的、狹窄的具體議題，但仍有相當的參考價值。目前由於網際網路的發達，公民個人可直接透過公共政策網路平臺發表意見，或者直接透過電子郵件與政府部門接觸，故如何處理個別公民的意見已經成為當前政府機關甚為沈重的工作負擔。

㈥協商與調解 (negotiation and mediation)

許多地方的發展議題容易引起不同利害關係團體的爭論，如是否應該興建觀光賭場、高速公路、垃圾掩埋場、大型超級市場等，面對這種爭論，政府官員過去經常採取協商方式加以解決，但目前更發展出準司法的手段——調解機制——試圖化解爭議兩造的衝突。無論如何，協商與調解本身就是參與治理解決爭議議題的良好方式之一。

參與治理究竟有何實益？地方政府推動民眾參與治理的經驗顯示，適當的參與治理可以產生下列效益 (Thomas, 1995: 8–10)：

㈠**建立更佳的溝通管道:**社區委員會成為政府部門從事溝通的主要管道,可以取得社區居民的意見,也可以藉此設定參與治理的要件,減少公聽會的壓力。

㈡**改進計畫執行的效率:**由於社區居民可以參與計畫執行過程,故社區居民的服從程度因而增高,可以消弭許多反彈聲音,加速計畫執行的效率。

㈢**更能發揮每一分錢的服務價值:**由於社區居民投入服務提供與計畫執行的行列,他們經常無怨無悔地付出,因而無形中提高計畫的生產力。例如道路維護作業,政府欠缺幕僚及監工人員,由於社區居民委員會願意擔任該項工作,使得道路維修的任務得已達成,而且工程品質甚佳,充分發揮金錢的價值。

㈣**免於受到輿論批評:**過去的參與治理僅限定於社區菁英或議會,經常被指摘為黑箱作業,但自從強調市井小民的普遍性參與後,地方計畫發展機關受到批評的機會無形中降低了許多,而且減少了到議會備詢、受到議員質詢與關切的壓力,官員與民眾的直接對話反而成為解決社區問題的主要方式。

㈤**增強預算審議的支持:**社區居民一旦與政府相關部門走在同一陣線上,就能取得增加預算的籌碼,增加議員通過相關預算的支持度。基此,許多地方計畫發展官員非常喜歡社區居民的參與,如此一來該計畫由於得到民眾的背書而提高了預算通過的機會。

柒、地方派系與公民監督

臺灣實施地方自治歷史曾是地方派系鬥爭史,地方派系幾乎主宰地方自治的良性發展,如臺中縣的紅派與黑派、高雄縣的紅白黑三派、嘉義縣的黃派與林派、臺南縣的海派、山派與高派等。政治學者(黃德福,1990)指出:地方派系在臺灣政治文化中扮演關鍵性的角色,特別是以地方民意代表出身的政治人物,幾乎都是派系的代表人物。基此,有人說:民主選舉制度運作下的臺灣曾經是一個「派系之島」(王金壽,2004)。朱雲漢 (1989) 指出:過

去國民黨之所以能夠操控臺灣的政治局勢，很重要的統治方式是以國民黨的執政優勢資源鞏固它的威權統治與寡占性經濟資源。

　　若將地方派系按照地方自治層級來劃分，可以分為：省級、縣市級與鄉鎮市級地方派系，陳明通 (1995: 153–154) 的研究指出：在威權統治時期，幾乎每個縣市都存在有兩個各種不同層級派系以上，而全臺灣地區則至少有 90 個縣市級派系存在，在此情形下，地方派系之間的楚河漢界、涇渭分明，縣市首長、鄉鎮市長或各級民意代表的選舉自然是以「派系提名」為主，「政黨提名」淪於形式，一直到選舉制度的改變與政黨政治的強化之後，臺灣各地的地方派系才有逐漸沒落的趨勢。

　　地方派系畢竟是以地方上少數家族、企業與政客為主的小團體，其目標是以擴大勢力、爭取資源為導向，這種小團體對於地方權益的爭取不遺餘力，中央政府為了取得其執政權亦不得不施予各種不對等的財政補助與公共建設計畫的支持，導致各地方的社經發展極不均衡，而地方建設的公共建設品質甚差，「蚊子建設」隨處可見，更經常成為社會各界批評的焦點。

　　不過，隨著臺灣民主化速度愈來愈快，也愈能與國際接軌，透過網際網路將國際民主潮流的價值觀與公民監督方法納入臺灣社會，特別是社群媒體的發達，促使出生於網路世代的年青網路公民 (Net-tizens)，對於政治人物展開前所未有的高密度的監督與挑戰，全國性的選舉中，「派系」幾乎成為歷史包袱，逐漸在政壇上消逝。目前剩下的仍是最基層的鄉鎮市長選舉，由於選民素質不理想而加入地方派系，可以撈到不少好處，故派系問題仍未改善。若基層的地方自治不能產生以能力為導向的候選人，則中央政府又膽敢放權給基層政府？

捌、政黨競爭與公民參與

　　如果我們將「地方派系」視為追逐特權團體利益的「地方利益團體❽」，

---

❽　此處所說的「地方利益團體」係指從事私益、圖利自己的派系團體，並非指從事公益性、非營利

政黨就是一群理念相同的人組成的政治團體,其目的是取得執政權力。基此,兩者差別在於:

㈠**成立目的不同**:政黨以爭取執政權為目的,利益團體則以爭取團體利益、發揮影響力為目的。

㈡**關切議題廣度不同**:政黨為了爭取執政權,通常其關切議題係以黨章方式向選民訴求,故其所訴求的議題甚為廣泛,但利益團體則往往僅訴求某方面的特定議題,如地方硬體建設、地方福利事項等。

㈢**團體性質不同**:政黨是政治性團體,利益團體則是社會性團體,雖然每逢選舉地方利益團體往往融入競選機器中,但其本質仍是社會性團體。

㈣**團體組織化程度不同**:一般而言,政黨組織較為嚴密,有黨章、黨綱、入黨資格等;但利益團體則程度不一,前述的地方派系往往是一種氣味相同、檯面下的利益組合體,外人很難瞭解其運作方式。

臺灣地方自治發展過程中,不能忽視政黨政治的深遠影響,由於各政黨皆有其不同的政黨政綱與政策立場,導致政黨對峙情況十分嚴重,從而衍生出地方挑戰中央的政治衝突。臺灣的政黨簡單可分為藍、綠兩大陣營,前者強調中國意識,主張建立與中國大陸的友好關係,甚至是有條件的統一;後者強調臺灣意識,主張與中國大陸劃清界限,充其量是經濟的交流,政治則是絕緣體。由於意識型態的不同,且無妥協空間,故在不同政黨出身的地方自治首長,在面對地方自治事務的處理上經常是南轅北轍,或者各自表述,難以形成共識。例如,各縣市警察局長的任用權,不少縣(市)長就曾與行政院內政部警政署長發生職權爭執,相互搶奪人事權。1998年喧騰一時的拜耳撤資案,涉及行政院經建會與臺中縣長之間的職權衝突,最後竟然是中央政府官員落寞收場、主事者黯然下臺。前臺北市長馬英九與行政院衛生署之間有關全民健保費用的分攤問題,即使動用大法官會議的解釋,亦難解決此項爭議。2008年總統大選,藍綠政黨為求勝選,即使小至投票動線的規劃亦演變成為中央與地方的大戰。2015年甚至曾經發生監察院通過彈劾臺南市長

性的非營利團體,如生態保育協會、慈善救助協會等。請讀者翻閱本節歷屆試題中有這樣的題目。

賴清德彈劾案，引起軒然大波❾。

　　由此可見，在激烈的政黨競爭情況下，兩個意識型態截然不同的政黨，對於有關爭議性地方自治事務的看法經常南轅北轍，往往很難產生共識看法，不利於地方自治的實踐與品質的提升。

　　臺灣地方自治發展過程中，雖然政治文化出現地方派系與政黨對峙，對於地方自治實務的發展產生不良影響，但畢竟都是過去式了，非常時期宣告結束，臺灣憲政回歸正常體制，地方自治有了一個非常健康的成長環境；在單一選區制的推動下，派閥政治的地方派系已逐漸煙消雲散，餘下的問題是如何化解政黨政治的對立化與尖銳化。

　　無可否認地，近若干年來臺灣地方自治的進步幅度令人相當驚異。例如，風行於各地的節慶活動與特色產業，較諸於過去已經有明顯的長足進展，對於地方財政的挹注很大，愈來愈多的人民亦深刻感受到地方政府的努力與施政成果。另一方面，臺灣選民的理性選擇能力愈來愈高，地方首長的選舉若單靠地方派系的力量與雄厚財力已不足以勝選，而其施政能力、人格操守與政黨組織與行銷能力成為贏得勝選的基本條件。基此，展望未來的臺灣地方自治之發展，應該致力於選民自治能力的教育訓練，以提升選民監督地方政府施政的能力；對於地方政府則應提供更多的授能，使其在區域範圍內能夠將地方自治事務處理好，如此才能落實地方民主的目標。

---

❾　監察院院新聞稿，臺南市長賴清德違法不進議會架空該市立法權悖離民主與法治原則傷害憲政體制 (104/8/4)。https://www.cy.gov.tw/News_Content.aspx?n=124&sms=8912&s=7400

自我評量

1. 請申述地方自治與地方民主的關係與重要性。
2. 請分析聯邦制與單一制國家在「地方民主」方面的發展趨勢為何？對於我國有何啟示？
3. 請分析歐盟國家地方自治的改革趨勢並評論對我國之啟示。
4. 國際潮流重視地方民主與地方自治的趨勢，對於我國地方自治研究與實務定向有何影響？可能產生的轉型與蛻變方向為何？
5. 請說明民眾參與治理的意義與重要性？
6. 試舉例說明公民參與地方公共事務的方式，並評論其優缺點。
7. 請從地方政府與政治角度說明地方利益團體與政黨的區別，對於我國地方自治有何影響？
8. 臺灣政黨政治的競爭相當激烈，請舉實例說明其情況，如何化解政黨對峙的局面，以營造共融共榮的社會？

歷屆考題

1. 1985 年代以來，相關國際組織陸續通過「歐洲地方自治憲章」、「世界地方自治宣言」，以及提出「世界地方自治憲章草案」等作為反應全球化對地方自治的衝擊。請說明 30 餘年來全球地方自治發展之趨勢。（107 年公務人員高等考試三級考試）
2. 地方民眾參與或影響地方政府運作的途徑有哪些？請分別從《地方制度法》規定及「地方治理」(local governance) 觀點比較說明之。（101 年公務人員高等考試三級考試）
3. 今 (107) 年九合一大選已於 11 月 24 日投票結束，請以直轄市及縣（市）長選舉為例，說明地方派系對選舉過程及結果的影

響。（107 年特種考試地方政府公務人員考試）

4. 如何界定地方利益團體？其與政黨有何差異？請分別舉例說明
　　之。（106 年特種考試地方政府公務人員考試）

第三節 遊說與公民投票

壹、《遊說法》

一、遊說的意義與背景

　　遊說 (lobbying) 是西方政治的概念，係指遊說者 (lobbyist) 企圖影響政府個人或機關所做成的公共決策，遊說對象可能是民意代表或政府官員。遊說者可能是代表某一特定利益團體、遊說團體的代表或國會議員本身，其目的是希望影響法案或公共政策的方向。根據 1995 年美國《遊說公開法》(Lobbying Disclosure Act) 的規定，任何人須向國會議員與聯邦政府官員遊說接觸者，都必須到國會秘書處註冊，若未經註冊就逕行遊說，則可能受到刑事處分與罰鍰。2007 年，該法修訂為《誠實領導與開放政府法》(Honest Leadership and Open Government Act)，該法要求所有遊說者須要向眾議院與參議院秘書處註冊，若未註冊需繳交罰款五萬美元。由於遊說的限制頗多，不少遊說團體認為該法是違憲的，剝奪了美國憲法第一條修正案 (First Amendment to the United States Constitution) 的精神——美國人民有向政府請願的權利，因而，《遊說法》的制定與實行總是出現許多「剪不斷，理還亂」的政治衝突。

　　英國的遊說，主要是由國會議員陪同選民或任何利益團體遊說，設法爭取其對某項法案的投票取向。根據韓薩德社會 (Hansard Society) 的估計，許多英國國會議員大約每週都必須接觸一百次以上的公民遊說活動。由此可見，遊說在英國政治場域中的活躍程度，但相較於美國，遊說對象似更為狹窄，僅以國會議員為限。至於多數歐洲國家對於遊說管制並不熱衷，且管制相當嚴格，僅限定於向國會法案遊說，且所有的專業遊說者均須登記。

二、《遊說法》的內容

我國於 2007 年 8 月 8 日公布《遊說法》，是世界上少數幾個制定《遊說法》的國家，真可謂「初生之犢不畏虎」。

遊說係指遊說者受雇於某特定個人或團體，向立法委員、助理及行政官員等說項，以爭取其對於某項法案或政策的支持。遊說者從事遊說活動必須登記，有關遊說者之基本資料、遊說之目的、遊說之議題、接觸的機關部門、因遊說而獲得的收入及遊說支出等資料均應向主管機關登記清楚，使得遊說活動得以透明化、法制化與公開化，一切都得攤在陽光下接受公平檢驗，因此可視為「陽光法案」之一。

《遊說法》第 1 條明確界定立法宗旨為：「為使遊說遵循公開、透明之程序，防止不當利益輸送，確保民主政治之參與，特制定本法。」第 2 條則界定遊說的概念是「指遊說者意圖影響被遊說者或其所屬機關對於法令、政策或議案之形成、制定、通過、變更或廢止，而以口頭或書面方式，直接向被遊說者或其指定之人表達意見之行為。」

究竟本法所稱遊說者與被遊說者之身分為何？遊說者是指：㈠進行遊說之自然人、法人、經許可設立或備案之人民團體或基於特定目的組成並設有代表人之團體。㈡受委託進行遊說之自然人或營利法人。至於被遊說者則如下述：㈠總統、副總統。㈡各級民意代表。㈢直轄市政府、縣（市）政府及鄉（鎮、市）公所正、副首長。㈣政務人員退職撫卹條例第二條第一項所定之人員。依此而論，我國遊說對象，較諸英美等國，未必狹隘，堪稱是大膽的新興民主國。

《遊說法》的主管機關為內政部，故其登記之機關，與英美法制不同，應向被遊說者之所屬機關登記，如第 13 條：「遊說者應逐案備具申請書，載明下列事項，於進行遊說前向被遊說者所屬機關申請登記。」而被遊說所屬機關為承辦此事，必須指定專責單位或人員，受理遊說之登記但主管機關仍

是內政部，仍需向立法院負責。

《遊說法》第 5 條規定：下列行為，不適用本法之規定：

一、公務員依法執行職務之行為。

二、外國政府或政府間國際組織派駐或派遣之人員所為職務上之行為。

三、人民或團體依其他法規規定之程序及方式所為之申請、請願、陳情、陳述意見等表達意見之行為。

第 6 條則規定遊說者為法人或團體時，應指派代表為之，其代表人數不得逾十人。

遊說者進行遊說時必須以民主正當手段為之，第 9 條：「遊說者進行遊說時，不得以強暴、脅迫或其他不正當方法為之，並不得向被遊說者行求、期約或交付賄賂或其他不正利益。」此外，第 11 條明確規定不得遊說的事項：一、動員戡亂時期終止後，犯內亂或外患罪，經判處有期徒刑以上之刑確定未受緩刑宣告者。二、犯貪污治罪條例之罪，經判處有期徒刑以上之刑確定未受緩刑宣告者。三、犯組織犯罪防制條例之罪，經判處有期徒刑以上之刑確定未受緩刑宣告者。四、犯刑法詐欺、侵占或背信之罪，經判處有期徒刑以上之刑確定未受緩刑宣告者。

三、遊說與陳情的差異

遊說的概念與規定已如前述，然其與《行政程序法》中的「陳情」有何不同？《行政程序法》第 168 條：「人民對於行政興革之建議、行政法令之查詢、行政違失之舉發或行政上權益之維護，得向主管機關陳情。」遊說與陳情固同屬人民之基本權利，且為民主法治國家為貫徹主權在民之精神與保障憲法賦予人民之基本權利所設計之機制，然仍有下列幾點不同：

㈠**活動性質不同：**遊說側重於政治性活動，故與立法委員之接觸較多，但陳情則純粹是一般性的行政性活動，較強調嚴守行政中立之立場。

㈡**立法目的不同：**《遊說法》訂定之目的為促使政治程序的透明化與公開

化，以避免政商掛勾，權力腐化，乃是一種陽光法案；至於陳情制度則著眼於保障人民行政權益，確保行政公正性，避免行政機關的濫權，是一種權益救濟。

㈢**適用範圍不同**：《遊說法》可以遊說對象甚廣，總統、副總統、各級民意代表、直轄市政府、縣（市）政府及鄉（鎮、市）公所正、副首長、政務人員退職撫卹條例第二條第一項所定之人員，幾乎無所不包，但陳情僅能向行政部門陳情。

㈣**適用法規不同**：陳情適用《行政程序法》，遊說適用《遊說法》。

㈤**民眾發動的主動性不同**：《遊說法》幾乎可以針對任何議題提出主動性的遊說計畫，但陳情通常僅限於其所欲陳情之事項，必須非常明確具體，主動性稍嫌不足。

貳、創制與複決權

一、創制權

所謂創制權係指公民依法定程序提議制定某項法案之權，此所謂法定程序通常是指提案法定人數、提案內容與表決通過之要件等，至於創制法案之項目，因各國國情而異，包括制定或修改憲法或法律等。創制之形式可以是「原則創制」，係指由公民提出原則性的法律提案，通過後，再由立法機關依此法律原則進行立法工作，多數國家均屬如此；亦可以進行「法律創制」，由公民自行研議完整法律條文，再依法定程序進行表決，由於研議法律條文係非常繁複之專業工作，此種法律條文之創制形式殊屬罕見。

創制權之行使方法通常可以分為兩種：

㈠**直接創制**

係指公民直接依法定程序提出創制提案，唯必須經過議會的通過，逕依

法定程序進行表決；由於議會議員均係民選產生，不可能違背民意取向，故議會的同意權幾乎是形式的，故謂之直接創制。此制可充分反映直接民權之精神，美國各州大都屬之。

(二)間接創制

係指公民提出創制提案後，須經立法機關之討論與審議，若立法機關審核同意，則創制提案立刻成為法律；但若遭議會否決或修正時，則提出贊成或反對之理由，一併交由公民公決之，如德國法制即是如此。畢竟公民的創制權對於中央政府立法權、行政權的行使可能有所妨礙，故各國通常都運行於地方自治事項中，且會訂定排除條款，規定若干事項不得進行公民創制權，如上級政府之委辦事項、同級政府之委託事項、預算案、租稅案、行政機關及編制變更事項、行政區劃事項等（管歐，1996: 175）。

依此觀之，由公民發動創制權，以制定或修改憲法或法律行使需要公民高度的專業知識，亦有可能侵犯立法機關制定法案之權，故其行使至為重要，且須謹慎行使。這是何以我國憲法將創制複決權授與由人民選出的國民大會代表為之，如憲法第 27 條：「國民大會之職權如左：一、選舉總統、副總統。二、罷免總統、副總統。三、修改憲法。四、複決立法院所提之憲法修正案。關於創制複決兩權，除前項第三、第四兩款規定外，俟全國有半數之縣市曾經行使創制複決兩項政權時，由國民大會制定辦法並行使之。」其行使之前提條件相當嚴格，唯後經修法廢止國民大會，總統、副總統由人民直接選舉罷免，創制複決權自然亦賦予公民直接擁有，第 123 條：「縣民關於縣自治事項，依法律行使創制、複決之權，對於縣長及其他縣自治人員，依法律行使選舉、罷免之權。」第 136 條：「創制複決兩權之行使，以法律定之。」由於該兩項法律至今仍未制定通過，故實際上臺灣公民目前暫無實現創制權與複決權之可能。不過，《公民投票法》已具備創制複決兩項權能之意義。

二、複決權

正如選舉權與罷免權的相對性一樣，創制權與複決權亦是相對的概念，乃是對於「事」的創議與否決。複決權係指公民依法定程序，就立法機關所議決之法律案，行使其最終的決定權。創制權是公民基於新法案之制定而提出的提案權，複決權則是針對立法機關通過後的法律案提出最終的否決權，兩者之關係相當密切。複決權可以分為兩種形式：

㈠強制複決

凡議會所通過之法律，必須經由公民複決投票通過後始能生效者，稱為強制複決；如瑞士憲法、美國州憲皆屬之。依我國 2005 年 6 月 10 日中華民國憲法增修條文第 12 條規定：「憲法之修改，須經立法院立法委員四分之一之提議，四分之三之出席，及出席委員四分之三之決議，提出憲法修正案，並於公告半年後，經中華民國自由地區選舉人投票複決，有效同意票過選舉人總額之半數，即通過之，不適用憲法第一百七十四條之規定。」由此可認定我國有關憲法修正複決案係採強制複決。

㈡任意複決

凡立法機關所通過之法案，並非必須經過公民複決，而於公民或法定機關請求時，始舉行投票複決者，謂之任意複決。例如，瑞士公民如認為某項立法機關所通過之法案於民眾權益不利或行政機關認為立法機關通過之法律有窒礙難行之處，妨礙行政權之行使，皆可要求提出公民複決案，交由公民作最後之裁決。

同樣地，複決權的行使亦有排除規定，如：上級政府之委辦事項、同級政府之委託事項、預算案、租稅案、行政機關及編制變更事項、行政區劃事項、避免公共緊急危難事項、保障境內少數生活特殊人民利益事項等通常都

不適用於複決權的行使。事實上，民主政治就是民意政治，如果人民對於領導者之預算使用、人事選拔或緊急狀況的指揮有不同意見時，都可透過政黨政治的常軌或發表公開輿論加以譴責，一個強調主權在民的民主領導者，不可能漠視此種聲音的存在，故此種例外規定實質上並不影響民眾的複決權之行使。

參、公民投票權

一、意　義

美國憲法的簽署人詹姆斯麥迪遜 (James Madison) 曾說：「唯有人民才能擁有至高無上的權力」；但人民如何表現其至高無上的權力呢？公民投票似乎是表現人民主權最具體、也最直接的方式。根據學者研究，公民投票確曾於許多國家舉行，如加拿大、英格蘭、愛爾蘭、義大利、法國、丹麥、南非等。許多國家甚至舉行全國性的公投，以解決長期以來一直無法解決的爭議性課題。例如，南非透過全國公投結束長期以來的種族分離政策。

何謂公民投票？學術界似仍有不同的解讀，Gallagher & Uleri (1996) 指出：公民複決 (referendum) 與公民自決投票 (Plebiscite) 是不相同的，後者乃是淵源於古羅馬時期的投票制度，後來在第一次世界大戰之後，許多殖民國家為解決主權爭議問題而發展出來的投票方式。這種公民投票其實應該稱為「民族自決投票」，其投票結果足以決定國家是否脫離殖民國家的統治而形成一個獨立國家。目前許多民主國家所實施的公民投票，主要發生於公共政策或法案的決定，而不是國家前途上，正確名詞應該是公民複決 (referendum) 與公民創制 (initiative)，依據美國加州憲章的規定，除了前述之外，還加上對於不適任公職人員的罷免 (recall)。臺灣社會中，民進黨所主張的公民投票，似乎包含上述兩種意義：有時候是指「公民自決投票」，最常見的說法：「由兩千三百萬人民決定臺灣前途」。目前通過的《公民投票法》，主要是指公民

複決，屬於對公共政策的複決案。

二、類　型

公民投票通常可以分成下列不同類型（丘昌泰，2013a: 218–219）：

㈠**強制性與選擇性 (mandatory vs. optional) 公投**，前者通常是指某些國家對於憲法修正案強制性地要求一定要舉行公民投票，並且獲得一定多數的同意才能修正；後者則是選擇性的，未必一定要進行公投程序。

㈡**拘束性與諮詢性 (binding vs. advisory) 公投**，前者係指國會或政府必須接受公投結果，公投結果具有法律拘束力；後者則是指公投結果僅具參考價值，不一定要遵守。以歐洲經驗而言，多數公投都是拘束性公投，很少是諮詢性公投，縱使是諮詢性的，通常都無可避免地產生拘束性的效果。

三、國外公民投票的運作經驗

各國實施公民投票的經驗為何？從歐洲國家的發展經驗而論，從 1945 年前至 1995 年間，總共舉行了 582 次，但以瑞士最為頻繁，總共舉行 437 次，如果扣除瑞士，其他各國的公投次數約為 145 次，顯然公投是瑞士最普遍決定公共政策的方式（丘昌泰，2013a: 216–219）。

瑞士是相當民主的國家，但其民主並不是表現在選舉權與罷免權的行使上，而是以創制權與複決權為主體的公民投票上。這種直接民權制度之所以在瑞士能夠實施成功，固然與該國公民具有強烈的公民意識有關，質實言之，與其優良的地方自治傳統有密切關係。瑞士最基層的地方政府為鄉 (commune)，人口數少到僅有數百人，比臺灣的鄉（鎮、市）還少，但一切公共事務的決定都是由全鄉鄉民所組成的鄉民代表大會，透過公民投票方式決定。一年至少舉行二十多次的大會，大會選出五人代表的執行委員會作為執行機關，設鄉長與副鄉長，均為無給職，下設行政事務委員會負責處理當

地的教育、農牧、消防、財政、公共事業等。人口數較多的鄉級單位，當然不可能成立全民參與的鄉民委員會，但即便是以間接選舉選出委任代表組成委員會，自由與強制複決的行使仍是選民掌控委任代表避免濫權的有效機制。因此，瑞士堪稱是「公民投票的聖地」。

　　然而，從全球整體發展趨勢來看，公民投票從 1970 年代到了公投高峰期，進入 1990 年代則有日漸減少的趨勢，或許是許多選民發現立法是相當專業的事，仍以透過行政部門或國會議員制定為宜。此外，許多議題未必可以簡化為「贊成」與「反對」兩個單純選項加以選擇。再從個別國家來看，歐洲國家中，荷蘭一直沒有舉行過任何全國性的公投，但瑞士卻舉行了 437 次，佔所有歐洲國家過去五十年間公投總次數的 75%，可見瑞士確實是世界公民投票的「聖地」。

　　若以美國經驗而論，美國並沒有舉行全國性公投的紀錄，但目前已有 23 州具有創制與複決權的全州性公投，全美 49 州均有規定：州憲的修改必須經過強制性公民複決的程序。加州是美國最勇於實施公民投票的州，根據加州憲章第二章的規定，政治權力根源於人民，政府成立之目的在於保障、捍衛與賦予民眾利益。民眾有權力改變，故加州民眾有權力行使公民複決權、創制權與罷免權。

四、《公民投票法》與其他法律之關係

　　我國從專制威權體制轉型到民主體制過程中，「公民投票」一直是朝野政黨攻防的重要主張，支持者認為賦予公民此項權利為憲法所保障的基本權利，不僅可以透過民主公投程序，擴大民眾參與，而且能夠和平解決長期對立的公共議題，但反對者則認為臺灣民主素養尚未成熟，公民容易受到政治人物的操弄，則對於國家前途未必有利。更何況臺灣選舉次數已經太多，花費不少社會成本，若加上公民投票則必然使我國的選務經費更加膨脹。唯後來仍於 2003 年 12 月 31 日制定通過《公民投票法》。

我國《公民投票法》通過後，其與若干相關法律之關係必須加以澄清：

一、《公民投票法》與憲法之關係：誠如前述，我國憲法第 123 條謂：「縣民關於縣自治事項，依法律行使創制、複決之權，對於縣長及其他縣自治人員，依法律行使選舉、罷免之權。」又第 136 條規定：「創制複決兩權之行使，以法律定之。」如今《公民投票法》兼具創制與複決的雙重性質，則憲法條文所揭示之人民權利，不論是全國性或地方性公民自可依本法行使上述權利，當然，直轄市、縣（市）民亦可依《公民投票法》對於自治條例行使複決、原則創制、地方自治事項重大政策之創制、複決等。

二、公民投票法與《地方制度法》之關係：《地方制度法》第 16 條第 2款規定：關於直轄市民、縣（市）民、鄉（鎮、市）民之權利，對於地方自治事項，有依法行使創制、複決之權。由於《公民投票法》公布前，並無有關行使創制、複決之法源依據，故直轄市民、縣（市）民、鄉（鎮、市）民自無施行該等事項之權利。唯自《公民投票法》公布施行後，則可依《公民投票法》之相關規定，針對自治條例、地方自治事項重大政策之創制、複決則可依《公民投票法》加以行使。唯由於《公民投票法》中則僅限於直轄市、縣市而已，並不包括鄉（鎮、市）在內，故未來宜配合《公民投票法》之限縮規定，刪除鄉（鎮、市）對於地方自治事項的創制與複決權，以免產生法律相互衝突問題。

五、《公民投票法》的內容

2003 年 12 月 31 日公布，經數度修正之《公民投票法》具有下列重要內容：

㈠立法意旨

該法第 1 條清楚揭示立法意旨：「依據憲法主權在民之原則，為確保國民直接民權之行使，特制定本法。本法未規定者，適用其他法律之規定。公民

投票涉及原住民族權利者，不得違反《原住民族基本法》之規定。」

㈡適用範圍

公民投票可以分為兩種，各有其適用之事項：

1.全國性公投：主要是針對中央政府的法案或政策提出公投案，主管機關為中央選舉委員會，適用事項，包括：一、法律之複決。二、立法原則之創制。三、重大政策之創制或複決。四、憲法修正案之複決。

2.地方性公投：主要是針對直轄市、縣（市）政府之法案或政策事項提出公投案，主管機關為直轄市政府、縣（市）政府，執行機關則為直轄市政府、縣（市）政府選舉委員會。適用之事項，包括：一、地方自治法規之複決。二、地方自治法規立法原則之創制。三、地方自治事項重大政策之創制或複決。但預算、租稅、投資、薪俸及人事事項不得作為公民投票之提案。有關公民投票事項之認定，由公民投票審議委員會（以下簡稱審議委員會）為之（第2條）。

基上，與國際發展經驗相互比較，臺灣公民投票制度之完善，與先進國家不遑多讓，不僅中央或地方政府都可以實施公民投票制度。而就其公民投票的適用事項而論，從最高層次的憲法修正案外，到其下的所有立法與公共政策都可以實施公投，但有關國家前途無法適用公民投票法，因該事項屬於憲法規範事項，低位階的法律自然不宜為之，準此以觀，臺灣的公民投票係屬於公民複決 (referendum)，而非公民自決投票 (Plebiscite)。

㈢提案人、連署人及投票權人之資格要件

符合公民投票資格的條件，可能具有三種身份：公民投票提案人、連署人及投票權人三種身份，必須符合的資格有二：第一、為中華民國國民，年滿二十歲，除受監護宣告尚未撤銷者外，有公民投票權（第7條）。第二、有公民投票權之人，在中華民國、各該直轄市、縣（市）繼續居住六個月以上，得分別為全國性、各該直轄市、縣（市）公民投票案之提案人、連署人及投

票權人。提案人年齡及居住期間之計算，以算至提案提出日為準；連署人年齡及居住期間之計算，以算至連署人名冊提出日為準；投票權人年齡及居住期間之計算，以算至投票日前一日為準，並均以戶籍登記資料為依據。前項投票權人年齡及居住期間之計算，於重行投票時，仍以算至原投票日前一日為準（第 8 條）。

㈣公民投票程序

1.提案：公民投票案之提出，除另有規定外，應由提案人之領銜人檢具公民投票案主文、理由書及提案人正本、影本名冊各一份，向主管機關為之（第 9 條）。公民投票案之提出，以一案一事項為限。依此，全國性公民投票向行政院提出，主管機關則是中央選舉委員會；至於地方性公民投票則應分別向直轄市、縣（市）政府提出。若直轄市、縣（市）政府對於公民投票提案，是否屬地方自治事項有疑義時，應報請行政院認定（第 26 條）。

2.提案人數門檻：公民投票案提案人人數，應達提案時最近一次總統、副總統選舉選舉人總數萬分之一以上（第 10 條）。至於地方性公民投票案提案人數，則依地方自治精神，委由各直轄市、縣（市）政府頒佈自治條例，第 28 條：「公民投票案提案、連署人數、應附具文件、查核程序及發表會或辯論會之舉辦，由直轄市、縣（市）以自治條例定之。」準此以觀，《臺北市公民投票自治條例》第 7 條：「公民投票案提案人人數，應達提案時最近一次市長選舉選舉人總數千分之一以上。」原來的提案門檻相當之高，約為千分之五以上，如此一來連完成提案都不可能成功，為了鼓勵民眾參與公投，故後來修法在全國性公投降低了提案人門檻。

3.連署人數門檻：全國公民投票之連署人數，應達提案時最近一次總統、副總統選舉選舉人總數百分之一點五以上（第 12 條）。至於地方性公民投票案連署人數，應達提案時最近一次直轄市長、縣（市）長選舉選舉人總數百分之二點五以上（《臺北市公民投票自治條例》第 10 條）。公民投票案若放棄連署者，則視為放棄連署之日起，原提案人於三年內不得就同一事項重行提

出之。同樣地，連署門檻也降低了，從原來的 5% 降到 1.5%，並且新增「電子連署」，意在鼓勵大費周章的公投能夠成案。

4.行政院可提出公投案：第 14 條：行政院對於第二條第二項第三款之事項（係指「重大政策之創制或複決」），認為有進行公民投票之必要者，得附具主文、理由書，經立法院同意，交由主管機關辦理公民投票。行政院向立法院提出公民投票之提案後，立法院應在十五日內議決，於休會期間提出者，立法院應於十五日內自行集會，三十日內議決。行政院之提案經立法院否決者，自該否決之日起二年內，不得就該事項重行提出。

5.立法院亦可提出公民投票案：第 15 條稱：立法院對於第二條第二項第三款之事項，認有進行公民投票之必要者，得附具主文、理由書，經立法院院會通過後，交由中央選舉委員會辦理公民投票。但立法院之提案經否決者，自該否決之日起三年內，不得就該事項重行提出。

6.防禦性公投：第 16 條「當國家遭受外力威脅，致國家主權有改變之虞，總統得經行政院院會之決議，就攸關國家安全事項，交付公民投票。」前總統陳水扁先生於 2004/3/20 舉行第十一任總統大選期間，就是以本條文之名義，提出兩項公民投票案：強化國防案與對等談判案，但均未過關。

7.成案公告：第 17 條稱：主管機關應於公民投票日九十日前，就下列事項公告之：

一、公民投票案投票日期、投票起、止時間。

二、公民投票案之編號、主文、理由書。

三、政府機關針對公民投票案提出之意見書。

四、公民投票權行使範圍及方式。

五、正反意見支持代表於全國性無線電視頻道發表意見或進行辯論之辦理期間與應遵行之事項。

主管機關應以公費，在全國性無線電視頻道提供時段，供正反意見支持代表發表意見或進行辯論，受指定之電視臺不得拒絕。其實施辦法，由主管機關定之。

前項發表會或辯論會，應在全國性無線電視頻道至少舉辦五場。

發表會或辯論會應網路直播，其錄影、錄音，並應公開於主管機關之網站。

8.舉行投票時間：第 23 條：「公民投票日定於八月第四個星期六，自中華民國一百十年起，每二年舉行一次。公民投票日為應放假日。」由於臺灣自 2004 年至 2008 年總統大選期間，各黨派為了營造選舉氣勢，經常以「總統大選綁住公投」同時舉行，造成極大的選務負擔，2018 年的九合一選舉，選務機關吃足了苦頭，經朝野協商，乃廢止原有條文「中央選舉委員會應於公投案公告成立一個月至六個月內舉行公投，得與全國性選舉同時舉行」，改為上述強制性的日期（八月第四個星期六，且每兩年舉行一次），由於八月從沒有重要選舉，故明顯將總統大選與公投脫鉤，冷卻公投效果，讓大家能夠深思熟慮後再提公投案。

9.不在籍投票：目前我國尚未實施不在籍投票，但每逢大選期間總有這樣的提案，由於《公投法》的敏感性不如《選舉罷免法》，故此條訂定了一個相當先進的法條，「得以」實施不在籍投票，並非以強制性字眼要求非實施不可，給予主管機關更多時間去安排與設計相關制度，實為相當不錯之思維。第 25 條：「主管機關辦理全國性公民投票，得以不在籍投票方式為之，其實施方式另以法律定之。」

㈤公民投票之結果與處理

1.通過門檻：第 29 條稱：公民投票案投票結果，有效同意票數多於不同意票，且有效同意票達投票權人總額四分之一以上者，即為通過。有效同意票未多於不同意票，或有效同意票數不足前項規定數額者，均為不通過。過去的通過門檻甚高，必須超過百分之五十，但新修法則只要有效同意票數多於不同意票者，且有效同意票超過選民總額的四分之一以上即可，此舉意在鼓勵民眾參與公共事務之表決。

2.公民投票案通過者之處理：公民投票案經通過者，各該選舉委員會應

於投票完畢七日內公告公民投票結果，並依下列方式處理：

有關法律、自治條例立法原則之創制案，行政院、直轄市政府、縣（市）政府應於三個月內研擬相關之法律、自治條例提案，並送立法院、直轄市議會、縣（市）議會審議。立法院、直轄市議會、縣（市）議會應於下一會期休會前完成審議程序。

有關法律、自治條例之複決案，原法律或自治條例於公告之日算至第三日起，失其效力。

有關重大政策者，應由權責機關為實現該公民投票案內容之必要處置。

有關憲法修正案之公民投票，應依憲法修正程序為之（第 30 條）。

3.公民投票案否決者之處理：公民投票案經否決者，各該選舉委員會應於投票完畢七日內公告公民投票結果，並通知提案人之領銜人（第 31 條）。

4.公民投票案是否可以重複提出：第 32 條：「主管機關公告公民投票之結果起二年內，不得就同一事項重行提出。同一事項之認定由主管機關為之。」

總之，公民投票的功用可以深化臺灣的民主政治，賦予臺灣公民更深度的政策參與權；但公民投票的實施也有許多限制，特別是在意識型態掛帥的臺灣社會，任何一項公投議題都容易衍生成為藍綠兩大陣營的「勢力對決」，事實上，公民投票的主要用意是以理性的投票態度，尋求意見的「最大公約數」，未來臺灣是否會因為公民投票而加深了社會的裂痕，有待為政者如何以更民主方式解決公民投票的弊端。

七、全國性與地方性公民投票的案例

㈠全國性公民投票案例

全國性公民投票案案例，依通過門檻，可以分成兩種類型：

1.舊制通過門檻：必須同時符合以下兩項條件：第一、投票率門檻：參與投票人數達投票權人總數 1/2 以上，即投票率達 50% 以上。第二、同意票

門檻：有效投票數超過 1/2 同意者。這段期間共提出六案：2004 年的「強化國防」、「對等談判」；2008 年的「討黨產」、「反貪腐」、「臺灣入聯合國」、「務實返聯公投」，但均未通過。以第一項「投票率門檻」而論，最高的一次為強化國防公投的 45.17% 與對等談判公投的 45.12% 均未超過半數，即使同意票遠遠超過不同意票，只能說明：凡是去投票者大抵上都是該提案政黨的支持者，兩者的重疊性甚高。由於公民投票是民進黨長期以來一貫的政策主張，如今既已立法通過，故六項成案中，其中四項均由民進黨所提出，包括：強化國防、對等談判、討黨產、臺灣入聯合國案，至於國民黨為了反制民進黨則提出相對應的反貪腐與務實返聯公投案，由此可知，過去六個公投成案大都是朝野政黨基於選舉策略的考量而提出的，順勢動員自己陣營的支持力量，此種基於選舉成敗算計而提出的公民投票案，其象徵意義大於實質意義。

2.**新制通過門檻**：經修法，現制為：「公民投票案投票結果，有效同意票數多於不同意票， 且有效同意票達投票權人總額四分之一以上者， 即為通過。」2018 年中華民國全國性公民投票案共有十案：反空污、反燃煤發電、反日本核食、民法婚姻排除同性結合、國中小禁止實施同志教育、非民法保障同性共同生活、廢止《電業法》非核家園條文等七案通過，投票率甚高，約為 55% 左右，同意率約為六、七成左右相當之高。2020 東京奧運臺灣正名、以民法保障同性婚姻、國中小性別平等教育明定入法等三案未通過。

從上述臺灣實施全國性公投的 16 項案例可知：㈠公民投票是選舉策略之一，並不是認真回歸公共事務與政策的冷靜思考，將公投與大選脫勾，或許能夠解決此一問題，但無形中將冷卻了公投的熱情。㈡「通過門檻」高低是左右是否能夠成案的關鍵，舊通過門檻過高，故無一案通過；但新修訂的門檻則有過低的嫌疑，因此，如何設計更為適當的門檻，實為未來應關注的修法方向，畢竟過多的公投提案衝擊政策的穩定性與完整性，實非全民之福；以臺灣目前民主政治如此成熟，民眾可以反映意見的管道甚多，未必需要透過公民投票才能解決。㈢公投比較適用於專家決策仍無法得到共識的重大爭議性議題，如民法婚姻排除同性結合、國中小禁止實施同志教育、非民法保

障同性共同生活、廢止《電業法》非核家園條文等議題較有公投價值，專家
與政府官員左右難為，只好訴諸民意解決，但「強化國防」、「對等談判」、
「反貪腐」、「臺灣入聯合國」、「務實返聯公投」、「反空污」、「反燃煤發電」
等都是「理應當為」之事，何以需要公投解決？試問：誰反對強化國防、對
等談判？誰會贊成貪腐、空氣染呢？㈣公投程序太過複雜、仍停留在「土法
煉鋼」時代，一大堆的表格、簽名等，主管機關還要派遣大量人力逐筆核對
資格，是否為死人連署？如今已經進入行動通訊時代，數位資料庫的建立已
是常態而非特例，建議儘速建置電子投票系統，從提案、連署、投票全部改
為電子化，如此一來，不在籍投票將是指日可待。

㈡地方性公民投票案例

　　地方性公民投票至今為止，嚴格來說，僅有一案——「小班制公投案」，
提案人為高雄市教師會代表薛宗煌先生，向高雄市政府提出公投案，由主管
機關高雄市選舉委員會負責處理。 高雄市教師會發動的 「廿五人小班制公
投」，力求展現地方民眾對國中、小朝小班教學的渴望；但市府教育局評估
後，認為若實施小班制，每年市府勢必得額外追加六十億元之預算，三年後
還可能出現超額教師窘境，逼得現職教師將面臨失業衝擊。「廿五人小班制公
投」為全國首次地方性公投，投票率甚低，僅 5.35%，但同意票高達 91% 左
右，依法未通過。

　　2009 與 2016 年澎湖縣博弈公民投票，並不是根據《公民投票法》而進
行的地方公投，而是依《離島建設條例》第 10-2 條規定：「開放離島設置觀
光賭場，應依公民投票法先辦理地方性公民投票，其公民投票案投票結果，
應經有效投票數超過二分之一同意，投票人數不受縣（市）投票權人總數二
分之一以上之限制。」本次投票將決定澎湖縣是否開放賭博事業。投票率為
42.16%，其中同意者為 43.56%，不同意者為 56.44%，否決了澎湖開設觀光
賭場的重大開發案。2016 年再度提出博弈公投案，不同意者高達 81.07%，
本案再遭否決。

　　2017 年金門博弈公投案，反對者高達 90%，本案未通過；而 2012 年馬祖公投案，同意者高達 57.23%，儘管投票率僅有 40.76%，不到選民數的一半，卻仍通過門檻，可見《離島建設條例》刪除了投票人數的限制，為離島選民開了一條方便之門，根本不用考慮投票率過低的問題，此是否適當，應可受公評。

📝 自我評量

1. 試從英美經驗說明遊說的意義為何？對於我國有何啟示？

2. 試說明我國《遊說法》對於遊說者與被遊說者之規定為何？是否所有議題都可以進行遊說？

3. 請說明遊說與陳情的意義與區別？

4. 何謂原則與法律創制？何謂直接與間接創制？我國相關法制中有何規定？

5. 何謂強制與任意複決，我國憲法與《公投法》採行何種制度，何以故？

6. 請解釋公民投票的意義與範疇？

7. 公民投票與憲法、地方制度法之關係為何？請申述之。

8. 拘束性與選擇性公投的意義為何？我國《公民投票法》應該屬於何種類型？

9. 我國《公投法》有全國性與地方性公投，請解釋其意義、主管機關為何？各適用事項範圍為何？

10. 新修正的公投票對於提案人、連署人及投票權人之資格要件有何規定？有哪些進步立法？

11. 何謂防禦性公投？是否有具體案例？

12. 請扼要說明公民投票之程序。

13. 關於公投通過門檻，舊法與新法有何不同門檻規定？

14.關於公投日期，舊法與新法有何不同規定？立法意旨為何？

15.全國性公民投票實施至今，有何具體案例？請評論其得失。

16.地方性公投實施至今，成效如何？有何問題？如何改進？

歷屆考題

1. 今 (107) 年九合一大選已於 11 月 24 日投票結束，請以直轄市及縣（市）長選舉為例，說明地方派系對選舉過程及結果的影響。（107 年特種考試地方政府公務人員考試）

2. 如何界定地方利益團體？其與政黨有何差異？請分別舉例說明之。（106 年特種考試地方政府公務人員考試）

3. 依《地方制度法》之規定，直轄市民、縣（市）民、鄉（鎮、市）民之權利為何？並說明創制、複決權如何行使？（106 年公務人員高等考試三級考試）

4. 試依我國《遊說法》規定說明「遊說」之意義為何？其與《行政程序法》中的「陳情」有何不同？《遊說法》所稱遊說者與被遊說者之身分規定各為何？（100 年特種考試地方政府公務人員考試）

5. 地方性公民投票與離島博弈業公民投票有何不同？試就其連署門檻及通過門檻分別說明之。（99 年特種考試地方政府公務人員考試）

6. 依《公民投票法》之規定，地方性公民投票適用事項為何？地方性公民投票審議委員會，審議事項為何？又地方性公民投票提案人數與連署人數之規定又為何？（98 年公務人員、關務人員升官等考試）

7. 地方人民具有創制、複決兩權，試就其權利性質及行使方法，

依相關法制說明之。（92 高三）

8.行政區劃之調整，如採取公民投票方式決定，其利弊得失如何？試申論之。（92 普考）

9.何謂直接創制？何謂間接創制？何謂原則創制？何謂條文創制？請說明之。（92 薦升）

10.試申論創制、複決制的內涵與意義，及其在實施上的困難與限制。（89 基三）

參考書目

王玉葉 (2000)，〈歐洲聯盟之輔助原則〉，《歐美研究》，30 (2): 1–30。

王金壽 (2004)，〈瓦解中的地方派系：以屏東為例〉，《臺灣社會學》，7: 177–207。

丘昌泰 (2007a)，《地方政府管理研究》，臺北：韋伯出版社。

丘昌泰 (2007b)，《鄰避情結與社區治理》，臺北：韋伯文化出版社。

丘昌泰 (2013a)，《公共政策：基礎篇》，臺北：巨流圖書公司

丘昌泰 (2013b)，《公共管理》，臺北：智勝文化出版社。

丘昌泰 (2014)，〈從地方自治到地方治理：臺灣地方政府研究定向的檢討與展望〉，頁 1–25。蘇彩足主編，《地方治理之趨勢與挑戰：臺灣經驗》，11 月，臺北：臺灣民主基金會。

丘昌泰與薛宇航 (2007)，〈臺灣的第三部門與社區治理的創新：以六星計畫為例〉，《開放時代》，191: 5–21。

朱雲漢 (1989)，〈寡佔經濟與威權政治體制〉，見蕭新煌主編，《壟斷與剝削：威權主義的政經分析》，頁 139–160，臺北：臺灣研究基金會。

江大樹 (2006)，《邁向地方治理》，臺北：元照出版社。

行政院研考會編印 (1997)，《日本地方自治概要》，臺北：行政院研考會。

呂育誠 (2007)，《地方政府治理概念與落實途徑之研究》，臺北：元照出版社。

李長晏 (2007)，《邁向府際合作治理》，臺北：元照出版社。

林文清 (2004)，《地方自治與地方立法權》，臺北：揚智文化出版社。

林慈玲 (2008)，〈日本的廣域行政〉，《研考雙月刊》，32 (5): 46–57。

施嘉明 (1998)，《施嘉明談地方自治》，臺北：致良出版社。

紀俊臣 (2003)，〈地方制度法對跨區域事務合作之規範分析〉，《中國地方自治》，56 (9): 4–25。

紀俊臣 (2008)，〈臺灣地方間跨域合作的課題與對策〉，《研習論壇》，92: 29–39。

莊義雄 (1993)，《財務行政》，臺北：三民書局。

許宗力等 (1995)，《地方自治之研究》，臺北：國家政策研究中心。

陳明通 (1995)，《派系政治與臺灣政治變遷》，臺北：月旦出版社。

陳敦源 (1998)，〈跨域管理：部際與府際關係〉，收錄於黃榮護主編，《公共管理》，頁 226–269。臺北：商鼎出版社。

曾怡仁、黃競涓 (2000)，〈府際關係研究分析──兼論水資源管理個案〉，《公共行政學報》，4: 241–257。

黃源協、蕭文高與劉素珍 (2009)，〈從「社區發展」到「永續社區」──臺灣社區工作的檢視與省思〉，《臺大社會工作學刊》，19: 87–131。

黃德福 (1990)，〈選舉、地方派系與政治轉型〉，《中山社會科學季刊》，5 (1): 84–96。

黃錦堂 (2003)，〈論地方自治團體間之合作〉，《月旦法學雜誌》，93: 8–22。

董翔飛 (1982)，《地方自治與政府》，臺北：五南書局。

管歐 (1996)，《地方自治》，臺北：三民書局。

趙永茂 (1997)，《中央與地方權限劃分的理論基礎與實際》，臺北：翰蘆圖書出版社。

趙永茂 (2003)，〈臺灣府際關係與跨域管理：文獻回顧與策略途徑初探〉，《政治科學論叢》，18: 53–70。

趙永茂、孫同文、江大樹 (2001)，《府際關係》，臺北：元照出版公司。

蔡宗珍 (2001)，《跨區域事務合作之法制模式探討》，府際關係學術研討會論文集，頁 1–16。

蔡茂寅 (2003)，《地方自治之理論與地方制度法》，臺北：學林文化出版社。

薄慶玖 (2006)，《地方政府與自治》，臺北：五南書局。

Andrews, Matthew and Shah, Anwar. (2005). "Citizen-Centered Governance: A New Approach to Public Sector Reform," in Anwar Shah (ed.), *Public Expenditure Analysis*, 153-182. Washington, DC: World Bank.

Barber, Bejamin R. (1984). *Strong Democracy: Participatory Politics for a New Age*. Berkeley: University of California Press.

Box, Richard C. (1998). *Citizen Governance: Leading American Communities into 21st Centuries*. Thousand Oaks, CA: Sage.

Bryce, James. (1924). *Modern Democracies*. New York: The Macmllian Co.

Capano, Giliberto; Rayner, Jeremy and Zito, Anthony. (2012). "Governance From the Bottom Up: Complexity and Divergence in Comparative Perspective." *Public Administration,* 90 (1): 56–73.

Chemerinsky, Erwin. (2015). *Constitutional Law: Principles and Policies*. 5th ed.. New York: Wolters Kluwer.

Gallagher, Michael and Pier Vincenzo Uleri. (1996). *The Referendum Experience in Europe*. New York: St. Martin's press

Gates, Christopher. (1999). "Community Governance," *Futures*, 31 (5): 519–525.

Laffin, Martin. (2009). "Central-Local Relations in an Era of Governance: Towards a New Research Agenda." *Local Government Studies*, 35 (1): 21–37.

Longton, S. (1978). "What Is Citizen Participation?" S. Longton (ed.), *Citizen Participation in American. Lexington*, MA: Lexington.

Loughlin, M. (2001). "The Constitutional Status of Local Government." in Lawrence Pratchett and David, Wilson, eds., *Local Democracy and Local Government*, 38–62. London: MacMillan.

Marsh, David; Richards, David & Smith, Martin. (2001). *Changing Patterns of Governance: Reinventing Whitehall.* Basingstoke : Palgrave Macmillan.

Marshall, Martha; Wray, Lyle; Epstein, Paul & Grifel, Stuart. (2000). "21st Century Community Governance: Better Results By Linking Citizens, Government, and Performance Measurement," *Quality Congress.* ASQ's: Annual Quality Congress Proceeding, 214–223.

Mattson, Gary A. (1997). "Redefining the American Small Town: Community Governance," *Journal of Rural Studies*, 13 (1): 121–130.

McNaughton, Neil. (1998). *Local and Regional Government in Britain.* London: Hodder & Stoughton.

Nathan, Richard P. (1994). "Deregulating State and Local Government: What Can Leaders Do?" John J. Dilulio, Jr. ed., *Deregulating the Public Service.* 156–174. Washington, DC: The Brookings Institute.

National Commission on the State and Local Public Service (NCSLPS). (1993). *Hard Truths/Tough Choices: An Agenda for State and Local Reform. First Report of the NCSLPS.* Albany, NY: Nelson A. Rockefeller Institute of Government.

Oates, Wallace. (1972). *Fiscal Federalism.* New York: Harcourt Brace Jovanovich.

O'Toole, Kevin & Burdess, Neil. (2004). "New Community Governance In Small Rural Towns: The Australian Experience," *Journal of Rural Studies*, 20 (4): 433–443.

Peirce, Neal R. (1994). "Is Deregulation Enough? Lessons From Florida and Philadelphia," John J. Dilulio, Jr. ed., *Deregulating the Public Service.* 129–155. Washington, DC: The Brookings Institute.

Peou, Sorpong. (1998). "The Subsidiary Model of Global Governance in the UN-ASEAN Context." *Global Governance*, 4 (4): 439–459.

Raymond, Walter John. (1992). *Dictionary of Politics.* New York: Brunswick Publishing Co.

Rhodes, R. A. W. (2000). "Governance and Public Administration" in Jon Pierre, ed., *Debating Governance: Authority, Steering and Democracy*, 54–90. New York: Oxford.

Rhodes, Rod. (1986). *The National World of Local Government.* London: Allen & Unwin.

Richards, David and Smith, Martin. (2002). *Governance and Public Policy in the UK.* Oxford: Oxford University Press.

Rose, Lawrence E. (1990). "Nordic Free-Commune Experiments: Increased Local Authority or Continued Central Control?" D. S.

King and Jon Pierre, eds., *Challenges to Local Government*, 212–241. London: SAGE Publications.

Stewart, John and Stoker, Gerry. (1989). "The Free Local Government Experiments and the Programs of Public Service Reform," C. Crouch and D. Marquand, eds., *The New Centralism: Britain Out of Step in Europe*, 125–142. London: The Political Quarterly Publishing Co..

Stoker, G. (2000). *The New Politics of British Local Governance*. London: Macmillan.

Stigler, Geroge. (1957). "The Tenable Range of Functions of Local Government." in Joint Economic Committee (ed.), *Subcommittee on Fiscal Policy, U.S. Congress, Federal Expenditure Policy for Economic Growth and Stability*, 213-219. Washington, DC: U.S. Government Printing Office.

Thomas, John C. (1995). *Public Participation in Public Decisions*. San Francisco: Jossey-Bass Publishers.

Twining, David T. (1998). *Beyond Mulitateralism*. Lanham, MD: University of Press of America.

Walters, Jonathan. (1992). "How Not to Reform Civil Service," *Governing*. November.

Wampler, Brian. (2012). "Participatory Budgeting: Core principles and Key Impacts," *Journal of Public Deliberation*, 8 (2): 1–15.

Wampler, Brian. (2007). *Participatory Budgeting in Brazil: Contestation, Cooperation, and Accountability*. University Park, PA: Pennsylvania State University Press.

Webler, T. and Tuler, S. (2000). "Fairness and Competence In Citizen Participation: Theoretical Reflections From A Case

Study," *Administration and Society*, 32: 566–595.

White, S. (2011). *Government Decentralization in the 21st Century.* Washington: Center for Strategic and International Studies.

Woods, Ngaire. (1999). "Good Governance in International Organizations," *Global Governance*, 5: 39–61.

Wright, D. (1988). *Understanding Intergovernmental Relations.* CA: Brooks/Cole.

Zimmerman, Joseph F. (1995). *State-Local Relations: A Partnership Approach.* Westport, CN: Praegerp.

政治學（五版）

薩孟武／著

　　凡是一種著作，既加上「學」之一字，必有其中心觀念。沒有中心觀念以聯繫各章節，不過雜燴而已。本書是以統治權為中心觀念，採國法學的寫作方式，共分為五章：一是行使統治權的團體——國家論；二是行使統治權的形式——政體權；三是行使統治權的機構——機關論；四是國民如何參加統治權的行使——參政權論；五是統治權活動的動力——政黨論。書中論及政治制度及各種學說，均舉以敷暢厥旨，並旁徵博引各家之言，進而批判其優劣，是研究政治學之重要經典著作。

中華民國憲法：憲政體制的原理與實際

蘇子喬／著

　　本書作者以深入淺出的筆觸，結合政治學與法學研究方法，對於我國憲政體制進行全面且深入的探討。本書介紹了民主國家的憲政體制類型，對我國憲政體制的變遷過程與實際運作進行微觀與巨觀分析，並從全球視野與比較觀點探討憲政體制與選舉制度的合宜制度配套。本書一方面兼顧了憲政體制的實證與法理分析，對於憲法學與政治學的科際整合做了重要的示範，另一方面也兼顧了微觀與巨觀分析、學術深度與通識理解、本土性與全球性分析，非常適合政治學與憲法學相關領域的教師與學生閱讀，也適合對憲政體制與臺灣民主政治發展有興趣的一般讀者閱讀。

臺灣地方政府

李台京／著

　　本書分為四篇，共十五章，分別從歷史演進、各國比較、法制結構與功能、公共政策、趨勢展望等多項層面分析臺灣地方政府的發展與現況，此外，也介紹關於地方政府的研究方法與理論，並提供相關研究主題的資訊。本書深入淺出、內容完整，可作為理解當代臺灣地方政府、研究臺灣地方公共政策的重要參考著作，對於欲參加國家考試的讀者而言，本書亦具有參考價值。

行政學（增訂五版）
吳瓊恩／著

　　自六０年代起，我國行政學發展即將六十年之久。多年來，行政學作為一門獨立學科，始終難以突破學術西方化的限制。本書宏旨即在因應本學科的特性，透過吸收西方理論的精華，而以哲學的角度透析理論的預設及條件，並批判過度理性主義的謬誤，藉此擺脫韋伯預言的「鐵的牢籠」，從而提出具有人文特色，亦即中國式的行政學理論，允為治行政學研究者最重要的參考依據。

非營利組織管理（增訂二版）
林淑馨／著

　　本書是專為剛接觸非營利組織的讀者所設計之入門書籍。除了緒論與終章外，全書共分四篇十六章有系統地介紹非營利組織，希望能藉此提供讀者完整的非營利組織概念，並用以提升其對非營利組織的興趣。本書除配合每一單元主題介紹相關理論外，盡量輔以實際的個案來進行說明，以增加讀者對非營利組織領域的認知與了解。另外，章末安排的“Tea Time”，乃是希望藉由與該章主題相關的非營利組織小故事之介紹，來加深讀者對非營利組織的認識與印象。

兩岸關係與政府大陸政策（修訂三版）
趙春山等編著

　　1949年政府遷臺以來，兩岸分治已超過一甲子，期間的發展，可謂曲曲折折。本書主要在回顧過去兩岸關係的發展，並探討「大陸政策」和「兩岸關係」兩個部分。有關政府大陸政策方面，書中除了描述政府在不同階段的政策內容，並且分析了影響政府決策的各項環境因素，其中包括：中共的對臺政策，中國大陸內部的政治、經濟和社會發展，以及國際和兩岸周邊地區情勢的變化；至於兩岸關係方面，本書強調的是兩岸經濟、文化和社會互動的問題，也包括兩岸協商的過程。期望透過本書的出版，能使國人對於兩岸關係與大陸政策有更完整的認識。

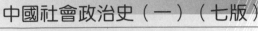

中國社會政治史（一）（七版）　　　　薩孟武／著

　　本書共分四冊，自先秦乃至有明，歷數朝代興亡之根源。其資料之蒐集除正史外，實錄、文集、筆記、奏議等也多擇其要者而引用之。相較於其他史學著作，正如書名所示，本書更著重於社會、經濟、思想、政治制度間的相互關係。作者相信，欲研究歷史，必須知曉社會科學，方可兼顧部分與整體，而不致徒知其所以而忘忽其所由。

當代政治思潮　　　　　　　　　　　蔡英文／著

　　本書闡述 1950 年代之後政治思潮的發展趨向，隨著政治局勢的變化，政治思潮的理論也朝向多元分歧。而推促且貫穿這半個世紀政治思潮的發展動力有二，一是對法西斯主義獨裁與極權主義全面控制的批判與反思；二是對自由民主真實意義的重新闡釋。作者以此作為論述的基本架構，分辨政治思潮的脈絡經緯，並剖析交錯其間的各種政治觀念及爭議。內容條理分明，能讓讀者切實掌握當代政治思潮的境況，並對自由民主的問題有更深刻的瞭解。

歐美民主憲政之源流：從古代民主到現代民主之實踐　　王皓昱／著

　　本書探究歐美民主憲政之緣起，及其締造和發展的艱困過程與主要路徑，重視不同時代統治者與被統治者的互動，以及面對其間矛盾與衝突的因應作為，並檢視各時代的政治理念、政治勢力和政治制度的演化，以及在不同時代的變遷結構下，所層層注入的不同內容，尤其是抗爭者與思想家所主張的訴求，這種種因素的累積，和層層的積效，造就了現代的民主憲政，本書進而檢視現今歐美國家民主憲政上所形成的多樣風貌，以認識其實踐和發展成果。

行政學：理論的解讀（增訂二版）

林鍾沂／著

　　行政學作為一門應用性學科，自應掌握技術結構的管理實務；惟其既以「公共」為本，則更須時刻以實踐公共利益為念。由是可見，行政學在「求實務本」的前提下，絕非僅止於靜態的呈現，而是不斷地在結構和行動之間來回切換、辯證對話。

　　本書即以之為認識的基準，針對各項主題縱觀其系絡、理析其意涵，從事嚴謹的論述省察，期使行政學的相關學理能在管理、政治及法律等途徑中，展現出更為豐富而精彩的知識對話，從而進一步拓寬實務行動的可能視野。

公共政策（三版）

朱志宏／著

　　本書從理論面與實務面分別對如何妥善規劃政策方案、爭取支持政策方案、監督公共政策執行、監測、評估政策結果、掌握政策管理原則等公共政策重要課題，做了周延、深刻的剖析。

　　作者以其優越的專業知識與傑出的文字能力，撰就此書，內容豐富、文字嚴謹、可讀性甚高，可作為在校選修「公共政策」或相關課程，以及準備參加國家考試學子的最佳教材，亦是政府決策官員及其政策幕僚最有價值的參閱資料。

國家圖書館出版品預行編目資料

地方政府與自治／丘昌泰著.——修訂二版一刷.——
臺北市：三民，2020
面；　公分

ISBN 978-957-14-6819-8　（平裝）
1.地方自治 2.地方政府 3.地方政治

575.19　　　　　　　　　　　　109005976

地方政府與自治

作　　者	丘昌泰
發 行 人	劉振強
出 版 者	三民書局股份有限公司
地　　址	臺北市復興北路 386 號 (復北門市) 臺北市重慶南路一段 61 號 (重南門市)
電　　話	(02)25006600
網　　址	三民網路書店 https://www.sanmin.com.tw
出版日期	初版一刷 2010 年 10 月 修訂二版一刷 2020 年 6 月
書籍編號	S571380
Ｉ Ｓ Ｂ Ｎ	978-957-14-6819-8

三民書局